브랜드 미
(Brand Me)

브랜드 미
(Brand Me)

박노성 지음

이가서
Leegaseo publishing

"냉정하게 자신을 되돌아보고, 변화의 물결을 헤쳐 나가라!"

나는 개인적으로 아놀드 슈와제네거가 주연한『트루 라이즈(True Lies)』라는 영화를 좋아한다. 이 영화에는 남편이 세일즈맨인줄로만 아는 평범한 아내가 등장한다. 아내의 생각과 달리 남편의 진짜 직업은 스파이이다. 일상적인 삶에 무료하던 그녀는 우연한 기회에 남편과 함께 적의 포로가 된다. 그곳에서 남편의 정체를 알게 되고 탈출을 도우면서 잠재된 스파이로서의 재능을 발견한다. 탈출 후 아내는 남편과 함께 보리스와 도리스라는 이름의 부부 스파이로 제 2의 삶을 살게 된다.

오랜 세월 교육업계에 몸담아 온 나로서는 독서 교육을 한다는 것 자체가『트루 라이즈』같다는 생각이 든다. 쳇바퀴 돌 듯 하루를 살아가는 아내가 우연한 기회에 스파이의 재능을 발견하듯, 질풍노도의 시기의 학생들에게 올바른 독서 교육이야 말로 자신만의 진로를 찾도록 돕기 때문이다. 공부하는 학생들이야 졸업만 하면 공부가 끝날 것으로 기대하지만, 평균 수명 백세를 바라보는 평생교육 시대에 배움의 끝이란 있을 수 없다.

공부를 하든, 여행을 하든, 또는 돈을 벌기 위해 뛰어다니든, 하나의 문제를 해결하면 또 하나의 문제가 생긴다. 평생을 영어공부를 했건만 만족할 만큼 영어실력은 늘지 않고, 영화에서 본 멋진 외제차한 번 타보는 것도 현실에서는 요원하기만 하다. 우리가 하나의 대륙을 발견했거나 하나의 산맥을 넘었다는 것은, 다시 그 앞에 또 하나의 바다나 또 하나의 평원을 발견하게 될 것을 예견할 따름이다.

결국 세상은 넓고 우주는 한없이 크다. 우리가 아무리 부지런하더라도 우주를 구석구석까지 다 보고 돌아다니지는 못한다. 우주 전체는 고사하고 대한민국의 조그마한 한 구석, 내가 살고 있는 우리 마을, 소공원이나 놀이터에서도, 날씨와 사계절은 매우 교묘하게 변화하기 때문에 한평생 눈독을 들여 관찰을 하더라도 여전히 놀라게 하고 기쁨을 주는 새로운 그 무엇이 발견되게 마련이다. 그만큼 인생이란 끝이 없다. 그래서 우리는 삶의 의욕을 찾고 그 방향을 올바르게 설정하는 것에 많은 고민을 할 수밖에 없다.

매일 밥과 국을 뜨는 숟가락은 정작 음식의 맛을 모른다. 숟가락이 할 일은 물론 밥과 국을 떠 나르는 일이지만, 끝내 숟가락은 그 맛의 달콤함을 제대로 알지 못한다. 불행히도 우리의 인생을 보면 밥과국의 풍미를 제대로 느끼지 못한 채 숟가락으로 전성기를 마감하는이들이 적지 않다. 더욱 안타까운 일은 끝내 맛을 모르는 숟가락에지나지 않건만 정작 본인만 그 사실을 인식하지 못하고 하루를 살고있다는 것이다. 이런 오류에 빠지지 않으려면 이제 냉정하게 자신을 되돌아보아야 한다.

망망대해에서 올바른 길을 발견하고 자신의 정체성을 찾으려는 사람이라면 저자 박노성의 의견에 귀 기울여 보기 바란다. 이 책은 이론에 치우친 기존 서적들과는 달리 저자가 실제로 경험한 전략이 가득하다. 그리고 창조적 모방, 선택과 집중, 합리적 의심, 버림의 미학, 특별한 한 칼, 준비된 우연, 공감대 형성이라는 주제로 실제적인 사례를 흥미롭게 다루고 있다. 학생이나, 막 사회생활을 시작하려는 청년들 혹은 새로운 제2의 인생을 설계하려는 이들에게 새로운 활력소가 되기에 충분하다.

이 책을 통해 많은 사람들이 스스로를 이해하고 변화의 물결을 헤쳐 가는데 큰 도움이 되기를 희망한다.

김희선 (주)한우리열린교육 대표이사

"하늘에 빛나는 것이 아니라, 누군가에게 도움이 되고 길잡이가 되는 것이 진정한 별이다."

기원전 334년 봄.

그리스의 영웅 알렉산드로스는 스물둘의 나이로 아시아를 침공한다. 트로이아를 지나 잇소스 전투에서 대승을 거둔 후 이집트로 건너가 알렉산드리아를 건설하고, 다시 유프라테스 강을 건너 바빌론을 지나고 카스피해를 거쳐 인도의 탁실라 전투에서 대승을 거둘 때까지도 그의 나이는 서른을 넘어서지 않았다. 갠지스 강까지 건너려던 그는 결국 부하들의 만류에 발길을 되돌려 인더스 강을 따라 귀향길에 오르고 파키스탄의 황무지를 통과하는 험난한 여정 끝에 마침내 바빌론에 안착했다. 그러나 바빌론에서 걸린 열병 때문에 고열에 시달리다가 갑작스레 죽고 만다. 그때 그의 나이는 겨우 서른셋이었다. 알렉산드로스는 역사상 가장 짧은 기간 동안 가장 넓은 대륙을 정복한 인물이다.

기원전 61년 봄.

서른아홉 살에 알프스의 산자락에서 『알렉산드로스의 전기』를 읽던 로마인 율리우스 카이사르는 갑자기 눈물을 글썽이며 자신의 처지를 이렇게 한탄 한다.

"알렉산드로스는 나보다도 한참 어린 나이에 이미 그토록 많은 나라의 왕이 되었는데 나는 아직도 이렇다 할 위업을 이룩하지 못했으니 이 어찌 서글픈 일이 아니겠는가?"

그로부터 12년이 지난 후 카이사르는 군대를 이끌고 '루비콘 강'을 건너 그의 조국이자 세계의 수도였던 로마로 진군하는 결단을 내린다. 당시만 하더라도 카이사르는 훗날 자신이 알렉산드로스 보다 훨씬 훌륭한 인물이 되리라고는 꿈에도 생각하지 못했을 것이다.

어떻게 살아야 할까.

아무리 전문가라 해도 이에 대해 또렷한 가이드를 제시할 수 있는 기준이란 있을 수 없다. 어떤 사람과 결혼해야 하는 가에 대하여 표준 매뉴얼이 있을 수 없는 것과 마찬가지다. 어떤 여성과 사귀어야 하느냐 하는 것은 남성의 상황이나 부모님의 입장에 따라 다르게 마련이다. 미스코리아 대회처럼 아름다움의 기준을 키와 몸무게, 사이즈로 정해 두고 그 기준에 가장 근접한 사람에게 1등을 줄 수는 있겠지만 꼭 1등과 사귀어야 하는 것은 아니지 않은가.

역사적으로 성공한 사람들을 꼽을 수는 있다. 그렇다고 해서 그 사람을 꼭 닮아야 성공하는 것은 아니다. 에이브러햄 링컨이 故노무현 대통령이나 오바마 전 대통령을 비롯한 수많은 정치인들에게 영감을 주었다는 데에 아무도 이의를 달지 않겠지만, 링컨처럼 한다고 대통령이 되는 것은 아니다.

그러나 어떤 사람과 사귀어야 할 것인가에 대하여 일반적으로 이야기할 수 없다고 해서 어떻게 성공적인 결혼생활을 할 것인가 하는 이야기가 불가능하다는 말은 아니다. 여성의 마음을 사로잡는 방법을 인터넷에 검색해보면 온갖 다양한 수단과 방법이 소개되어 있듯이 '무엇을 해야 성공하는가?'에 대해서는 일반론이 성립할 수 없지만 '어떻게 해야 성공할 것인가?'에 대해서는 일반론이 가능하다.

그 일반론이란 바로 '나만의 정체성'을 찾는 것이다. 어떤 여성이냐에 따라 남자 쪽의 접근법도 달라져야 할 것이고, 결혼이냐 연애냐에 따라 남자가 선택할 수단도 달라질 것이다. 목적이 있다면 그 달성을 위해 다양한 방법들을 생각해 볼 수 있다. 이 책은 내가 지금까지 살아오면서 겪은 정체성을 찾기 위한 다양한 방법들을 이해하기 쉽도록 정리한 것이다. 이해하기 쉬운 글이란 주장하는 바가 명확한 글일 테고, 주장하는 바가 명확한 글이란 맹자가 말했듯이 오랜 '고민'의 결과일 것이다. 그동안 해왔던 나의 고민을 이제 여러분들과 나눌 차례다.

그동안 현장에서 적지 않은 성공 사례를 경험해 왔다. 광고대행사 시절에는 로레알 그룹의 매스마켓 브랜드인 '메이블린 뉴욕'의 온라인 마케팅을 성공적으로 이끌었고, '면세 쇼핑도 인터넷으로'라는 생소한 컨셉으로 '롯데 인터넷 면세점'의 존재를 세상에 널리 알렸다. 한우리열린교육에 와서는 한솔 주니어 플라톤에 밀려 만년 2위였던 한우리를 업계 1위로 끌어 올렸다. 많은 여성들이 최고의 독서교육 전문가가 되도록 도와주었으며 전국 500여 지역 센터에게 마케팅

기법을 교육했다. 이 과정에서 개인 마케팅과 기업 마케팅 역시 다르지 않다는 사실을 깨달았다. 기업은 인생의 축소판이기에 기업에 유용한 방법은 개인에게도 충분히 효과를 발휘한다. 문제는 지레 겁을 먹고 포기해버리는 것이다.

"상대는 대기업이야. 우리는 절대로 상대를 이길 수 없어."

"괜히 시작했어, 나는 아무래도 이 일이 적성에 맞지 않는데."

믿음을 회복하고 자기 자신을 찾는 과정에서 많은 자기계발 서적들은 비전, 미션부터 세우라고 설명한다. 하지만 그렇게 며칠을 심사숙고하고 고민하여 비전과 미션을 세웠다고 해도 얼마 지나면 기억조차 나지 않는다. 나는 비전과 미션은 살아 온 삶의 흔적일 뿐, 사전적으로 정의내릴 성질의 것이 아니라는 점에 주목했다. 마더 테레사 수녀에게는 어떤 사명과 비전이 있었을까? 사명과 비전을 묻는 사람들에 대한 그녀의 대답은 결코 화려하지 않다.

"난 결코 대중을 구원하려고 하지 않는다. 난 다만 한 개인을 바라볼 뿐이다. 난 한 번에 단지 한 사람만을 사랑할 수 있다. 한 번에 단지 한 사람만을 껴안을 수 있다."

큰 목표를 세우려면 작은 목표가 명확해야 한다. 일 년의 목표는 한 달의 목표가 이어진 궤적이며 그를 위해서 우리는 하루의 목표에 충실해야 한다. 이 과정에서 나에 대한 모습의 대체적인 윤곽이 잡힌다. 그 윤곽을 구체화 하는 것을 이 책에서 브랜드 미(Brand Me)라고 부른다. 브랜드 미는 1부 전략, 2부 통찰, 3부 실행으로 구성되어 있다.

1부 전략에서는 비전과 미션의 한계, 그리고 짧은 목표가 모여서 긴 목표가 되고 긴 목표가 모여서 평생의 목표가 되는 과정을 살핀다. 이 과정에서 뇌의 작동원리를 통해 스스로를 발견하고 나만의 성공 스토리를 만드는 전략에 대해 고민하게 될 것이다.

2부 통찰에서는 그동안 수많은 기업과 지역 센터 그리고 현장 교사들의 브랜딩과 마케팅 과정에서 얻은 7가지 인사이트를 소개한다. 7가지란 바로 창조적 모방, 선택과 집중, 합리적 의심, 버림의 미학, 특별한 한 칼, 준비된 우연, 공감대 형성이다. 학생부터 성인까지, 취업 준비생은 물론 영업과 마케팅을 하거나 창업을 꿈꾸는 모든 이들이 스스로의 브랜드를 만드는 데에 7가지 통찰은 유용한 자료가 될 것이다.

3부 실행에서는 이제까지 배운 것들을 실행으로 옮길 수 있는 구체적인 방법을 고민해본다. 경험상 내일부터 시작하기로 결심한 일은 내일 아침부터 바로 시작하기 쉽지 않다. 새로 시작하는 일은 새로 신은 신발과 같아서 여기저기가 불편하고 어색하다. 이리저리 지체하다보면 본격적인 몰입에 들어가는 데 몇 시간은 훌쩍 지나가버린다. 3부는 여러분들의 머뭇거리는 시간을 단축하기 위한 실행방법을 제시할 것이다.

처음 하는 일이라면 시작에 앞서, 진행 중인 일이 있다면 잠시 멈추고 이 책을 펼쳐보라. 뒤늦게 시작했지만 훨씬 훌륭한 업적을 남긴 율리우스 카이사르처럼 여전히 우리 앞에 놓인 수많은 가능성이 보일 것이다.

박노성 드림

차례

1부

브랜드 미를 위한 우선 전략

"세상은 환경을 변화시킴으로써 사람을 바꾸려 하지만 예수는 사람을 변화시킴으로써 그들 스스로 환경을 바꾸도록 한다."

– 에즈라 태프트 벤슨

1장

성공을 하려면 비전과 사명이 아닌 목표를 세워라

1. 목표 설정
2. 나의 성공지능 찾기
3. 성공 스토리
4. 전환 과정

플래너를 채우기 위해 필요한 비전과 사명

사회 초년생 시절 스티븐 코비 박사의 『성공하는 사람들의 7가지 습관』이 큰 인기를 끌면서 회사 직원의 상당수가 그룹사 다이어리 대신 프랭클린 플래너를 유행처럼 사용한 적이 있다. 플래너 사이사이에는 자세한 사용법이 기록되어 있었는데 대강의 설명은 이렇다.

먼저 '나의 비전' '나의 사명'과 '일상의 목표'를 적는다. '일상의 목표'는 '가정생활, 인간관계, 건강, 영적, 비즈니스' 같은 카테고리로 나뉘어 있다. 그 각각마다 목표를 설정하며, 목표에 따라 해야 할 일들로 리스트를 만든다. '중요한 일 먼저 하기'라는 원칙에 따라 우선순위를 매겨 A1, A2, B1, B2로 기입한다. 해결이 된 업무는 완료 표시를 해 나간다.

나는 이 설명을 보면서 "오호라~"하는 감탄사가 절로 나왔다. 일을 하는데 있어서 이보다 더 완벽한 시스템은 없을 듯 했다. 당대 최고의 히트상품인 프랭클린 플래너와의 첫 만남은 그렇게 시작되었다. 그런데 비전과 사명이라는 항목은 도무지 채울 방법이 없었다. 내 인생에서 비전이라는 것을 고민해본 적도 없거니와 태어난 것에 이유가 있을 것이라는 생각 역시 해 본 적이 없기 때문이다. 다이어리를 사용하고 싶은 조급함 때문에 우선 '비전'과 '사명'란은 비워둔 채로 이름부터 적었다.

다음날 일찌감치 사무실에 도착한 나는 컴퓨터를 켜기도 전에 플래너부터 펼쳤다. 플래너는 하루 단위로 작성하게 되어 있었다. 그런데 막상 펜을 들고 보니 하루를 시간으로 구분해서 적는 것이 만만치 않았다. 10시 칸에 '부서회의'라고 적고 12시 점심시간에 선배와 식사라고 쓰니 더 이상 적을 것이 생각나지 않았다. 플래너의 설명서에는 '나의 사명'과 연동되도록 일정을 작성하라고 쓰여 있었다. 그래서 맨 앞쪽, 사명란을 다시 펼쳐보았다. 그리고 비워두었던 나의 사명에 깊은 고민 없이 '마케팅 전문가 되기'라고 썼다. 그러나 오늘 할 일은 거래처와 미팅을 하고 광고주의 전화를 기다리는 것이 전부였다. 내 쪽에서 정할 수 있는 스케줄이 많지 않은 탓이다. 퇴근 시간이다가오자 '처음이니까'하는 가벼운 마음으로 플래너를 덮었다.

다음날이었다. 역시 일찌감치 사무실에 도착하자마자 아름다운 플래너부터 펼쳤다. 어제 적어둔 할 일 목록 옆에 완수된 목표에 V 표시를 하고 오늘의 날짜로 이동했다. 11시 칸에 '기획서 완료'라고 적고, 12시 점심시간에 부서 점심, 3시에 광고주 방문이라고 쓰니 더 이상 적을 것이 없었다. 어제 보다 한 줄 늘었지만 한 페이지나 할당되어 있는 넓은 공간이 휑하기는 마찬가지였다.

사실 그럴 수밖에 없었다. 직장인의 일이라는 게 만나는 사람 뻔하고 움직이는 지역이 고만고만하다. 신입 주제에 저녁에 선배가 번개라도 치면 끌려가야하니 개인적인 술 약속은 일주일에 하루 정도 미리 잡아두는 게 전부다. 그러다보니 점차 하루가 할당된 한 페이지가 완전히 텅 비어있는 경우가 늘어나기 시작했고 채워야하는 부담감이 숙제처럼 쌓였다. 기록이 귀찮아서 하루 이틀 밀리다보니 빈 페이지가 늘어만 갔다. 그렇게 세 달쯤 지나고 새로운 3개월짜리 속지를 추가 구매하는 시점이 오자 다시 원래 쓰던 그룹사 다이어리를 사용하기로 했다. 그룹사 다이어리에 묻은 먼지를 털어내며 문득 이런 생각이 들었다.

"플래너를 쓰려고 일을 하는 게 아닐 바에야 스케줄에 기록되어 있지 않다고 중요하지 않은 일은 아니다. 또한 온종일 업무에 관한 기록을 빼곡히 적는다면 일에만 치여 산다는 증거 아닌가! 그렇다면 어딘가에 정말 중요한 일을 놓치고 있는 것일지 모른다."

인간은 평생 동안 자신의 내면에서 느껴진 열망을 채우기 위해 무언가를 추구해야만 하는 존재다. 오죽하면 역사상 가장 위대한 소설가 중 한사람인 톨스토이조차『크로이체르 소나타』와『악마』같은 단편을 통해서 "죽을 때까지 사그라지지 않는 인간의 욕망 때문에 기독교에서 말하는 지상낙원은 찾아오지 않을 것이다"라고 주장했겠는가! 그만큼 인생이라는 거대한 드라마 속에서 우리의 열망에 대해 고민하는 것은 지극히 자연스러운 일이다. 그러다보니 시중에 나와 있는 흔한 성공학 서적이나 자기계발 서적들은 대게 다음과 같은 질문으로 시작한다.

- 나의 존재 가치(사명)는 무엇인가?
- 나의 사명과 가치를 통해 5년 후 나의 모습이 어떻게 바뀌었으면 좋겠는가?
- 가슴을 뛰게 할 만큼 매력적인 상황이나 인정 등을 상상한다면?

이런 문제들을 붙잡고 고민하면서 삶의 의미를 이해하고자 노력하는 사람들이 지금 이 순간에도 수백만 명은 존재할 것이다. 그리고 이런 막연한 질문들 앞에서 즉각적으로 답을 할 수 있는 사람도 많지 않을 것이다. 나 역시 이런 질문에 대해 여러 번 고민해 봤지만 대답이 여간 궁색한 게 아니었다. 과연 인간에게는 비전이나 사명이 필요한 걸까? 아니 존재하기는 하는 걸까?

21

국가를 훌륭하게 이끌어 보겠다는 비전을 가지고 있다고 하더라도 모두가 대통령이 될 수는 없을 것이며, 이는 모두가 슈바이처 박사와 같은 삶을 살 수 없는 것과 마찬가지다. 오히려 지구상에는 축구선수, 미용사, 과학자, 요리사, 사진작가, 철학자 등 다양한 종류의 사람들이 필요하다고 믿고 싶다. 세상에는 마음이 따뜻한 사람, 마음이 차가운 사람, 마음이 약한 사람, 마음이 굳은 사람이 골고루 필요하다. 얼마만큼의 공기를 폐 속에 넣어야 결핵균이 죽는지 연구하는 데 평생을 바칠 수 있는 사람도 필요하고, 장미를 한 음절의 멜로디로 포착해서 병실에 누워있는 사람들에게 그 아름다움을 나눠 줄 수 있는 사람도 필요하고, 홍차에 적신 마들렌 과자를 먹는 순간 마음이 기쁨으로 넘쳐 오르면서 예전 기억들이 떠오르는 장면을 스무 장의 원고에 담을 수 있는 사람도 필요하다. 이들이 서로 다른 것은 결코 그들이 정한 비전이나 사명 때문이 아니다. 그들이 오늘 무슨 일을 하는가에 달려 있다.

나와 맞지 않는 비전과 사명을 적어놓고 그대로 따라하는 것이 어리석은 일은 아니겠지만 현명한 일도 아니다. 심리학자 주디스 그로브(Judith Grob)는 피험자들에게 구역질나는 사진들을 보여주면서 감정을 숨기라고 요청했다. 심지어 사람들에게 입에 펜을 물어서 얼굴이 찌푸려지지 않게 하라고 요구했다. 실험을 마친 후 그로브 박사가 감정을 억눌렀던 사람들에게 'gr()ss'라는 단어에서 빈칸의 철자를 채워 넣으라고 하자, 이들은 'grass(풀)'보다는 'gross(역겨운)'으로 쓰는 경향이 강했다. 이 실험을 통해 그로브 박사는 이렇게 결론 내렸다.

"감정을 억누르며 살아온 사람들은 세상을 좀 더 부정적인 시선으로 바라보게 될 소지가 있다."[1]

그렇다면 나와 맞는지도 모르는 채 책상머리에 앉아서 설정한 비전과 사명이란 게 우리에게 어떤 의미일까? 한우리열린교육에서 창립 25주년을 맞이하여 기업의 사명과 비전을 만들기 위해 외부 업체에 컨설팅을 의뢰한 적이 있었다. 직원들은 몇 가지 좋아하는 단어를 적고 투표를 해서 최종 선별된 단어를 회장님께 보고하는 방식으로 진행되었다. 그것을 바탕으로 사명이 만들어지고 비전이 짜 맞춰졌다. 그런데 어색한 것이 한두 가지가 아니었다. 회사의 주 수익원은 독서교육이었는데도 불구하고 추구하는 비전에는 듣기 좋고 보기 좋은 말만 담다 보니 소니나 애플의 그것과 닮아있었다. 사명은 삼성을 뺨치는 멋진 글로벌 그룹에 대한 포부가 실려 있었다.

물론 거대한 포부 자체가 나쁘다는 말은 아니다. 오히려 현재의 모습보다 과장된 목표가 기업의 규모를 키우려는 원동력이 될 수도 있다. 특히 설립 단계의 회사라면 그 무궁무진한 잠재력으로 인해 소니건 삼성이건 목표로 삼지 못할 것은 세상 어디에도 없다. 그러나 십 수 년 간 일을 해오고 시장에서 넘버원으로 자리매김을 한 기업이 본질을 완전히 무시하고 전혀 새로운 비전을 세우는 것은 과연 어떤 의미인가? 나는 기업과 조직원의 마인드 결집에 무슨 도움이 되겠는가 싶어 안타까웠다. 입에 붙지도 않는 사명과 비전이 걸려있는 사무실의 벽을 쳐다보면서 우리가 스스로를 정의하는 것도 이와 비슷하다는 생각이 들었다.

"나의 본질과 너무 먼 나를 상정하는 것 보다는, 나의 과거와 현재를 돌아보고 나를 정의 내리는 것이 나를 이해하는 가장 첫 번째 일이 아닐까?"

우선은 과거와 현재의 내 모습을 되돌아보고 '나'를 파악하여야 방향이 잡힌다. 그렇지 않으면 우리의 사명 역시 사무실의 벽에 걸린 기업의 그것과 다르지 않을 테니 말이다.

백과사전을 찾아보니 비전(vision)이란 '내다보이는 장래의 상황, 이상, 전망의 시각화'를 의미한다고 쓰여 있다. 이 정의에서 우리는 '내다보이는'이라는 단어에 주목할 필요가 있다. 정의에 따르면 '비전'은 기본적으로 현재 관점에서 '내다보이는' 미래의 상황을 시각화시킨 결과인데, 대부분의 사람들은 보이지도 않는 추상적인 대상인 '꿈'을 기록하고 비전과 혼동하는 것이다.

그 다음에 사명(mission)은 글자 그대로 '주어지거나 맡겨진 임무'를 의미한다고 쓰여 있다. 여기서 도출되는 개념은 '주어진'과 '임무'이다. 즉 사명이란 구체적인 행위와 관련한 것이며, 사명을 갖는 주체인 '나'에게 주어지게 된다. 이 때, 사명을 갖는 주체에게 임무를 부여하는 것이 바로 '비전'이다. 사명의 한자 '使命'에서 '使'는 '하여금'이라는 사역형을 나타내고 '命'은 '목숨, 운명'이라는 의미를 갖는다. 정리하자면 '비전'이 무언가를 운명처럼 '나'에게 제시하는 것을 받아들이는 것이 '사명'이다.

간단하게 정리해보면 우리가 비전이라고 생각하는 것은 실은 꿈에 가깝고, 사명은 내가 만드는 게 아니라 누가 주는 것이다. 부르심을 받은 종교인이나 영화 『미션 임파서블』의 주인공 이단 헌트처럼 책임과 의무가 따르는 것이다. 그러니 사명이 있다는 것은 꽤나 피곤한 일일지도 모른다. 그리고 성직자나 첩보원이 직업이 아닐 바에야 사명이 없는 것에 조급해 할 일은 아닌 것이다.

이쯤 도달하자 나는 비로소 그동안 비전과 사명의 빈 칸을 채우지 못했던 이유를 알 수 있었다. 방법이 거꾸로 되어 있었던 것이다. 아직 보이지도 않는 미래의 모습을 상상 속에 그려놓고 그것을 비전이라고 정한 후 적절한 사명을 부여한 후 목표를 설정하다보니 비전, 사명이 모두 부실하고 실현 가능성 없는 공허한 문장의 조합에 불과했었던 것이다. 왜 이런 현상이 벌어지는 것일까?

목표를 발견해야 미래가 보인다

목표(goal)를 사전에서 찾아보면 '어떤 목적을 이루려고 지향하는 실제적 대상으로 삼음. 또는 그 대상.'이라고 되어 있다. 정해진 대상에 대한 '실제적인 성취'가 바로 목표인 셈이다. 목표의 한자 '目標'에서 '標'는 '표하다, 나타내다'라는 의미로, 실질적으로 눈에 보이는 실행 가능한 행동을 가리킨다. 그러나 사람들은 눈에 보이지 않는 화려한 예측에 더 많은 관심을 갖는 경향이 있다.

1957년 스푸트니크 위성이 발사되고 1969년 아폴로 11호가 달에 착륙했을 때 사람들은 2000년 대 쯤에는 화성이나 목성으로 우주여행을 갈지도 모른다는 상상을 했다. 가수 민혜경은 1982년도에 그와 같은 상상을 구체적으로 담은 '서기 2000년'이라는 노래를 발표해 큰 인기를 끌기도 했었다. 확신에 가득 찬 노랫말을 보면 국민의 염원이 느껴질 정도다.

"서기 2000년이 오면 우주로 향하는 시간, 우리는 로켓 타고 멀리 저 별 사이로 날으리"

물론 이런 예측은 여전히 실현되지 않고 있다. 탄생한 지 80년이나 된 세계적인 히어로 배트맨은 또 어떤가. 영화 『저스티스 리그』에 등장하는 브루스 웨인의 책상에는 종이 한 장 찾아볼 수 없을 만큼 스마트한 장비로 가득하다. 이는 『배트맨』 실사 영화 시리즈의 첫 주인공인 마이클 키튼이 보면 깜짝 놀랄 일이다. 그가 『배트맨』에 출연할 당시 브루스 웨인의 책상에는 TV모니터와 서류철만이 빼곡히 놓여 있었기 때문이다. 먼 미래는 예측하기 어렵다는 반증이다. 그렇다고 계획조차 세우지 않는 것은 곤란하다. 얼마 전 편안한 술자리에서 후배로부터 다음과 같은 하소연을 들은 적이 있다.

"계획을 세우기만 하고 실천하지 못하면 스트레스만 쌓입니다. 그래서 이제 저는 아무 계획도 세우지 않기로 했어요. 스트레스라도 덜 받는 게 낫지 않은가요?"

사람들이 계획을 실천에 옮기지 못하는 이유는 생각보다 단순하다. 목표를 꿈과 가치와 전략으로 한데 묶지 못했기 때문이다. 미국 조지아 주립대학의 토마스 J. 스탠리(Thomas J. Stanley) 교수는 『이웃집 백만장자』라는 책에서 백만장자들을 관찰한 결과 자신의 꿈과 목표와 가치와 전략을 서로 잘 조화시켰다는 공통점을 발견했다. 그에 따르면 인생을 성공으로 이끄는 행동은 자기관리를 통한 엄격한 규율에서 만들어지는 것이 아니라 꿈, 목표, 가치, 전략의 네 가지가 조화를 이루는 과정에서 자연스럽게 나오는 것이다. 그렇다면 꿈과 가치와 전략을 우리의 주제인 목표와 묶어서 살펴보자.

❶ 목표와 꿈

꿈은 행복을 찾아 나서기 위한 일종의 나침반이다. 최초의 인류는 맹수들로부터 신변을 보호하기 위해 나무 위에서 살았다고 한다. 그들이 나무에서 내려온 원동력은 아내의 꿈 때문이었다. 아내가 어느 날 남편에게 하소연을 한다.

"여보, 나무 위는 아이 낳기 너무 힘들어요. 편안한 동굴에서 아이와 안전하게 살고 싶어요."

절치부심하던 남편은 마침내 불을 발견한다. 그리고 그 불을 들고 동굴로 들어가 곰을 몰아낸다. 인류가 드디어 땅을 밟고 편하게 살 수 있게 된 것이다. 동굴 생활을 하던 아내가 다시 남편에게 하소연을 한다.

"여보, 이 동굴 정말 아늑하네요. 우리 그만 좀 떠돌아다닙시다. 애들도 친구가 필요하구요."

처자식을 끔찍이 사랑하는 남편은 동물을 그때그때 잡아서 먹지 않고 모아놓고 기르는 법을 고안함으로서 야생동물을 가축화하는 데에 성공한다. 동물이 새끼를 낳고 그 무리 수가 점점 늘어나자, 가축의 힘으로 땅을 가꾸고 경작을 하는 법을 배운다. 떠돌이 생활을 하던 인류가 마침내 정착 생활을 하게 된 것이다.

지금보다 더 나은 삶이라는 꿈을 그려왔기에 인류는 진보를 이루었다. 그러나 꿈만 꾸어서는 곤란하다. 꿈은 목표로 구체화되어야 한다. 스스로 목적지를 정하지 않으면 모든 것은 단순한 꿈으로 끝나고 만다. 목표를 통해 무엇이 되고 싶은지, 무엇을 하고 싶은지 그리고 무엇을 갖고 싶은지 끊임없이 자신의 꿈을 확인해야 한다.

❷ 목표와 가치

이렇게 정해진 꿈과 목표는 가장 소중하게 여기는 자신만의 가치와 조화를 이뤄야 한다. 조화를 이루기 위해서는 내가 정말로 원하는 것이 무엇인지, 나에게 정말 중요한 게 무엇인지 스스로 물어보는 과정이 필요하다. 주의할 것은 가치란 나만의 정체성에 따라 고정된 것이 아니라 여러 가능성 가운데 선택된 하나일 뿐이라는 점이다. 그러다 보니 아무래도 가족이나 주변 사람들이 선택에 영향을 미치는 경우가 많다. 얼마 전 모 언론사 사주의 초등학교 3학년 딸이 운전기사에게 폭언을 했다는 놀라운 뉴스가 있었다. 과연 아이의 탓으로만 돌릴 수 있는 사건인가? 부모님이 하는 행동을 보고 그대로 배웠을 가능성이 크다는 여론이 많았다.

그러나 성인이라면 스스로 선택을 해야 한다. 우리는 자신에게 소중한 가치를 스스로 선택할 자유가 있다. 가치는 절대불변의 궁극적인 것이 아니라 바꿀 수 있다. 그럼에도 불구하고 선택해야 하는 이유는 여러 가치가 서로 다른 방향으로 이끌어 가면 앞으로 나아갈 수 없기 때문이다. 균형 잡힌 두 다리를 생각해보자. 앞으로 나가기 위해서는 한쪽의 다리를 들어 앞으로 내딛어야 한다. 그러나 매사에 균형을 중요하게 생각하는 사람은 두 다리 중에 어느 편도 들 수 없다. 어느 것도 선택하지 못하면 목표를 향해 한 발자국도 내딛을 수 없다. 가치를 자신의 목표에 맞추는 선택의 과정이 필요한 이유다. 어떤 가치를 따를 것인지 먼저 분명하게 결정한 뒤에야 비로소 여러분은 삶을 주도해 나갈 수 있다.

❸ 목표와 전략

꿈과 목표와 가치가 서로 일치되었다면 이제 이를 성공적으로 수행할 행동 지침을 세워야 한다. 행동 지침은 목표를 단기, 중기, 장기로 세부적으로 쪼개어 만드는 것이 효과적이다. 메릴랜드 대학의 심리학자 에드윈 로크(Edwin Locke)와 로트먼 경영대학원의 심리학자 게리 래섬(Gary Latham)은 40년에 걸친 연구를 통해 귀찮더라도 목표를 세부적으로 쪼개어 설정하면 수행능력이 크게 높아진다는 사실을 입증했다. 수치화할 수 있는 업무는 수행능력이 15% 상승했다. 세세하고 명확한 행동 지침 전략은 다음의 두 가지 이유로 목표 달성에 도움이 된다.

첫째, 목표를 쪼개면 단순히 집중하겠다는 의도가 생길 뿐 아니라 일 하는 도중 집중이 흐트러질 수 있는 순간을 잘 넘길 수 있다.

둘째, 작은 목표들을 달성하면서 얻어지는 뇌의 보상 체계가 큰 만족을 얻어서 더 끈기 있게 업무에 집중할 수 있다. 업무 목록에서 끝낸 일에 체크 표시를 할 때마다 느껴지는 짜릿함은 인생에 몇 안

되는 즐거움이다.

심리학자 매슬로우(Abraham Harold Maslow)는 '인간이 타인에게 인정받고자하는 욕구'를 인간의 욕구 7가지 중에서 가장 상위에 두었다. 타인의 인정이 보상으로 작용한다는 것은 '목표를 발견하고 이를 성취하기 위해 노력하는 과정의 결과'인 만큼 목표의 중요성을 강조한 말이기도 하다. 목표를 설정하고 꿈을 이루는 과정을 통해 세상을 더 나은 곳으로 만든 사람들의 이야기는 언제 들어도 우리의 가슴을 벅차게 한다. 대표적으로 닥터 노먼 베쑨(Dr. Henry Norman Bethune, 1890~1939)을 들 수 있다. 캐나다의 흉부외과 의사로 평범한 삶을 살았던 베쑨은 어느 날 폐결핵에 걸려 시한부 선고를 받는다. 당시 폐결핵은 불치병이었다. 죽을 날만 기다리던 그는 어느 날 병실에 놓인 잡지에서 인공 기흉술로 폐결핵을 고칠 수 있다는 논문을 발견하고 직접 임상실험을 한다. 그리고 기적적으로 살아난다. 그 후 결핵 퇴치에 평생을 바치겠다는 목표를 세우고 인공 기흉술을 발전시키기 위해 온갖 기구를 개발하고 치료에 전념한다. 그러나 아무리 노력을 해도 결핵 발병률은 좀처럼 줄어들지 않았다. 알고 보니 돈이 없는 가난한 사람들은 치료를 미루게 되고 겨우겨우 돈을 마련해 병원을 찾아왔을 때는 이미 치료할 시기를 놓친 뒤였다. 질병의 원인이 빈부의 차이에 존재했던 것이다.

폐결핵을 개인의 병이 아니라 사회의 병이라고 있다고 생각한 그는 이때부터 부익부 빈익빈이라는 사회의 병을 고치겠다는 새로운 목표를 세운다. 그리고는 사회주의 국가를 돕는 의료 지원에 나선다.

1936년에는 파시스트 프랑코에 저항하는 스페인 내전에 의료 지원단을 이끌고 가서 이동식 수혈은행을 만든다. 1938년에는 중국 본토를 침략한 일본 제국주의에 대항하여 중국 의료 봉사단에 자원한다. 그리고 지역의 의료 책임자가 되어 최전선까지 의무대를 데리고 들어가 수없이 많은 병사들을 구한다. 닥터 노먼 베쑨은 마침내 중국 인민의 친구이자 평등주의자의 영웅으로 삶을 마감한다.[2] 장대한 역사의 물결을 뒤 흔든 베쑨의 삶은 가난한 사람들을 위해 결핵을 치료하겠다는 작은 목표에서 출발했다.

분명한 목표는 올바른 질문에서 시작된다

사실 목표가 분명하지 않은 이유는 영화 『올드보이』의 주인공 오대수처럼 답변하는 쪽보다는 질문하는 쪽의 문제일 가능성이 더 크다. 오대수는 어느 날 갑자기 납치되어 15년 간 감금생활을 한다. 15년 뒤 풀려난 그는 자신을 납치한 이우진을 찾아간다. 그리고 "왜 나를 가두었는가?"하고 묻는다. 그의 날카로운 절규에 이우진은 차분하게 대답한다.

"이런, 오대수씨, 질문이 틀렸어. 내가 당신을 15년 동안 가뒀는지가 아니라, 왜 15년 만에 세상에 풀어줬느냐고 질문해야지. 당신이 틀린 질문을 하니까 틀린 답만 찾을 수밖에!"

앞서 나는 비전 대신 평생의 목표, 사명 대신 긴 목표를 설정하라고 말했다. 결국은 목표들이 모여서 인생을 만들어간다는 말이다. 그런데 설정하는 것 못지않게 중요한 것은 목표가 궤도에서 벗어나지 않게 하는 것이다. 미국의 컨설턴트인 캐롤라인 웹(Caroline Webb)은 궤도를 벗어나지 않는 목표를 만들고자 한다면 긍정적인 의도로 설정하라고 제안한다. 긍정적인 의도란 우리가 '정말로' 이루고 싶은 것이 무엇인지를 자문하는 것이다. 예를 들어 실수를 잘 하는 동료를 비난하는 것이 부정적인 의도라면 그가 실수를 반복하지 않는 방법을 찾도록 돕는 것은 긍정적인 의도이다. 이러한 의도를 유지하기 위해서는 하루를 마무리하는 시간에 오늘 있었던 부정적인 의도를 점검하고 그 의도를 개선하는 계획이 필요하다. 일기를 쓰고 하루 일과를 정리하는 것도 긍정적인 의도에 해당된다. 이런 습관이 반복되면 우리 뇌는 목표를 달성해 나가기 위한 일과 그렇지 않은 일을 보다 빠르게 구분해 낼 수 있게 된다. 이것을 대니얼 카너먼 교수는 '확증편향(confirmation bias)'이라고 부른다. 기대에 부합하는 정보나 행동을 접하면 편하게 실행 하지만, 기대에 어긋나는 정보나 행동은 무시하는 뇌의 작동 원리를 일컫는 말이다. 이런 방식으로 우리 뇌는 사소한 일을 처리할 때 자동모드로 전환하여 정신적 에너지를 훨씬 절약하게 된다.

뉴스를 보면 사회적으로 성공을 거둔 사람들의 사례가 심심치 않게 등장한다. 엄청난 부를 축적한 것도 모자라서 노벨 평화상을 거론할 정도로 전 세계를 뒤흔들고 있는 도널드 트럼프 미국 대통령을 비롯해 은퇴 후 더 많은 활약을 하고 있는 피겨 여왕 김연아 선수, 토크쇼의 여왕 오프라 윈프리 등을 보며 많은 어린이들이 미래를 꿈꾸고 닮아가기를 원하고 성공을 꿈꾼다. 그러나 가끔은 "내가 지금 성취하고자 하는 것이 과연 성공이라고 할 수 있는가?"하는 고민이 들 때가 있다. 심지어 앞서 언급한 세 명의 성공한 사람들조차 뚜렷한 공통점이 없다는 사실을 알 수 있다.

돈을 가장 많이 버는 것이 성공의 기준이라면 셋 중에서는 트럼프 대통령을 이길 자가 없겠지만 호감도로 성공의 기준을 정한다면 아무래도 트럼프 대통령 쪽 보다는 김연아 선수 쪽이 더 성공한 셈이다. 타인에게 건강한 영향력을 행사하고 많은 사람들에게 희망을 주는 것을 성공의 기준으로 삼는다면 셋 중에는 오프라 윈프리가 가장 성공한 사람이 될 것이다. 이처럼 보편적으로 받아들여지는 성공의 정의는 없다. 그렇다면 성공은 개인적인 목표의 발견과 밀접한 연관이 있다고 할 수 있지 않을까? 성공한다는 것은 개인적인 목표를 발견하고 이 목표를 성취하는 삶을 살아가는 것이라고 말이다.

떠돌아다니며 사냥과 채집을 일삼던 인류가 처음으로 정착해서 농경 생활을 하게 된 것은 사물의 연관성을 인식하고 새로운 목표를 발견했기 때문에 가능했다. 오늘 씨를 뿌리면 몇 달 뒤에 거둘 수 있다는 것을 아는 아주 중요한 의식의 변화가 일어난 것이다. 오늘 학교에 다니면서 공부하면 몇 년 뒤 좀 더 원하는 일을 할 수 있다는 것도 마찬가지 생각이다. 그러나 안타깝게도 사람들은 학교만 졸업하면 공부는 끝이라고 생각한다. 공부는 학교에서 끝나는 게 아니다. 오히려 시작이다. 웹툰이나 유튜브를 보거나 게임하는 시간 대신 매일 책을 읽으면 남들보다 훨씬 더 많은 일을 계획하고 실천할 수 있는 것이다.

곰곰이 생각해보자. 우리가 이룬 것 중에서 목표하지 않았는데 저절로 된 것이 있는가하고 말이다. 사과가 떨어지는 것을 보고 우연히 만유인력의 법칙을 깨달았다는 뉴턴처럼, 여러분에게 완전히 우연하게 다가온 것이 있는가? 뉴턴조차 사과는 만들어낸 예시일 뿐이라고 고백한 바 있다. 하다못해 길거리에서 돈을 주은 사람도 맑고 청명한 하늘을 바라보는 대신 어두컴컴한 땅을 쳐다보는 수고 정도는 했다.

지금까지 우리가 성취한 모든 것은 우리가 목표한 것이다. 그러므로 멋진 삶을 꿈꾸고 있다면 우선 멋진 목표를 세워야 한다. 그리고 우리가 많은 것을 원하고 있다면 우선 많은 목표를 세워야 한다. 목표는 변화한다. 목표가 인생의 부담으로 다가온다면 목표가 제대로 설정되어 있는지부터 점검하라. 막연하게 '부자가 되었으면 좋겠다.' 하고 생각하는 정도로는 안 된다. 중요하다면, 필요한 일이라면, 구체적인 목표를 신중하게 세워보자. '인문학적 소양을 쌓고 싶다'면 우선 이번 주에 읽을 책의 제목과 작가 이름이라도 써 넣고, 살을 빼고 싶다면 몇 kg을 언제까지 어떻게 뺄 것인지 분명하게 적어보자. 달성되지 않은 목표가 있다면 그것은 여러분 탓이 아니라 막연한 목표 탓이다. 목표를 구체적으로 발견하기 위해서는 다음의 네 가지 속성을 먼저 검토할 필요가 있다.

목표를 발견하기 위한 4가지 속성

❶ 피드백

개인적인 목표를 '발견'하기 위해서 가장 먼저 해야 할 일은 목표가 무엇인가에 대해 '이해'하는 것이다. 목표를 이해하기 위해서는 목표에 대한 정의와 목표를 관리하는 방법을 알아야 한다. 인간은 경험과 이해의 폭이 넓어짐에 따라 더 깊은 통찰력을 가지게 된다. 지난달에 적은 목표가 달성되었다면 그만큼 여러분은 성장한 것이다. 이러한 통찰력은 배우는 것이 아니라 인간의 본성에 내재된 성질에 기인한다.

열정에 사로잡혀 밤새 써 내려간 연애편지를 다음 날 읽으며 보내지 않은 것이 잘했다는 생각을 해 본 사람이라면 통찰력은 누구나 가지고 있는 능력이라는 것을 알 수 있을 것이다. 이 통찰력이 있는 한 여러분은 꿈을 성취할 수 있다. 스마트폰의 대표적인 OS인 안드로이드와 아이폰의 IOS는 지금까지 수많은 업데이트를 통해 초기의 버그를 수정 보완하고 있다. 만약 완전한 버전을 출시하려 했다면 지금까지도 스마트폰은 존재하지 않았을 것이다. 여러분의 목표야 말로 주기적으로 업데이트를 해야 할 삶의 OS인 셈이다.

❷ 탐색

목표에 대한 전반적인 이해만으로 목표를 순조롭게 발견하기란 충분하지 않다. 다양한 실패와 성공을 검토함으로 인해서 자신의 상황에 맞는 사례를 연구하고 조사하는 것이 중요하다. 대홍기획 카피라이터 출신인 WAY커뮤니케이션의 하재윤 대표는 목표를 탐색하고자 한다면 우선 자신에 대한 기록과 주변의 의견을 참고하라고 조언한다. 그 역시 창업을 준비할 때 본인의 기록장과 주변 사람들의 이야기를 종합해서 내린 결론이 새로운 사업의 동기가 되었단다. 그 결론은 다음과 같다.

"하재윤은 활자와 인쇄물에 강하다."

이렇게 목표에 대한 탐색을 마쳤으면 확신을 갖기 위해서 물량을 초과해서 쏟아 붓는 노력이 중요하다. 계속해서 그의 말을 들어보자.

"화초에 물을 줄 때 사람들은 넘치지 않을 정도만 주려는 성향이 있어. 내 기준에서 화초를 바라보는 거지. 깨끗하게, 넘치지 않게, 안전하게. 하지만 그 정도의 물은 화초에게는 턱 없이 부족해. 화초 키워 본 사람은 알거야. 물을 넘치도록 듬뿍 주고 몇 시간 쭉 뺀 후에 또 줘야 오래 산다는 것을 말이지."

우리는 2부에서 이와 관련된 다양한 실행 사례를 탐색하게 될 것이다.

❸ 커뮤니케이션

목표 발견 과정의 세 번째 속성은 다른 사람들과 진심으로 교류하는 것이다. 물론 친구가 많다고 성공하는 것도 아니다. 그러나 좋은 영향력을 받을만한 사람이 주변에 있다면 타인에게 좋은 영향력을 줄 가능성도 그만큼 높아진다는 것을 우리는 경험상 알고 있다. 이것은 마치 오른 팔로 세모를 그리고 왼 팔로는 네모를 그리다보면 어느 순간 둘 다 세모나 네모를 그리게 되는 경우처럼 무의식이 행동을 지배하는 인간의 특성 때문이다. 일반적인 사람들은 나를 아껴주고 잘 보살펴주는 상관이 있으면 마음의 여유가 생겨서 아랫사람이나 동료들에게 잘해주게 된다. 그러나 나를 믿어주지 않거나 앞뒤 안 가리고 소리만 지르며 매일 잔소리하는 상관 아래서 고생하는 사람은 아무리 품성이 좋아도 자기도 모르는 사이에 아랫사람이나 주변에 과민한 행동을 하게 된다. 나쁜 리더 한 사람이 조직을 망친다는 것은 바로 이런 경우를 말하는 것이다.

아무리 심지가 단단해 보여도 주변 사람들이 무심코 내뱉는 한두 마디에 흔들리는 게 인간이다. 그러나 목표의 발견과 관련하여 나는 주변 사람들의 이러한 시각들을 냉정하게 읽어내기만 한다면 역으로 큰 도움이 된다는 사실을 깨달았다. 다시 말해 거칠게 이야기 하는 사람일수록 그 내면은 여린 경우가 많고, 무언가를 요구하는 사람일수록 줄 수 있는 것을 숨기고 있는 경우가 많다는 것이다.

❹ 행운의 여신

이제껏 우리가 살펴본 목표 발견의 속성들은 대부분 우리가 통제할 수 있는 영향력 내에 있는 문제들이었다. 다시 말해서 피드백하고 탐색하고 커뮤니케이션 하는 것은 우리 스스로의 역량에 달려 있다. 하지만 이 마지막 단계인 행운의 여신은 우리가 통제할 수 있는 범주 밖에 있다. 월드컵에서 터진 골의 50퍼센트 이상이 슈터의 의도와는 다른 상황에서 만들어졌다는 FIFA의 통계에서 볼 수 있듯이, 연약한 인간은 누구나 행운의 도움 없이 성공하기 어렵다.

기회라는 뜻의 'opportunity'의 어원은 도시나 상업의 장소로 물이 들어오는 입구라는 뜻을 지닌 port(항구)에서 유래했다. 옛날에 항구는 조수와 바람의 상태가 좋은 날에만 열렸다. 그 날은 무역을 하거나 침략을 할 수 있는 절호의 기회가 되었다. 그러나 항구는 누구에게나 마냥 기회가 열려있는 것은 아니었다. 항구가 개방되는 것을 미리 파악하는 사람만이 열린 항구를 이용할 수 있었다. 기회가 나타나기 전에 먼저 그 기회를 포착하고 준비해야 한다는 것이다.

기회를 잡으려면 준비와 정성을 들여야 한다. 모든 노력을 기울여 기회의 신을 맞이할 채비를 해야 한다. 아무런 노력도 하지 않는다면 기회의 신은 우리 옆을 스치기만 할 것이다. 행운이 오기를 고대하는 사람은 많지만, 막연히 기다리는 사람에게는 절대 오지 않는다. 행동하고 실천하는 노력이 있어야 행운이 온다는 뜻이다. 저 유명한 세균학자 파스퇴르는 "행운은 준비된 자에게만 미소 짓는다."고 하지 않던가. 따라서 이 마지막의 고려 요소는 개인적인 목표를 발견해 가는 우리에게 주어지는 보너스라고 생각하는 것이 좋다.

개인적인 목표를 발견하는 과정에서 지금까지 살펴본 이 네 가지가 순서대로 진행되는 경우는 거의 없지만 각 속성들을 모두 검토하는 과정은 반드시 필요하다.

네 가지 속성을 검토했다면 이제 좀 더 구체적으로 목표를 설정하는 요소를 알아보자. 미국의 컨설턴트인 팀 호에르(Tim Hoerr)[3]는 목표란 점과 선으로 이루어져 있다고 주장한다. 선을 따라 하나의 점에서 점으로 가는 과정 자체가 목표라는 것이다. 이는 기차와 역의 개념으로 설명하면 이해가 훨씬 쉽다. 기차는 매번 철로를 이용해 정차할 역을 통과하고 사람들은 각자 원하는 목적지에 내리기도 하고 타기도 한다. 목적지에 도달하여 일을 마치면 다시 어딘가의 목적지를 향해 이동한다. 목적지는 정해지지만 고정되어 있지 않고 끊임없이 움직인다. 대단하지도 않고 위대하지도 않으며 그저 정차 역에 불과하다.

이런 과정을 인생에 비추어보면 만화영화 『은하철도 999』의 주인공 철이가 떠나는 여정과 흡사하다. 어머니가 기계인간에게 죽임을 당하자 영원한 생명을 얻기로 결심한 철이는 메텔의 도움을 받아 누구나 기계인간으로 만들어 준다는 꿈의 행성 프로메슘으로 향한다. 도중에 다양한 행성에 머무르며 여러 인간 군상의 시련과 고통을 경험하게 된다. 그 과정을 통해 철이는 정신적으로 성장하게 되고 본래의 목표인 기계인간이 되기보다는 따뜻한 피가 흐르는 인간의 삶을 선택한다.

『은하철도 999』에서 기차가 달리는 우주의 철로는 길게 늘어선 하나의 선이고 도달하는 행성은 점이다. 이 점은 삶의 과정 속에서 도달하게 될 특정한 지점을 나타낸다. 따라서 '점'은 변하지 않고 고정되어 있다. 행성과 행성 사이를 지나는 철로는 '선'을 이루는데, 이것은 삶의 과정과 그 길을 따라 이어지는 사건들을 나타낸다. 끊임없이 하루하루를 살아가는 우리의 인생은 철로를 따라 앞으로 나아가는 것과 비슷하다. 우리의 목표는 하나의 점과 하나의 선으로 만들어져 있다. 이 에피소드의 한 쪽에는 선이 놓여있다. 이 선은 삶의 경험 속에서 얻어지는 좋은 영향력은 유지되고 나쁜 영향력은 걸러지면서 길게 이어진다.

그림 목표의 두 가지 요소 : 철로와 행성

이 선의 핵심은 인생이 시간으로 구성되어 있다고 믿는 스위스 사람들의 세계관과도 맞닿아 있다. 스위스에는 다음과 같은 속담이 있다.

"사람은 각자 태어날 때부터 시간이라는 통장을 들고 나온다. 통장은 사람마다 하나뿐이고 타인에게 송금은 원천적으로 불가능하다. 우리는 그것을 계좌에서 예금을 인출하듯 매일 일정량을 빼내 사용한다. 그 계좌의 잔고가 제로가 되는 날 우리의 삶은 종료된다."

목표가 선과 점으로 이루어졌다고 설명하는 이유는 '선과 점 사이의 움직임'만이 만족할 줄 모르는 인간의 본성을 가장 잘 나타내 주기 때문이다. 선과 점으로 이루어진 하나의 목표가 달성되면 우리는 다른 점을 찾아 떠난다.

인간은 본성과 조화를 이루며 살 때 가장 큰 행복을 느낀다. 아이들이 선생님께 칭찬을 받으면 하찮은 것이라도 엄마에게 자랑하듯, 성장하고 성공하려는 욕구는 우리 본성 안에 깊이 자리 잡고 있다. 성장과 발전이라는 본성이 충족되었을 때 궁극적으로 만족을 얻게 되는 이유이다.

여러분이 스스로를 정말 자랑스럽게 여겼던 적을 떠올려보라. 누가 보아도 놀라운 성과를 올린 적이 있을 것이다. 돌이켜 생각만 해도 기분 좋고 만족스러운 일이 있었다면 그 이유는 무엇이었는가? 혹시 여러분이 그런 성과를 올릴 수 있었던 것은, 그렇게 하지 않고는 도저히 자신에 대해 만족할 수 없었기 때문은 아니었는가?

오늘 가진 것에 감사하는 것은 필요하다. 하지만 내일도 그것에 만족한다면 그것은 성장 발전하고자 하는 인간의 본성을 거스르는 일이다. 일찍이 중국 송나라의 학자 정호(程顥, 1032~1085)는 다음과 같이 말했다.

"군자의 학문은 반드시 날마다 새로워져야 한다. 날마다 새로워지는 것은 날마다 진보하는 것이다. 날마다 새로워지지 않는 자는 반드시 나날이 퇴보한다. 진보하지 않는데 퇴보하지 않는 경우는 없다."[4]

41

모든 생명체는 살아있는 한 계속 성장한다. 나무가 그렇고 동물도 그렇다. 성장과 발전을 멈출 때 인간은 죽어가기 시작한다. 가장 큰 만족은 모든 것에 최선을 다 했을 때 얻어진다. 하지만 많은 사람들이 변명을 앞세우고 뛰어난 재능을 후회 뒤에 묻어둔 채 평생을 살아간다.

"아, 그때 시작했어야 했는데."

『은하철도 999』의 에피소드는 행성에 도착하면서 시작되고 다른 행성을 향해 떠나면서 끝난다. 마찬가지로 우리는 특정한 목표를 정해두고 그것을 달성하기 위해 노력하며 결과물이 만들어지면 또 다른 목표를 향한다. 이때 너무 버거운 목표라면 조금 작게 수정하는 것이 좋다. 인생은 100미터 달리기보다는 마라톤과 같은 장기 레이스에 가깝기 때문이다.

목표를 설정하는 과정에서 우리는 점에 초점을 맞추는 경우와 선에 초점을 맞추는 경우의 두 가지 상황에 직면하게 된다.

행성이라는 점에 초점을 맞춘 경우는 "이것은 내게 부여된 소명이며, 나는 이 특별한 목표를 향해 나아간다."라고 말할 것이다. 행성을 떠나 다른 행성으로 이동하는 선에 초점을 맞춘 경우는 "나는 특별한 소명을 깨닫지는 못했지만, 오히려 삶을 그 자체로 즐기는 것이 더 중요하다고 믿는다."고 말할 것이다. 이제 이 다른 두 가지의 초점이 구체적으로 무엇이 다른 지 비교해 보자.

먼저 행성이라는 점에 초점을 맞춘 경우다. 역사적으로 위대한 성취를 이룩했던 이들 가운데 특별한 목표를 향한 '강한 열정'을 가진 사람들이 적지 않다. 특별한 목표를 성취한다는 것은 간절히 원했던 것을 이루며 살아가는 것이다. 예를 들어, 탄생부터가 남 다른 예수 그리스도는 자신을 특별한 소명을 가진 젊은이라고 여겼고 그 운명에 목숨까지 걸었다.

"오렌지 하나라도 제대로 따는 것이 나라를 위하는 길이오."라고 외치던 도산 안창호 선생은 또 어떤가. 캘리포니아 오렌지 농장의 뙤약볕 아래서 농부들의 흐트러진 마음을 다 잡게 만든 도산의 이 한마디 말은 식민 지배를 받던 우리 국민의 마음에 희망을 심어줬다. 그는 조선을 근대화 시켜주겠다는 일본의 식민지 정책에 정면으로 반발했다. 조선의 근대화는 조선인 스스로가 만들어야 한다는 것이다. 이를 위해 한평생을 국민 계몽운동이라는 목표에 바쳤다.

반면 행성을 떠나 다른 행성으로 이동하는 선에 초점을 맞춘 경우도 있다. 이대 앞의 작은 옷가게에서 시작해 큰 기업을 일궈낸 ㈜이랜드의 박성수 회장은 모 대학 강연회에서 이런 말을 했다.

"봉급 때문에 일하는 사람은 샐러리맨이고, 일 자체를 사랑하는 사람은 비즈니스맨이다. 그보다는 자신이 받는 봉급 이상으로 많은 가치를 세상에 돌려주는 '밸류맨(value man)'이 돼야 한다."

놀라운 업적을 남기거나 거대한 부를 쌓은 사람들이라고 모두 철통같은 원칙에 따라 모범적인 생활만 한 것은 아니다. 그저 해야 하는 일을 했던 것뿐이다. 주어진 일에 최선을 다 할 때 비로소 운명은 번개처럼 우리에게 성취라는 선물을 준다. 그러나 번개치기 직전에는 먹구름이 하늘을 덮듯 우리의 인생의 '준비' 역시 먹구름 속에서 오랜 시간 '기회'와 마찰을 일으킨다. 마침내 준비와 기회가 만나는 지점에서 목표가 성취되는 것이 운명이다. 운명이란 정해진 시간과 약속된 장소에 있는 것이 아니라 시시때때로 변화하며 움직인다. 뚜렷한 목표의식을 갖기 전부터 운명은 우리 주위를 오랜 기간 동안 희미하고 조심스럽게 맴돌고 있었다. 운명이 발견되었을 때 바로 그 시기에 그 장소에 있었던 것처럼 보이지만, 실제로는 오랜 준비와 반복되는 시도, 그리고 인내가 역사적인 성공의 밑거름이 되는 것이다.

육상선수 시절의 대부분을 후보로 보냈던 나이키의 창업자 필 나이트는 선수생활에서의 실패를 교훈 삼아 선수들의 성공을 돕는 혁신적인 런닝화를 만드는 데에 일생을 바쳤다. 경쟁사들이 홍보에 열을 올릴 때 나이키는 제품의 질을 높여 고객 신뢰를 쌓았다. 나이키는 미끄러지지 않는 운동화 밑창을 만들기 위해 고민하던 끝에 와플 기계에 우레탄을 부어 와플형 고무 밑창을 만들었다. 또한 아디다스가 포기한 기술인 에어쿠션을 발전시켜 부드럽고 푹신한 착화감을 만들어내 다시 한 번 선풍적인 인기를 끌었다.

필 나이트는 마케팅에도 새로운 시도를 멈추지 않았다. 실력은 뛰어나지만 반항아로 손가락질 받던 운동선수들과 아마추어 선수들을 후원하는 것도 모자라 그들을 광고 모델로 발탁했다. '구시대적인 이미지를 타파하는 반항아'라는 브랜드 이미지를 구축하고 싶었기 때문이다. 나이키는 그렇게 기존 시장의 규칙을 뒤집어가며 현재 연 매출 300억 달러를 기록하며 업계 1인자로 올라섰다.

필 나이트는 모두가 미쳤다고, 무모하다고 손가락질해도 스스로를 믿는다면 성공은 찾아온다고 생각했다.

"결승선은 없다. 일단 시도해보라. (There is no finish line. Just Do It.)"는 말은 단순히 나이키의 광고 문구가 아니라 목표의 두 요소인 선과 점의 이동을 통해 성장과 발전을 이루는 필 나이트의 철학이기도 하다.

ARTS 목표설정 방법

'아는 것이 힘'이라는 말은 정확한 말이 아니다. '아는 것은 실제로 적용될 때만 힘'이 된다. 지금 당장 강력한 목표를 세우고 실천하라. 인생은 쇼핑몰에서 물건을 구매하는 것과 같다. 우리가 선택하고 클릭한 것만 배송해준다. '어떻게든 성공하게 해주세요.'라는 주문은 통하지 않는다.

목표를 먼저 생각하고 그것을 달성하기 위해 노력 하는 과정에서 우리의 삶은 진정한 생명력을 얻는다. 지금부터 목표를 달성하기 위한 강력한 툴인 ARTS 목표설정 방법을 살펴보자. ARTS는 Achievable, Relevant, Time-bound, Specific의 약자로 성취할 수 있고 (Achievable), 원하는 것과 관련 있으며(Relevant), 시간제한이 있고(Time-bound), 구체적이고(Specific)인 목표를 세우라는 뜻이다. 목표를 예술적 (ARTs)으로 세우면 달성 가능성이 높아진다.

네 가지 방법 중에서 어떤 방식을 사용하든 계획을 세울 때 처음 해야 할 일은 원하는 것을 생각하는 것이다. 아직은 구체적이지 않아도 된다. 단기 목표든 장기 목표든 원하는 것에 대한 대강의 생각만 해 둔다. 그리고는 자세한 것을 네 가지 방법을 고려하며 상세히 정의해 나가면 된다. 예를 들어, 건강해지는 것이 목표라고 하자. 그러면 우선 준비는 된 것이다.

〈ARTS 목표설정 방법〉

❶ (Achievable) 달성 가능한 목표 세우기
❷ (Relevant) 자신이 원하는 것과 관련 있는 목표 세우기
❸ (Time-bound) 목표 달성에 시간제한 두기
❹ (Specific) 구체적인 목표 세우기

---

❶ (A) 달성 가능한 목표 세우기

ARTS의 A은 Achievable(달성 가능한)이다. 목표를 세우기 전에 먼저 자신의 한계를 생각해 보아야 한다. 비전과 사명처럼 너무 높은 목표는 좌절하기 쉽다. 한계점이나 장애물 등의 가까운 것에 대해 미리 생각하자. 어떤 목표든 달성하려면 어려운 상황들을 만나게 된다. 그런 상황이 닥쳤을 때 그것ARTS 목표설정 방법만한 목표인지를 생각해 보아야 한다. 우선은 현재 상황, 자신의 능력, 지식, 체력 등에 비추어서 하루에 얼마나 투자할 수 있을지 현실적으로 판단하자. 목표를 현실적으로 설정하고, 그 목표가 현실적으로 달성하기 어렵다고 느껴졌다면, 달성 가능한 새로운 목표를 세워 보자.

앞서 우리는 '건강해지는 것'이라는 대강의 희망 사항을 설정했다. 이에 따라 살을 빼는 것이라는 작은 목표를 세웠다고 하자. 매 주 운동하는데 시간을 투자하고, 식단을 적절히 바꾸어 준다면, 6개월 동

안 3kg을 빼는 것은 가능할 것이다. 하지만 5kg을 빼는 것은 쉽지 않고, 특히 규칙적으로 운동하기 어려운 상황에 놓여 있다면 더욱 그러하다. 이 과정에서 달성하는데 방해가 될 것 같은 장애물을 전부 적어 보자. 그러면 이제 자신이 해야 할 일이 무엇인지 더욱 명확하게 보게 될 것이다.

얼마나 투자 가능할 것인지 확인해야 한다. 쉽게 달성할 것 같은 목표라도 생각보다 많은 노력을 기울여야 하는 경우도 있다. 다음과 같은 질문에 답해 보자.

- 목표는 무엇인가? 공인회계사 시험 합격
- 투자할 수 있는 시간과 공부 기간은 얼마나 되는가? 퇴근 후 하루 3시간, 총 3년
- 일반적으로 얼마의 시간을 투자하고 얼마 만에 합격하는가? 하루 15시간, 평균 5년
- 쉽지 않다면 달성 가능한 다른 목표가 있을까? 공인중개사 시험 합격

목표와 투자를 투자효율성에 맞게 설정해야 한다. 불안정한 미래를 대비해서 안정적인 자격증을 취득하면 좋겠지만 공인회계사 자격증은 직장을 다니면서 공부하기에는 버거운 것일 수 있다. 그렇다면 솔직하게 생각해 보고 목표를 약간 조정하는 것이 좋다. 그리고 달성 가능한 목표를 설정한다. 달성 가능한 목표가 세워졌다면 이제

다음 단계로 넘어갈 수 있다. 버거운 목표를 바꾸는 것은 완전히 포기하라는 뜻이 아니다. 목표를 현실에 맞게 조정한다는 의미이다.

❷ (R) 자신이 원하는 것과 관련 있는 목표 세우기

ARTS의 R은 Relevant(관련 있는)다. 목표가 달성되면 그 결과가 자신이 원하는 것과 관련이 있을지 고민해 보자. 핵심은 목표가 자신이 원하는 철로 위에 놓여 있는가이다. '왜' 이 목표를 달성해야 하는 가에 대한 답을 해 보자. 정말 목표가 중요한지, 또는 다른 중요한 목표를 놓치고 있는 것은 아닌지 점검해 보자.

예를 들어, 대학 진학을 앞두고 명문대학에서 스페인어과에 진할 수준의 실력을 갖추었다고 하자. 그런데 스페인어과라는 전공이 자신이 원하는 것이 아니라면 목표를 다시 한 번 고려해 보아야 한다. 오히려 덜 유명한 대학의 경제학과가 자신과 더 맞을 수도 있다.

목표와 인생의 다른 계획들이 서로 잘 어울리는지도 확인해 보아야 한다. 계획이 충돌한다면 문제가 생길 수 있다. 지금 상황에 가장 맞는 목표를 골라야 한다는 것이다.

예를 들면, 목표가 서울대학교 진학이다. 그런데 아버님이 편찮으셔서 몇 년 내로 가업을 이어야 할 상황이다. 집은 포항이다. 이런 경우 두 가지 목표 중 하나를 다시 생각해 볼 필요가 있다. 목표를 조정했다면 이제 다음 단계로 갈 준비는 마친 것이다. 만약 어떻게 해야 할지 모르겠다면 좋아하는 것을 선택하는 것도 방법이다. 그냥 조금 관심 있는 것보다는 열정적으로 좋아하는 목표라면 이룰 가능성이 훨씬 높다.

❸ (T) 시간제한 두기

ARTS의 T는 Time-bound(시간제한)다. 시간제한을 두면 목표를 달성하는데 필요한 일이 무엇인지 좀 더 확실해 진다. '내일 해야지'라는 핑계 대신 지금 시작하게 된다. 중간 시점을 정해 놓자. 목표가 장기 목표라면, 철로의 중간 지점에 작은 목표를 만들어 놓는 것이 좋다. 그러면 진행 상황을 측정하고, 관리하는 데에도 효과적이다.

예를 들어, 5개월 동안 5kg 감량이 목표라면, 한 주에 0.25kg 정도씩 빼면 충분하다. 이렇게 목표를 쪼개면 부담이 줄어 꾸준히 노력하기 쉽다. 장기 및 단기 목표에 집중하자. 꾸준히 진행한다는 것은 보이지 않는 미래를 본고 꿈을 꾸기 보다는 지금 당면한 현실에 집중한다는 의미이다. 다음과 같은 질문을 자신에게 던져 보자.

- 목표는 무엇인가? 공인중개사 시험 합격
- 목표를 달성하기 위해 오늘 해야 할 일은? 하루 한 시간씩 강의 듣기
- 목표를 이루기 위해서 다음 한 달간 해야 할 일은? 한 과목 끝내기
- 목표를 이루기 위해 장기적으로 해야 할 일은? 건강관리를 위한 꾸준한 운동

❹ (S) 구체적인 목표 세우기

ARTS의 S는 Specific(구체적)이다. 목표를 구체적으로 세우면 추상적일 때보다 달성 가능성이 높은 것은 뻔한 이치다. 앞에서 설정한

희망 사항인 '건강해진다'는 것은 어떤 의미일까를 생각해보자. 근육을 키우는 것인가? 살을 빼는 것인가? 일찍 자고 일찍 일어나는 것인가? 균형 잡힌 식사를 하는 것인가? 이런 것들은 다 건강과 관련이 있다. 이 중에서 무엇을 하고 싶은지를 구체적으로 정해야 한다. 목표를 구체적으로 만들기 위해서는 누군가의 도움이 필요한데, 조지프 러디어드 키플링(Joseph Rudyard Kipling, 1865~1936)은 『코끼리 아이(The Elephant's Child)』라는 동화에서 여섯 명의 하인을 소개한다.

"나에게는 여섯 명의 성실한 하인이 있다네. 내가 아는 모든 것은 그들에게서 배운 거지. 그들의 이름은 '누가', '무엇을', '어디에서', 그리고 '언제', '어떻게', '왜'라네. 나는 그들을 땅과 바다로 보내고 동쪽과 서쪽으로 보낸다네. 일을 마친 후에 나는 그들에게 휴식을 주지."

우리도 여섯 명의 성실한 하인의 도움을 받을 수 있다. 먼저 '누가'부터 시작해 보자. 여기에서 '누가'는 나 자신이 될 수도 있고 최근 들어 살이 통통하게 오른 여자 친구가 될 수도 있다. '무엇을' 하고 싶은지 생각해 보자. 이루고 싶은 목표를 정하는 단계이다. 여기서는 운동을 할 것인지 다이어트를 할 것인지 구체적으로 정해야 한다. 다음으로 '어디'에서 목표가 이루어지는지 결정하자. 목표를 이루기 위해서 노력할 장소다. 살을 빼고 싶다면, 회사 근처 헬스장에서나 집 근처 스포츠센터에서 운동을 하면 된다. 다음에는 이 일을 '언제'까지 해야 할지 정해야 한다. 현실적인 마감 기한을 정하면 더욱 목표에 집중할 수 있다. 우선은 큰 그림만 생각 해 두자. 목표가 3kg 감량이라면, 일 년 안에 해 낼 수 있을 것이다. 하지만 공무원시험 합격이 목표라면, 몇 년은 걸릴 것이다.

'어떻게'는 요구 사항이나 제한 사항이 무엇인지 알아보는 단계다. 살 빼는 것이 목표라면 운동을 하고 몸에 좋은 음식을 먹는 것이 필요할 것이다. 장애 요인은 게으름과 초콜릿을 좋아하는 식습관을 들 수 있다.

마지막으로 이 목표를 '왜' 세웠는지 생각해 보자. 이 목표를 세운 이유와 달성했을 때 얻게 될 이득을 따져 보자. 세운 목표가 자신이 원하는 결과와 왜 관련이 있는지 알아야 달성이 쉬워진다. 예를 들어, 10kg 감량이 목표라고 하자. 이유를 생각해 보니, 애인을 만들고 싶어서이다. 진정한 목표가 건강보다는 연애라면 그 목표를 달성하기 위한 다른 방법을 떠올릴 수도 있을 것이다. 예를 들면 '꾸준한 독서를 통해 겉모습보다는 내면의 아름다움을 가꾸는 것'이다.

지금까지 목표를 설정하는 과정을 살펴보았다. 이 다양한 과정을 통해 만들어지고 달성되는 목표라는 점들이 쌓이게 되면 평생의 목표라는 큰 그림이 완성된다. 현재와 미래의 목표를 이해하기 위해 깊이 탐구하는 것, 우리가 맺고 있는 인간관계와 이 속에서 우리의 역할을 확인하는 일, 우리가 하는 일과 그 일의 이미를 찾는 것, 이러한 질문들을 던지고 대답을 구하는 과정 속에서 우리 삶은 어렴풋한 윤곽의 형태를 보이기 시작한다.

나를 찾아서

사람들은 누구나 자기만의 꽃이 있다

경상남도 양산에 출장 갔을 때의 일이다. 나물을 다듬던 식당 아주머니는 혼자 아침식사를 하는 내가 심심해 보였는지 그 마을에 전해 내려오는 이야기 하나를 들려주셨다.

오래 전 그 마을에는 소문난 효자가 살고 있었단다. 그의 행실이 궁금하던 이웃 마을의 불효자가 어느 날 담장 너머로 몰래 살피게 되었다. 저녁이 되자 40대의 그 효자는 바깥일을 마치고 집에 돌아왔다. 나이를 가늠하기 어려울 만큼 백발의 늙은 어머니에게 인사를 마치고 이제 효도를 시작하려나보다 하고 있는데, 갑자기 늙은 어머니가 귀가한 아들의 발을 씻겨주는 것이 아닌가! 어머니의 발을 씻겨드려도 모자랄 판에 어머니에게 순순히 발을 맡기는 아들의 모습을 보고 불효자는 부리나케 집 안으로 뛰어 들어가며 소리를 질렀다.

"이런 불효막심한 사람 같으니라고, 당신이 무슨 효자야!"

이에 효자가 조용히 대답했다.

"어머님은 제 발을 씻겨주시는 것이 최고의 즐거움이십니다. 부모님의 마음을 편안하게 해드리는 것이 효도의 시작입니다."

출장에서 돌아온 나는 한동안 효자의 이야기를 까맣게 잊고 있었다. 그러던 어느 날 가족들과 저녁식사를 하러 근처 식당에 갔는데 옆 테이블의 나이 지긋하신 한 할머님께서 남은 음식을 비닐 봉투에 서둘러 담고 계셨다. 온 가족이 식사를 하고나서 반찬이 얼마간 남은 모양이었다. 아들은 손주들과 주변 사람들의 시선이 민망했는지 어머님께 소리를 쳤다.

"엄마 제가 나중에 더 맛있는 거 사 드릴 테니 제발 그 음식은 그냥 두세요. 사람들이 뭐라고 생각하겠어요."

그러나 아들이 아무리 말려도 어머님은 아랑곳 않고 싸면서 오히려 아들을 타박 하셨다.

"우리가 돈을 냈잖니, 그런데 이 아까운 걸 왜 남기냐. 그렇게 내가 먹을 만큼만 시키자고 몇 번을 말했냐."

결국 며느리까지 나서서 그만하시라고 하니 그제야 어머니는 더는 담지 못하고 이미 챙겨둔 음식만 가방에 넣으셨다. 아마도 아들은 어머니의 모습이 창피했던 모양이다. 그리고 그 '버릇'을 바로잡아드리는 것이 어머니를 위하는 일이라고 생각한 것 같다. 나는 이들의 모습을 보면서 그때 그 효자의 이야기가 떠올랐다.

공자는 『논어』에서 '사랑한다는 것은 곧 그 대상이 잘 살기를 바라는 것'이라고 했다. 우리가 무엇을 사랑한다는 것은 기본적으로 그것이 오래도록 존재하기를 바라는 것이다. 축구선수를 사랑하는 팬은 그 선수가 부상 없이 운동하는 모습을 보기 원할 것이고, 고양이를 사랑하는 사람이라면 아프지 않고 오래도록 건강하게 곁에 있기를 바란다. 하물며 부모님이라면 그 모습을 오래 보고 싶은 것이 자식의 심정이다. 문제는 축구선수가 야구까지 잘하기를 기대하기 어렵고, 고양이는 강아지가 될 수 없듯, 어머니는 결코 바뀌지 않으리라는 점이다. 그런 면에서 아들의 잔소리는 어머니에 대한 사랑이라기보다는 스스로에 대한 체면에 불과하다. 양산의 효자 이야기처럼 어머니의 본질을 지켜드리는 것이 사랑이라는 말이다.

그 본질을 김춘수 시인은 꽃이라고 말했다. 타인에게 해악을 끼치거나 도덕적으로 모순된 것이 아니라면 본질을 억지로 바꾸려 하기보다는 살피어 돕는 것이 도리일 것이며, 그것이 부모님이라면 말할 것도 없다.

사람은 누구나 자기만의 꽃이 있다. 누군가 다가와서 불러주기 전에는 다만 하나의 몸짓에 지나지 않았다고 시인은 말했지만, 주변에는 스스로에게 이름을 부여하여 당당하게 꽃이 된 사람들이 적지 않다. 유시민 전 장관은 스스로를 다음과 같이 소개한다.

"안녕하십니까? 지식 소매상 유시민입니다."

많은 경력이 있지만 그 모든 것을 아울러 스스로를 한 문장으로 정리한 것이다. 개인 브랜드 시대를 맞이하는 요즘 들어 유시민 전 장관처럼 자기의 본질을 구체적으로 정의내리는 사람들이 늘고 있다. 우연히 참석한 모임에서 유시민 전 장관처럼 이름 앞에 설명을 붙여서 소개 하는 사람을 본 적이 있다. 꽤나 적극적인 자기표현이 재미있어서 모임이 끝난 후 왜 자신의 이름 앞에 설명을 붙이냐고 물었다.

"행동을 좀 더 구체화할 수 있기 때문이죠. 그리고 목표가 있으면 사는 게 재밌잖아요."

맞는 말이다. 이렇게 자신의 정체성을 키워드로 만들어 두면 개인의 인생에 대한 목표가 명확해지고, 다른 사람들도 나의 일을 쉽고 정확하게 이해할 수 있다. 가전제품 매뉴얼같이 장황하기 보다는 아이폰 매뉴얼처럼 단순 명료할수록 좋다. 처음 만나는 상대방 입장에서는 매뉴얼을 읽어야 할 만큼의 정보까지는 필요 없다. 결국 나를 짧고 정확하게 전달하는 것이 중요하다. 그러나 직장인들은 본능적으로 내가 아니라 회사를 소개하는 경우가 많다. 모임자리에서 한 멋진 남성과 인사를 나눈 적이 있다.

"어떤 일을 하시나요?"

"저는 SS전자에 다닙니다."

"아, 좋은 회사 다니시네요. '어떤 일'을 하시나요?"

"네? 아 제가 맡은 일은 낸드 솔루션 개발본부에 속해있는 디자인 솔루션인데 사실은 개발자에 가깝지만 원래는 기획 출신이라 프로그래밍은 잘 모릅니다. 업무가 좀 애매해서..."

그는 자신이 하는 일을 설명하다 말고 한참을 생각하다가 머리를 긁적거렸다. 물론 업무로 만나는 사람들에게 회사를 소개하는 것은 당연하다. 게다가 SS전자라면 대한민국에 모르는 사람이 어디 있겠는가. 그러나 개인적으로 만나는 사람들에게는 충분한 정보가 아닐 수 있다. 나의 역량과 경쟁력을 갖추기 위해서라면 속한 회사의 이름보다 내가 하는 일에 좀 더 신경을 써야 한다. 이때 나를 간략하게 광고하는 기분으로 소개하는 것은 어떨까. 나를 제일 잘 알고 있는 내가 나를 모르는 상대방에게 회사가 아닌 '나'를 소개하는 것이다. 정년이라는 제도로 언젠가는 회사와 결별이 예정되어 있는 우리에게 결국 남는 것은 '회사'가 아니라 '자기 자신'뿐이기 때문이다.

내가 누구인지 가장 잘 말할 수 있는 사람은 누구인가?

하버드 대학의 심리학과 교수인 대니얼 길버트(Daniel Gilbert)에 따르면 경영자의 대부분은 스스로를 평균적인 경영자들보다 더 유능하다고 생각하는 경향이 있다고 한다. 운동선수 역시 대부분 동료보다 자신에게 더 좋은 '운동 감각'이 있다고 생각한다. 90퍼센트의 운전자는 자신이 평균적인 자동차 운전자보다 더 안전하게 차를 운전한다고 여기며, 교수 가운데 94퍼센트는 자신의 강의 실력이 대학 교수들 가운데 평균 이상이라고 생각한다. 남자들은 스스로를 미남이라고 생각하며 많은 여성들이 자신들을 뚱뚱하다고 생각한다.

　이쯤 되면 "착각은 자유로군."이라고 생각할만하다. 그러나 질문에 따라 전혀 다른 답이 나오기도 한다. 이를테면 누군가가 "당신은 자상한 편이십니까?"라고 물으면 질문을 받는 사람은 아이에게 자상하게 대했던 경험을 떠올리며 남들보다 더 자상한 것 같다고 이야기 한다. 그러나 "당신은 화를 잘 내는 편입니까?"하고 물으면 얼마 전 동료에게 화를 냈던 기억을 떠올리며 다른 사람보다 좀 더 화를 잘 내는 것 같다고 대답하는 식이다.

　이런 현상이 나타나는 이유는 우리가 모두 다르기 때문이다. 누구나 다른 사람들보다 좀 더 나은 부분도 있고 부족한 부분도 있게 마련이지만, 그 낫다와 부족하다는 기준조차 사람마다 차이가 존재한다.

　일을 하는 데에 있어서도 마찬가지다. 동료들과 협업을 하거나 프로젝트 참여와 같이 묻어가기 쉽고 비교적 수동적인 과제에 대해서 수행 능력이 어떤가를 물으면 남들보다 더 잘한다고 평가하지만, '팀을 이끌어 가기'나 '대중 앞에서 연설하기' 등의 도드라지면서도 능동적인 참여를 요구하는 과제에 대해 수행하는 능력을 물어보면 남보다 더 못한다고 평가한다.

　결론적으로 인간은 스스로에 대해서 적어도 남과 다른 특성을 지니고 있다는 점을 인식하고 있는 셈이다. 심지어 같은 사무실에 똑같이 출근해서 같은 일을 하는 직장 동료들끼리도, 자신은 남들과 다른 어떤 독특한 소명이나 목적에서 그 일을 하는 것이라고 생각하는 경향이 있다. 이것은 다른 사람의 선택에 대해서는 '그 사람'의 특성에 원인을 두지만, 스스로의 선택에 대해서는 '그 선택 대상'의 특성에 원인을 두려는 성향에서 비롯된다.[5]

백화점에 옷을 사러 갔을 때의 일이다. 계절이 바뀌는 시기여서 오래 입을 수 있는 무난한 옷을 선택하고 싶었다. 매장 직원이 추천해 준 옷은 너무 유행을 탈 것 같아서 부담스러웠다. 이번에는 평소에 즐겨 입는 푸른색을 집었더니 아내가 비슷한 색의 옷이 너무 많다며 붉은 색 옷을 권한다. 하지만 붉은 톤이 요란한 것 같았고 너무 꽉 끼는 것도 불편했다. 그래서 결국 이래저래 무난한 남색 옷을 고르고는 매장을 나왔다.

다음날 그 옷을 입고 모임에 나갔는데 사람들이 멋지다며 어떻게 그런 색을 골랐느냐고 물었다. 하지만 마땅히 대답할 말을 찾지 못해 씩 웃어주고 말았다.

이처럼 자신의 결정에 대해 명확하게 설명하기 힘든 사례는 생각보다 많다. 반면 타인의 행동을 바라보는 우리의 시선은 180도 다르다. 다른 사람이 선택한 행위에 대해서는 그들의 취향을 반영한 결과라고 믿는 경향이 있다. 우리 스스로는 정확한 이유 없이 싫은 것들을 피하고 남은 것을 선택하면서도 다른 사람에게는 "남색 옷을 좋아하시나 봐요. 잘 어울리시네요."라고 말하게 된다. 이와 같이 나와 타인에 대한 차이를 다루는 연구 사례는 무수히 많다. 그리고 대부분 인간이란 서로를 굉장히 다르다고 믿는다는 결론으로 마무리된다. 그럼에도 불구하고 그동안 우리는 개인을 남들과 다르게 생각하는 것에 대해서 소극적이었다. 모난 돌이 정 맞는다는 풍토가 만연한 우리나라 사회에서는 지극히 당연한 일일지도 모른다. 심지어 군대 훈련소 입소할 때 아버지는 나에게 이렇게 당부하셨다.

"훈련소 가서 집합하면 앞에도 서지 말고 뒤에도 서지 말고 가운데 박혀 있어라."

그러나 요즘은 오히려 마케팅에서 사용하는 컨셉(concept, 콘셉트)이나 브랜딩(branding)이라는 용어를 개인에게도 적용하여 성과를 이룬 케이스도 적지 않다. 저 유명한 변화경영 전문가 故구본형 선생님은 명함에 '우리는 어제보다 아름다워지려는 사람을 도와줍니다.'라는 슬로건으로 본인이 하는 일을 정의 내리지 않았는가!

과거와 현재의 내가 미래의 나를 만든다

서머싯 몸은 『성당 지기』라는 단편 소설을 통해서 스스로를 냉정하게 파악하여 나갈 방향을 정한 사람의 모습을 통찰력 있게 소개하고 있다. 내용은 다음과 같다.

영국 런던에 엘버트라는 성당 지기가 있었다. 그는 16년 동안 성당 지기로 일해 왔으며 그 전에는 다른 곳에서 고용살이를 했다. 어느 날 세례식 직후 이 성당의 신임 신부가 엘버트를 불러 그의 뛰어난 공로를 인정한 다음 이렇게 말했다.

"요전 날 아주 어이없는 사실을 알게 되었는데 그 사실을 교구 위원님들께 알리는 것이 제 의무라고 느꼈습니다. 놀랍게도 당신이 글을 읽을 줄도 쓸 줄도 모른다는 것을 알았어요."

성당 지기는 그것이 사실이라고 인정했다. 석 달의 기간을 줄 테니 읽기와 쓰기를 배우라는 제안을 받았지만 성당 지기는 자신이 나이가 많아 새로운 것을 배우기 어렵다고 느끼며 이 제안을 거절했다. 그러자 놀랍게도 성당 지기 직에서 해고되었다. 성당 지기는 대개 종신직이었다.

일자리를 잃은 채 집으로 걸어가던 엘버트는 엉뚱한 길로 방향을 틀고, 그와 동시에 피곤할 때 어쩌다 누리는 호사인 담배 생각이 났다. 그가 좋아하는 브랜드는 골드 블레이크였다. 하지만 온갖 상점이 늘어선 긴 거리를 따라 걸어 내려가도 담뱃가게를 찾을 수 없었다. 그 블록 끝에 이른 그는 자신이 잘못 본 것은 아닌지 확인하려고 주위를 돌아보면서 다시 한 번 그 길을 걸어보았다. 런던은 한 블록의 거리가 아주 긴 경우도 있다. 하지만 담뱃가게는 보이지 않았다.

이튿날 그는 세를 놓는 작은 가게를 하나 발견하고, 성당 지기로 일하면서 모은 돈으로 한 달 만에 담뱃가게 겸 신문 판매점을 차렸다. 사탕도 몇 종류 판매했다. 그의 아내는 이것을 지독한 몰락으로 여기지만, 엘버트는 시대가 변했고 교회도 예전의 교회가 아니라고 지적했다. 다행히 가게는 번창했다. 1년 뒤 그는 담뱃가게가 없는 또 다른 긴 거리를 찾아내 두 번째 가게를 열고 관리자를 고용했다. 이 두 가게의 장사가 아주 잘 되자 그는 런던 곳곳을 걷기 시작했다. 담뱃가게가 없고 세를 놓는 빈 가게가 있는 긴 거리를 발견하면 그 가게를 또 샀다. 그리하여 10년 뒤 엘버트의 가게는 열 곳으로 늘었다.

어느 날 아침 그는 일주일 치 매상액을 예금하러 은행에 갔고, 은

행 지점장이 그에게 면담을 요청했다. 지점장은 그가 모은 자금이 상당하다며, 그 자금을 투자해서 더 높은 수익률을 올릴 더 좋은 방법들이 있을 거라고 넌지시 말했다. 엘버트가 서류 한 가지를 작성해 오면 모든 일을 기꺼이 처리한다는 것이다.

"그런데 지점장님, 바로 그게 문제입니다. 저는 서류를 작성해 올 수가 없어요. 이상하게 들린다는 것은 알지만 사정이 그렇습니다. 저는 읽지도 쓰지도 못합니다. 제 이름만 알아요. 그것도 사업을 시작하면서 제 이름 읽고 쓰는 것만 배웠습니다."

은행 지점장은 어안이 벙벙했다. "그러면 글을 모르면서 이렇게 큰 사업을 발전시키고 많은 돈을 모았다는 말씀이십니까? 맙소사, 선생님이 글을 읽고 쓸 줄 알았더라면 지금 어떤 일을 하고 계실까요?"

"그건 분명히 말씀드릴 수 있겠네요."하고 엘버트는 귀족 같은 얼굴에 웃음기를 띠며 말했다. "저는 네빌 스퀘어에 있는 성 베드로 성당의 성당 지기를 하고 있을 겁니다."

나는 무엇을 잘 하는가?

엘버트가 스스로를 돌아보지 않은 채 비전이나 사명이랍시고 되고 싶은 미래의 모습을 정의내리는 데에만 급급했다면 글을 읽고 쓸 줄 아는 성당 지기 정도로만 남아있었을 것이다. 그는 자신의 결점을 만회하기 위해 연연하기 보다는 자신의 현재 모습에 집중했다. 그리고 가능한 일에 집중하여 마침내 성공적인 사업가가 되었다.

자신을 잘 알고 있는 엘버트와 달리 아직 스스로를 잘 알지 못하는 우리는 '나 찾기'를 위해 좀 더 과학적인 방법을 동원할 필요가 있다. 그 방법이란 뇌의 작동 원리를 이해하고 자신만의 성공지능을 파악하는 것이다. 축구를 좋아하는 것과 축구선수가 되는 것은 천지차이다. 아무리 책을 많이 읽고 강의를 많이 들어도 성적이 나쁜 사람이 있고, 별로 공부하지 않는 것 같은데도 성적이 좋은 사람이 있다. 공부를 할 때 누구는 음악을 들어야 집중이 잘 된다 하고 누구는 절대 음악을 듣지 않는다고 한다. 모두가 노래를 잘하거나 그림을 잘 그리는 것은 불가능하다. 이렇게 모두 다른 이유는 사람마나 발달된 뇌의 부위가 다르기 때문이다. 뇌의 작동 원리를 이해하게 되면 나를 찾는 과정에서 다음의 세 가지 도움을 받을 수 있다.

첫째, 목표를 설정하는 방법을 이해하는 데 도움이 된다. 우리의 결정은 결국 뇌에서 하는 일이다. 외부로부터 받아들인 정보가 어떤 과정을 거쳐서 뇌에서 순환되어 다시 밖으로 나가는지 알게 되면, 같은 내용을 배워도 왜 사람마다 다른 결과물이 나오는지를 더 잘 이해할 수 있다. 마치 자동차의 구조를 이해하면 정비소에서 견적을 받았을 때 바꿀만한 부품인지 아닌지, 부품을 교체할 때 바가지를 쓰는지 안 쓰는지를 어느 정도 이해할 수 있는 것과 마찬가지다.

둘째, 상대방을 이해할 수 있다. 인간은 사회적인 동물이다. 생물학적으로 같은 뇌 구조를 가지고 있는 수많은 사람들과 상대를 해야 한다는 의미이기도 하다. 선배는 후배를 이해하고 부모는 자녀를 이해한다면 공동체 생활은 훨씬 더 유연해진다. '저 사람은 도무지 이

해할 수 없는 사람이야'라는 말은 '나는 뇌에 대해 전혀 몰라'와 일맥
상통하는 말이다. 사실 우리는 다른 사람들이 어떤 과정으로 성공을
했는지, 어떤 고통과 고뇌를 겪으며 살아왔는지 전혀 알 수가 없다.
그저 그들의 결과물을 가지고 과정을 '짐작'만 할 뿐이다. 이런 본질
적인 한계로 인해 많은 사람들이 성과에 차이가 나는 이유를 모른 채
그저 금 수저니 은 수저니 하는 수저 핑계만 대는 것인지도 모른다.

셋째, 무엇을 해야 하는지 알 수 있다. 뇌의 작동 원리를 살펴보면
사람들의 성공이란 자신의 강점을 잘 파악해서 그것에 집중한 사람
이라는 것을 알 수 있다. 그리고 그 차이는 생각보다 또렷하다. 저마
다 나에게 편안한 뇌는 따로 있다. 이는 오른손잡이가 왼손으로 밥
먹기 어려운 것과 마찬가지다. 노력을 해서 숟가락은 어떻게든 들어
도 젓가락질까지 능수능란하게 하는 것은 생각보다 쉽지 않다. 김
승호 회장이 『생각의 비밀』에서 주장하고, 왕중추 교수가 그의 저서
『디테일의 힘』에서 강조하듯, 성공하는 사람의 비밀은 바로 장점에
집중하는 것에 있다. 반면, 실패를 거듭하는 사람들이라면 뇌의 작동
원리를 통해 실패의 요인을 파악해서 개선의 여지를 찾을 수 있을 것
이다.

뇌의 작동 원리

우리가 책을 읽거나, 강의를 듣거나, 워크샵을 하거나, 시험을 보
면 우리 뇌는 보이지 않게 움직이게 된다. 이런 행동들로 우리의 뇌
는 이른바 경험이라는 것을 시작한다. 경험이란 외부의 자극을 머릿

속에 저장하는 과정을 말한다. 이제부터 뇌에 대한 기존의 추상적인 관점을 물리적인 관점으로 바꾸어서 가능한 이해하기 쉽게 설명할 것이다. 여러분은 뇌의 활동이 세포가 실제로 움직인 결과라는 점에만 주목하기 바란다. 마치 원시시대에 사용했다는 석판처럼 우리 몸에 들어온 학습정보가 뇌세포에 물리적인 흔적을 남긴다는 말이다. 우리의 뇌를 몸의 근육처럼 발달시킬 수 있다는 물리적인 시각을 갖는 것은 나를 찾기 위한 가장 중요한 관점의 변화다. 뇌의 작동 원리를 좀 더 쉽게 이해하기 위해 무언가를 배우려고 할 때 우리의 머릿속에서 일어나는 일을 생각해볼 필요가 있다.

처음 우리나라에 전기가 깔렸을 때를 상상해보자. 전기가 있기 전 우리나라는 촛불이나 호롱불, 램프 등을 사용하고 있었다. 그러던 어느 날 미국에서 에디슨이라는 사람이 전구를 발명했다는 소식이 들려왔다. 대통령은 즉시 그 전구를 수입하라고 명령했다. 그랬더니 에디슨의 전구를 판매하는 미국 GE라는 회사에서 전구를 사용하기 위해서는 전기가 필요하다는 답변을 보내왔다. 국회 토론을 거쳐 대통령은 우리나라 전역에 전선을 보급하기 위해 한국전력이라는 담당 기관을 만들기로 결정한다. 전구의 판매는 전선이 어느 정도 깔린 다음에 시작된다. 마침내 한국전력을 중심으로 서울의 주요지역에 전선이 깔린다. 전선이 어느 정도 보급되자 미국 GE는 한국에 지사를 설립하고 전구를 판매하기 시작한다.

전구를 사용하면서 그 편리함에 매료된 사람들의 소문이 퍼지자 광역시에도 전구를 사용할 수 있게 해달라는 요청이 들어온다. 전선을 먼 지역까지 연결하기 위해서는 중간 지점에 전봇대를 세워야 한다. 전봇대가 곳곳에 세워지면서 전선은 비로소 먼 지역까지 전기를 보낼 수 있게 되었다. 산골과 농촌에도 전선을 놓아달라거나 야간근무가 많은 공장지역부터 전선을 설치해달라는 요구도 늘어난다.

전선이 설치된 지역이 점점 확대되는 과정에서 두 가지 일이 생긴다. 전선이 길어지고 전봇대 간의 연결지점이 증가한다. 서울 곳곳에 설치되었던 전선이 강원도까지 연장되고, 서울 한국전력 본사에서 출발한 전선과 부산 한국전력 지사에서 출발한 전선이 대전의 한 전봇대에서 연결된다. 전선의 연장과 연결, 이 두 가지 작업을 통해 우리나라 구석구석까지 빠짐없이 전기가 들어가면 드디어 대한민국의 모든 국민들이 촛불이나 호롱불 대신 전구로 편하게 야간에도 활동을 할 수 있다.

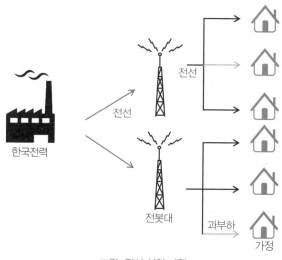

그림 전선 설치 과정

그런데 전국의 전선이 늘어나면서 사람들의 요구가 새로운 상황에 접어들게 된다. 미국 GE의 한국지사가 기존 전선을 설치한 가정을 대상으로 텔레비전이라는 새로운 가전제품을 판매하기 시작한 것이다. 이에 자극을 받은 대한민국의 삼성전자와 LG전자도 텔레비전을 본격적으로 생산하기 시작한다. 이미 깔려있는 전선의 인프라 덕분에 텔레비전은 전구보다 훨씬 짧은 기간에 보급된다. 저녁마다 옹기종기 앉아서 텔레비전을 시청하는 가정이 늘면서 전력이 너무 낮다는 불만이 접수되기 시작한다. 특히 저녁 8시부터 10시 사이에 전기가 끊기는 경우가 자주 발생한다. 많은 사람들이 고전력의 가전제품을 사용하다보니 전송되는 전기의 양이 같은 시간에 몰린 것이다. 그래서 한국전력은 우선적으로 텔레비전 사용자가 많은 지역을 중심으로 한꺼번에 많은 양의 전기를 운반할 수 있도록 두꺼운 전선으로 교체한다.

두꺼운 전선으로 교체하면서 빗물이나 저온에 전선이 상하는 위험을 방지하기 위해 전선을 절연물질로 코팅한다. 이에 따라 두꺼운 전선이 설치된 구간의 사람들은 더 많은 가전제품을 사용할 수 있는 반면, 아직 코팅이 되지 않고 전봇대 위에 설치된 전선을 사용하는 사람들은 그렇지 못하게 된다. 어쨌거나 한국전력은 사람들의 요구와 전기 사용량에 따라 업무의 우선순위를 구분하여 전선을 확장 또는 연결하거나 매립과 코팅 등의 작업을 계속 해나간다.

전선과 뇌세포

지금까지 전선의 설치 과정을 잘 따라왔다면 정보를 습득할 때 우리의 머릿속에서 일어나는 일을 이해할 준비가 되었다. 이 이야기는 그대로 우리 머릿속에서 일어나는 일이기 때문이다. 대한민국은 우리의 뇌를, 전선은 뉴런(Neuron)을, 전선 사이를 연결하는 전봇대는 시냅스(Synapse)를, 그리고 특수 물질을 코팅하거나 땅에 매립하여 해서 내구성을 강하게 만드는 것은 미엘린(Myeline)을 말한다. 한국전력의 전기 공급은 뇌 속에서 일어나는 정보의 전달이며 전선이 확장되는 과정은 학습할 때 머릿속에서 일어나는 과정과 같다.

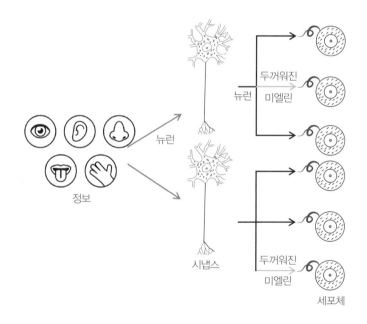

그림 뇌세포의 정보 전달 과정

세 살 정도만 되면 스무 살 성인 뇌의 80퍼센트가 이미 형성될 정도로 사람은 태어날 때 많은 뉴런을 가지고 태어난다. 무한한 가능성을 가지고 있는 뉴런들이 이미 자리를 잡고 있는 것이다. 마치 텔레비전 판매를 개시하기 전에 전구로 인해 미리 구축해놓은 전선망과 같다. 기억이 가물가물하고 시간이 지나면서 일부 뉴런이 저절로 사라지기도 하지만 중요한 뉴런은 두꺼운 미엘린 덕분에 잘 사라지지 않는다.

앞에서 경험은 '외부의 자극을 머릿속에 저장하는 과정'이라고 말했다. 경험을 하면 우선 외부의 자극들이 밀려든다. 여행에서 본 멋진 풍경이든, 책에서 본 시각적 자극이든 마찬가지다. 그 자극들은 뉴런을 타고 머릿속으로 들어온다. 이때 새로운 정보를 저장할 곳을 찾거나, 이미 알고 있는 정보와 연결되는 과정에서 뉴런이 변한다. 새로운 뉴런이 만들어지고, 기존의 뉴런이 길어지며, 뉴런끼리 연결되어 시냅스가 생긴다. 마치 전기 사용자가 늘어나면서 두꺼운 선으로 바꾸는 것과 같다. 전선이 설치된 지역이 점점 늘어나면 전봇대도 늘어난다. 전선이 연장되고 전선끼리 연결된다. 마찬가지로 뉴런도 연장과 연결을 반복한다.

경험과 학습을 통해 무언가를 배우는 동안 우리는 기존의 지식에 새로 배운 것을 추가한다. 유럽에 관한 책을 읽고 실제로 유럽 여행을 가고 그에 대한 영화를 보면서 유럽에 대한 정보가 쌓이게 되면 정보층이 두터워진 '유럽 뉴런'에는 미엘린이라는 물질이 생긴다. 미엘린을 생물학적으로 설명하면 '뇌 속의 신경섬유를 감싼 것으로서 전선의 피복과 비슷한 물질'이다. 정보는 뉴런을 타고 아주 약한 전기 신호의 형태로 전달된다. 필라멘트 사이에 약한 전기 신호가 지나면서 전구에 '번쩍'하고 불이 들어오는 것과 같다. 그런데 전기 신호는 뉴런을 타고 전달되는 도중에 유실되기도 한다. 필라멘트가 끊어지듯 중간에서 흐지부지되거나 느리게 전달되는 경우도 생긴다. 하지만 우리가 무언가의 자극을 반복적으로 받으면 미엘린이라는 물질이 정보가 흐르는 뉴런의 표면을 감싸기 시작한다. 전선을 보호하기 위해 절연물질을 코팅하거나 더 많은 전기를 보내기 위해 두꺼운 전선으로 교체하듯 말이다. 미엘린이 뉴런을 감싸면 전기 신호가 덜 유실되고, 그렇기 때문에 전압은 더 강하게 전달된다. 결국 정보는 뉴런을 타고 더 확실하고 빠르게 이동한다.

사람마다 다른 뇌

경험을 할 때 뇌로 들어온 정보는 일정한 프로세스를 거쳐서 뇌세포에 저장된다. 그 프로세스를 정리하면 다음과 같다. 사람들은 누구나 1000억 개의 뉴런을 뇌 속에 가지고 태어난다. 경험을 하면 정보가 뇌 속으로 흘러들어와 뉴런을 타고 이동한다. 정보들은 뇌 세포 속에 저장되기도 혹은 그렇지 못하고 흩어지기도 한다. 우리가 계속 무언가를 배우고, 그 방식이 뇌의 작동 원리에 들어맞는다면 뇌 속의 뉴런은 연장되고 연결된다. 우리나라 구석구석까지 거미줄처럼 전선이 깔리듯 뉴런과 시냅스는 넓게 퍼져 약 100조개의 뇌세포로 확장된다. 만약 뇌에 같은 경험이 반복되어 같은 뉴런에 전기 신호가 자주 흐르면 그 뉴런을 감싼 미엘린이 점점 두꺼워 진다. 두꺼운 미엘린이 감싼 뉴런은 정보를 강하고 빠르게 전달하며, 뇌는 미엘린이 두꺼운 부분과 관련된 정보를 굉장히 잘 처리하게 된다. 우리 주위에서 사업하는 분들 중에는 대학 문턱에도 못 가 보거나 경영학을 전공하지 않았지만 사업 수환이 좋은 사람이 있다. 빠릿빠릿하게 말귀를 알아듣고 머리가 좋은 사람이 있다. 이는 저마다 편안하게 사용할 수 있는 뇌의 부분 즉 미엘린이 잘 발달되어 있는 부위가 다르기 때문이다. 뇌 과학자 데이비드 콜브(David A. Kolb) 박사에 따르면 뇌 속에 정보가 입력되어 외부로 표출되는 과정은 뇌세포의 감각피질, 측두통합피질, 전두통합피질, 운동피질의 4단계를 거치는데, 사람마다 각 피질의 발달정도는 모두 다르다.

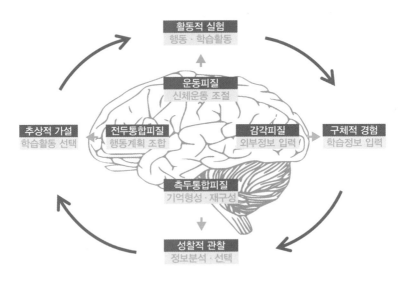

그림 데이비드 콜브 박사의 연구

콜브 박사는 뇌세포의 명칭인 감각피질, 측두통합피질, 전두통합피질, 운동피질의 4단계 각 부위에 학습 과정의 명칭을 부여했는데 구체적 경험, 성찰적 관찰, 추상적 가설, 활동적 실험(행동)이 바로 그것이다. 이 4단계를 일컬어 '뇌의 학습 사이클'이라고 부른다. 각 부위의 행동 특성은 다음과 같다.

① 감각피질(구체적 경험) : 외부의 자극을 시각, 청각, 후각, 촉각, 미각 등으로 경험한다.
② 측두통합피질(성찰적 관찰) : 경험을 통해 받아들인 자료를 원래 자신이 가지고 있었던 정보들과 비교하며 외부의 자극이 가진 의미를 관찰한다.
③ 전두통합피질(추상적 가설) : 받아들인 정보를 바탕으로 행동으로 옮길 방법이나 계획을 세우면서 스스로에게 물음을 던진다.
④ 운동피질(활동적 실험) : 그 방법이나 계획을 행동으로 옮겨서 확인한다. 이 행동의 결과는 배경지식이 되어 외부의 자극과 함께 구체적인 경험으로 돌아온다.

이처럼 우리가 정보를 받아들이거나 무언가를 배우는 순간부터 '뇌의 학습 사이클'을 순환하면서 정보가 뇌 속을 흐른다. 이 순환을 통해 뉴런이 자라고 시냅스가 만들어지게 된다. 그런데 뇌에 무언가를 저장할 때 반드시 네 단계를 모두 거치는 것은 아니다. 같은 내용을 배우고 같은 강의실에 앉아있어도 사람마다 받아들이는 내용은 차이가 나는 이유이기도 하다. 저마다 사용하는 부위가 다른 것을 물론 한두 가지 단계만 사용하기도 한다. 또한 이 네 단계를 모두 거쳤다고 하더라도 단계별로 미엘린의 두께가 같지 않기 때문에 표출하는 결과물은 천차만별이다.

쉽게 이해하는 뇌의 학습 사이클

어린 시절 한 번쯤은 레고 블록을 조립해 본 경험이 있을 것이다. 최근에 블록방이다 로봇교육이다 하면서 레고를 접하는 기회가 점점 더 늘고 있다. 이 레고 조립 과정을 살펴보면 앞서 말한 뇌의 학습 사이클을 보다 쉽게 이해할 수 있다. 레고가 무엇인지 모르는 사람도 일단 레고 조립을 시작하면 그동안 머릿속에 '레고 만들기'를 담당하는 뉴런이 자라고 시냅스가 연결된다.

지금 방금 인터넷으로 주문한 '레고 블록 클래식 세트'가 도착했다. 이 레고는 '닌자고'나 '레고 시티' 등의 기성품이 아니라 단순한 레고 조각이 담긴 블록 세트다. 실제로 만져보니 모니터로 보면서 상상했을 때보다 훨씬 크고 푸짐하다. 박스를 열어서 매뉴얼을 꺼낸다. 이제 '레고 만들기'를 통해 학습 사이클 4단계를 하나씩 살펴보자.[6]

❶ 감각피질(구체적 경험)

먼저 박스를 열어 매뉴얼을 읽는다. 레고의 역사부터 조립 방법이 소개되어 있다. 부품별 갯수와 크기 및 색깔은 물론 다양한 만들기 사례들이 나열되어 있다. 이러한 정보가 시각적인 자극이다. 레고 조립을 전혀 모르는 사람에게는 이 매뉴얼이 과학 교과서에 있는 실험 과정처럼 느껴질 지도 모른다. 처음 매뉴얼을 읽으면 머릿속에 곧장 그려지지 않는다. 그저 글씨와 그림일 뿐이다. 이것이 바로 뇌의 학습 사이클 중 첫 번째 단계인 구체적 경험이다.

❷ 측두통합피질(성찰적 관찰)

뇌는 매뉴얼을 이해하기 위해 기존의 정보를 뒤지기 시작한다. 예를 들어 예전에 만들었던 '레고 성'이나 아이와 함께 만들었던 '레고 시티'시리즈의 한 제품이 떠오르는 식이다. '레고 시티는 설명서대로 만들면 되는데, 레고 블록 세트는 내가 알아서 만드는 거구나.' 이렇게 이미 알고 있던 내용을 성찰하면서 새로운 정보를 꼼꼼하게 뜯어보는 과정이 성찰적 관찰이다. 이처럼 성찰적 관찰을 할 수 있는 것은 이미 만들어본 경험, 즉 사전 지식이 있기 때문이다. 물론 완전하게 모르는 내용을 맞닥뜨리면 이 단계는 지나치게 된다. 레고를 조립해본 적이 한 번도 없는 사람이 '레고 블록'과 '레고 브릭 분해기'가 뭔지도 모르면서 레고를 조립할 수 있는 이유는 이 단계를 넘어가기 때문이다. 처음에는 생소하지만 블록을 끼우는 단순함 때문에 누구나 레고 매뉴얼을 처음 펼쳐보아도 쉽게 조립이 가능하다.

❸ 전두통합피질(추상적 가설)

매뉴얼을 읽었으니 이제 행동으로 옮길 차례다. 우리는 행동으로 돌입하기 전에 머릿속으로 이것저것을 그려본다. '대강의 설계도를 그리고 만들까? 그냥 만들까?', '블록을 뜯어 구분해 두는 게 좋을까? 만들면서 뜯는 게 좋을까?', '블록을 잘못 끼우면 어떻게 하지?' 이런 식으로 스스로에게 물음을 던지면서 이해한 내용이 맞는지 확인하는 과정이 추상적 가설이다.

❹ 운동피질(활동적 실험)

마지막으로 행동의 단계다. 머릿속에서 이해한 대로 실행으로 옮기는 것이다. 하지만 실제로 해보면 조금 전에 구상했던 모양이나 준비했던 설계도와는 다른 결과가 나오는 경우가 있다. 순서를 무시하고 만들고 싶은 부분부터 만들었다면 다시 분해를 해야 하는 경우가 생길 수 있다. 이렇게 활동적 실험(행동)을 거치면 결과물이 나온다. 드디어 완벽한 하나의 레고 범선이 완성되었다. 원래 가지고 있던 레고 사람을 추가하니 단란한 가족이 되었다면 다시 구체적 경험이 된다. 잃어버린 부품이 있다면 '다음부터는 박스 위에 조심스럽게 부품을 꺼내두어야겠다'거나 끼워지지 않는 모자, 엉성한 스티커에 실망했다면 다음부터 중국산 짝퉁을 다시는 사지 않겠다는 성찰적 관찰이 생긴다. '아크릴 케이스에 담아두면 보관이 용이하겠다.'거나 다음번에는 '레고 마차'를 만들어봐야겠다는 추상적 가설을 세울 수도 있다. 이른바 4단계의 순환이다. 그렇게 몇 차례 더 조립을 해보면서 레고 조립 방법을 터득한다. 이제는 언제나 원하는 레고 제품이 무엇인지, 어떻게 보관해야 할지 알 수 있다. 뇌가 완전히 이해한 것이다. 그동안 뇌 속에는 '레고 만들기'를 담당하는 뉴런이 자랐고 시냅스가 연결되었다. '레고 만들기'를 뇌 속에 확실히 저장했다는 뜻이다.

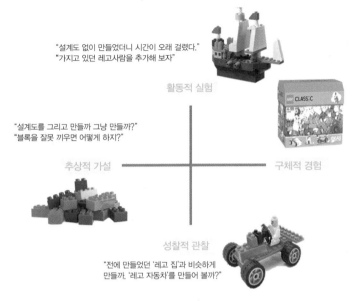

"설계도 없이 만들었더니 시간이 오래 걸렸다."
"가지고 있던 레고사람을 추가해 보자"

활동적 실험

"설계도를 그리고 만들까 그냥 만들까?"
"블록을 잘못 끼우면 어떻게 하지?"

추상적 가설   구체적 경험

성찰적 관찰

"전에 만들었던 '레고 집'과 비슷하게
만들까, '레고 자동차'를 만들어 볼까?"

그림 레고 만들기로 배우는 뇌의 학습 사이클

레고 만들기를 뇌의 학습 사이클로 바꿔서 생각해보자. 레고를 만드는 과정은, 한 번도 배우지 않은 내용을 경험하는 과정과 똑같다. 우리는 누구를 만나거나 책을 읽는 것으로 경험을 시작한다. 이 단계가 구체적 경험이다. 그러면서 동시에 이미 알고 있는 지식을 바탕으로 그 내용의 뜻을 이해하려고 애쓴다. 이 단계는 성찰적 관찰이다. 일을 하거나 친구 혹은 동료들과 이야기를 나누면서 '그 내용을 이런 식으로 적용하면 어떨까?'하고 가늠한다. 이 단계가 추상적 가설이다. 실제로 배운 내용을 적용하고 시간을 구성하고 목표를 관리한다. 이것이 바로 활동적 실험(행동)이다. 그리고 자신이 수행한 결과물에 대한

피드백을 사회생활에 적용한다. 다시 이어지는 구체적 경험이다.

　이렇게 학습 사이클을 거치면서 정보가 머릿속에 저장되고 그 사이클을 반복하면서 자기만의 새로운 각오나 목표가 만들어진다. 그런데 문제는 모두가 동일하게 뇌의 작동 원리대로 배우고 같은 조각으로 시작을 하지만 결과물이 다른 경우가 많다는 점이다. 1,500개의 레고 블록으로 자유롭게 만들어내는 결과물은 100명이면 100명 모두 다르게 나온다. 누구는 대충 엉망으로 만든 결과물이 나오고 누구는 상상을 초월할 만큼의 대작이 만들어지기도 한다. 사람들마다 뉴런의 수나 시냅스의 수는 물론 미엘린의 두께가 모두 다르기 때문에 전혀 다른 결과물을 만들어 내게 되는 것이다. 이러한 뇌세포의 차이로 인해 사람들은 저마다 서로 다른 다중지능을 지니게 된다.

다중지능의 이해

　앞서 우리는 사람마다 구체적 경험, 성찰적 관찰, 추상적 가설, 활동적 실험의 지점에서 미엘린의 두께가 다르다고 했다. 이 두께로 인해 많은 정보량을 보낼 수 있는 부위의 뇌는 편안하고 더 많이 사용하게 된다. 이런 현상을 보다 구체적으로 이해하기 위해서는 다중지능 이론에 대한 약간의 지식이 필요하다.

　하워드 가드너(Howard Gardner) 박사는 인간의 뇌 속에 있는 다중지능은 기본적으로 상호 독립적이면서 특정 영역에서 여러 개의 지능들이 상호작용할 수 있다고 설명한다. 지능이 상호 독립적인 데에는 두 가지 이유가 있다.

첫째, 하나의 정보를 여러 지능을 통해 해석하는 것보다는 독립된 하나의 지능을 통해 해석하는 것이 훨씬 빠르고 쉽기 때문이다. 집안의 먼지를 깨끗이 닦기 위해서는 진공청소기를 돌려야 하겠지만 간단한 이물질이나 먼지를 제거하기 위해서라면 걸레로 슬쩍 미는 것이 훨씬 손쉬운 것과 마찬가지다.

둘째, 뇌의 일부만 손상된 사람의 경우 다른 능력은 큰 변화가 없고 손상된 부위의 능력만 크게 훼손된 연구 결과 때문이다. 가드너 박사는 전두엽이 손상된 사람이 의사소통 능력만 크게 훼손된 사례를 경험하면서 '아, 의사소통 능력과 관계된 언어지능만 부족해질 수 있구나! 그러면 언어지능은 다른 지능과는 독립적이겠구나!'라고 깨달았다. 가드너 박사에 따르면 사람은 모든 영역의 지능을 보유하고 있지만 그것이 발달하는 정도에는 차이가 존재한다. 이 차이가 바로 그 부분에 대한 미엘린의 두께를 말한다. 가드너 박사가 제시한 여덟 가지 지능은 다음과 같다.

❶ 언어지능(Linguistic Intelligence)

말이나 글을 통하여 언어를 효과적으로 구사할 수 있는 능력이다. 모든 문화권에서 언어지능은 기본적으로 나타난다. 언어지능에는 언어를 효과적으로 구사하는 것 외에도 외국어를 습득하는 능력도 포함되며, 이 지능은 경험이 늘고 나이가 들수록 상승한다.

❷ 논리수학지능(Logical-mathematical Intelligence)

논리적, 수학적으로 사고하는 능력이다. 일반적으로 우리가 알고 있는 IQ의 대부분이 논리수학지능에 해당한다. 실험을 거쳐 논리적으로 검증하는 것을 좋아하는 사람이라면 이 지능이 높다고 할 수 있다. 논리수학지능이 높으면 수에 대한 감각이 뛰어나고, 문자나 이미지보다는 숫자로 표현된 것을 더 잘 기억하기도 한다.

❸ 음악지능(Musical Intelligence)

음악뿐만 아니라 소리와 관련된 모든 것에 남보다 민감하게 반응하거나 분석할 수 있는 능력이다. 음악지능이 뛰어나면 적절한 상황에 맞는 소리나 음악을 찾는 능력이 뛰어나다. 예를 들어 줄넘기가 넘어가는 소리에 자연스럽게 리듬을 맞출 수 있다.

❹ 신체운동지능(Bodily-kinesthetic Intelligence)

신체적 운동과 관계된 능력이다. 이 능력은 스포츠와 같이 격렬한 운동 외에도 균형, 민첩성, 손의 섬세한 움직임, 표현력 등을 모두 포함한다. 운동선수뿐만 아니라 행위 예술가와 배우 등도 이 지능이 뛰어난 사람으로 분류된다.

❺ 공간지능(Spatial Intelligence)

공간에 대해 파악하는 능력이다. 디자이너나 예술가 중에서 이 지능이 발달한 경우가 많다.

❻ 인간친화지능(Interpersonal Intelligence)

주로 사람들과 교류하고 타인의 감정과 행동을 파악하는 능력이다. 대인적 지능이라고도 한다. 이 능력이 뛰어나면 상대방하고 어울리는 능력도 뛰어나다. 이것을 관장하는 부분이 뇌의 전두엽인데, 전두엽이 손상되면 이 지능이 상대적으로 떨어진다고 한다.

❼ 자기성찰지능(Intrapersonal Intelligence)

자기 자신의 상태나 감정을 파악하는 능력이다. 이 지능이 뛰어나면 자신에 대해 철저히 객관적으로 판단하고, 그에 기초하여 행동을 조절할 수 있다.

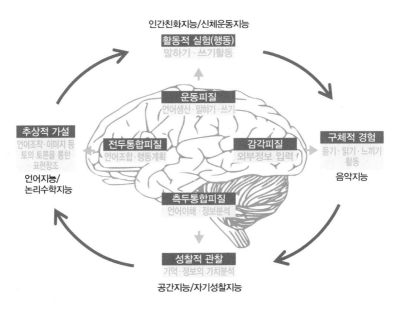

그림 제임스 E. 줄 박사의 학습 원리

❽ 자연친화지능(Naturalist Intelligence)

동·식물뿐만 아니라 날씨, 자동차 등 주위를 잘 관찰하고 분석하는 능력이다. 이 능력이 뛰어나면 동물이나 식물을 잘 키우고, 자연에서 발생하는 현상에 대한 잘 분석한다.

제임스 E. 쥴(James E. Zull) 교수는 가드너 박사의 다중지능 중에서 자연친화지능을 제외한 7가지 지능과 플레밍의 네 가지 학습방법인 청각, 시각, 읽기/쓰기, 그리고 운동감각을 앞서 살펴본 데이비드 콜브의 뇌의 학습 사이클에 적용하여 학습 원리를 정리했다.[7]

〈제임스 E. 쥴 교수가 정리한 뇌의 학습 원리〉

- 하워드 가드너의 다중지능

- 플레밍의 네 가지 학습방법

- 데이비드 콜브의 학습 사이클

쥴 교수 역시 가드너 박사의 다중지능에 동의한다. 사람마다 발달된 뇌의 부위가 다르다는 것이다. 모든 뇌를 고르게 사용하는 것이 아니라는 것이다. 오른손잡이가 훈련을 통해서 왼손으로 공을 던질 수는 있지만 아무리 연습해도 오른손만큼 강하게 던질 수는 없는 것처럼 우리의 뇌도 뛰어난 부위가 있는 셈이다.

　국내외 유명인의 다중지능을 조사한 결과에 따르면 오프라 윈프리는 언어지능과 자기성찰지능이 발달되어 있고 박지성 선수는 신체운동지능과 공간지능이 발달되어 있다. 최재천 교수는 자연친화지능과 언어지능이 발달되어 있고, 오바마 전 대통령은 논리수학지능과 언어지능이 발달되어 있다. 피카소는 공간지능과 자연친화지능이 발달되었고, 故앙드레 김은 공간지능과 인간친화지능이 발달했으며, 마틴 루터킹 목사는 언어지능과 자기성찰지능, 소프라노 조수미는 음악지능과 공간지능이 발달되었다.[8] 그 외에 다중지능에 대한 여러 가지 프로파일들이 조사되고 있다. 이 결과를 통해 사람들마다 뛰어난 지능은 모두 다르다는 가드너 교수의 주장을 확인할 수 있다. 앞의 그림 〈제임스 E.쥴 박사의 학습 원리〉에 맞춰 유명인의 다중지능 프로파일을 분석해보면 다음과 같다.

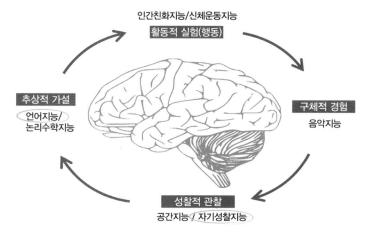

그림 오프라 윈프리가 발달된 뇌의 부분

먼저 오프라 윈프리의 다중지능 프로파일을 살펴보자. 그녀는 언어지능과 자기성찰지능이 뛰어나다고 했다. 〈제임스 E. 줄 박사의 학습 원리〉에 따르면 그녀의 뇌는 기억력과 정보의 가치를 분석하는 '성찰적 관찰'과 전략과 계획을 세우는 '추상적 가설'에 강한 특성을 보여준다. 레고 블록을 조립할 때 기존에 자신이 만들어본 다른 레고 만들기를 비교하고 참고하는 능력이 뛰어나며 어떻게 하면 더 쉽고 제대로 만들 수 있을지 고민을 하는 것에 장점을 가진 두뇌 구조를 가졌다.

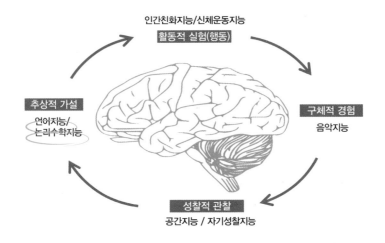

그림 오바마 전 대통령이 발달된 뇌의 부분

오바마 전 미국 대통령은 언어지능과 논리수학지능이 뛰어난 것으로 나타났다. 〈제임스 E.줄 박사의 학습 원리〉에 따라 그의 뇌 구조를 분석해보면 전략과 계획을 세우는 '추상적 가설'이 남들보다 유독 강하다는 것을 알 수 있다. 본 적도 없고 만들기를 해본 경험이 없어도 일단 그의 손에 블록이 들어가면 독특한 레고 만들기를 기획하기에 유리한 두뇌 구조를 가졌다.

다중지능 검사에 대해 가드너 박사는 가장 점수가 높은 두 가지 지능이 자신의 성공지능이라고 설명한다. 여러분이 어떤 작업을 할 때 남들보다 성과를 더 잘 내는 분야가 있다면 그것이 바로 성공지능 때문이다. 실제로 검사를 해보면 점수가 같은 지능이 여럿 있어서 성공지능이 세 가지 이상 나오는 경우가 있다. 두 가지 지능에서 우월한 점수를 얻은 경우를 레이저형 프로파일이라고 부르는데 천재형의 뇌 구조라고 할 수 있다. 특정 두뇌가 강력하게 발달되는 사람들에게 나타나는 특성으로 모차르트, 피카소와 아인슈타인이 대표적인 인물이다. 반대로 세 가지 이상의 지능이 고르게 높은 점수를 얻는 경우가 있을 수 있는데 이 경우를 서치라이트형 프로파일이라 부른다. 일반적이며 두루두루 고른 능력을 가진 타입으로 정치가나 사업가적인 성향이 강한 사람들이다. 다음 장으로 넘어가기 전에 부록에 실린 다중지능 검사를 통해서 여러분의 다중지능을 테스트하고 유명인 혹은 주변 사람들의 프로파일과 비교해보기 바란다.

3장

나만의 성공 스토리를 만들어라

1. 목표 설정
2. 나의 성공지능 찾기
3. 성공 스토리
4. 전환 과정

무엇을 해야 하는가

지금까지 우리는 목표를 정하는 방법과 사람이 왜 다르며 구체적으로 나의 특성을 이해하는 방법을 배웠다. 이제는 목표를 달성하기 위한 성공 스토리 만들기에 대해 생각해보자. '배달의 민족' 김봉진 대표는 『배민다움』이라는 책에서 다음과 같이 이야기 한다.

"품질을 높이는 데 사람들은 힘을 쏟는다. 하지만 품질이 상향평준화된 이 시대에는 '자기다움'의 문화적 정체성으로 만들어지는 브랜드에 승패가 갈린다. 그래서 '다름'의 차별화를 만들어내고, 이것을 일관되게 유지해야 한다. 고유한 자기만의 스토리를 만들어 내야 하고, 이를 널리 알려야 한다. 그 과정이 브랜딩이고, 그 결과가 자기만의 브랜드가 된다. 그러면 사람들이 이야기를 시작할 것이고, 점점 입소문으로 퍼지게 될 것이다. 그러기 위해서는 스스로 끊임없이 자신에게 질문해야 한다. 그 다름에 대하여."

우리의 목표는 사람과 원칙이라는 전혀 '다른' 요소와 섞이는 과정 속에서 올바른 방향성을 갖는다. "올해는 담배를 끊겠다."는 신년 목표처럼 한 가지로 정해놓고 마는 것이 아니라 꾸준한 피드백을 통해 변화되고 개선된다는 말이다. 가장 좋은 피드백은 기록이다. 나폴레온 힐(Napoleon Hill)은 자신의 목표를 다음과 같이 기록했다.[9]

"나는 이 세상에 유용한 서비스를 제공하고, 경제적인 보상을 주며, 삶에 필요한 물질을 제시하는 역량 있는 대중 연설가가 되고자 한다. 나는 매일 잠들기 전과 아침에 일어나서 10분씩, 이러한 소망이 이루어질 수 있도록 마음을 집중할 것이다. 왜냐하면 이런 소망이 현실로 바뀔 수 있도록 추진하기 위해서다. 나는 내가 강력하고 매력 있는 강사가 될 수 있다는 것을 안다. 따라서 내가 그렇게 되는 데 그 어떤 것도 방해할 수 없을 것이다."

이 문장을 보면 맨 첫 줄에 본인의 평생의 목표를 정의하였고, 그다음 줄은 이것을 실행하기 위한 '남다른' 결심이 등장한다. 그 다음 문장은 목표를 세우는 이유를 담았다. 마지막에는 다시 한 번 평생의 목표를 선언하고 있는 스스로에 대한 믿음을 구체적으로 기록하였다. 기록의 힘에 대해 소설가 김연수는 언젠가 인터뷰에서 이런 말을 했다.

"지난 8년 동안 나는 거의 매일 글을 썼다. 그 결과, 몇 권의 책이 출판됐다. 고등학교 시절의 나를 생각하면, 그것만 해도 정말 대단한 일이라고 말할 수 있다. 하지만 그보다 더 대단한 것은 지난 8년 사이에 내가 원하던 바로 그 사람이 되어 갔다는 점이다. 눈치 채지도 못할 만큼, 아주 서서히, 하지만 지나고 보니 너무도 분명하게. 소설가로서는 어떤지 모르겠지만, 인간으로서는 좀 더 나은 인간이 됐다. 그건 전적으로 매일의 글쓰기 덕분이라고 생각한다. 날마다 글을 쓰면서 나는 자신을 비난하는 일을 그만두고 가장 좋아하는 일에 몰두하는 일을 매일 연습한 셈이니까. 그 연습의 결과, 나에 대해, 나의 꿈에 대해, 나의 일에 대해 부정적으로만 생각하던 습관이 사라졌다. 그러자 모든 게 달라졌다. 자신을 비난하지 않고 매일 쓴다고 해서 반드시 글을 잘 쓰게 된다고는 말할 수 없지만, 더 나은 인간이 된다는 사실만은 장담할 수 있다."

내가 하는 일에 자신감이 부족하다면 먼저 기록을 해 보자. 아무리 사소한 일이라도 누군가에게는 편익이나 기쁨을 전할 수 있을 테니 말이다. 세계은행 총재로 있는 디트머스 대학의 김용 총장은 한 인터뷰에서 "어떻게 하는 것이 잘 사는 것인가?"라는 질문에 다음과 같이 답한 바 있다.

"나는 무엇이 되는 것(what to be)에 관심을 두지 않았습니다. 무엇을 해야 하느냐(what to do)를 늘 생각했죠."[10]

아직 보이지도 않는 머나먼 미래를 'what to be'의 형식으로 기록해 두고 벽에 붙여두는 것은 건널 배도 없는 나룻터에서 배를 마련할 궁리는 안하고 강 건너 풍경만 상상하는 것과 비슷하다. 직접 'what to do'할 수 있는 배를 준비해서 강을 건너는 것이 중요하다. 그러기 위해서 배에 해당하는 것으로 김용 총장이 제시한 'what to do'가 필요하다. 그럼으로써 목표는 입체적으로 살아 움직여 삶에 영향을 미칠 수 있다.

적극적인 스토리텔링을 하라

'이 또한 지나가리라'라는 말은 위로가 필요할 때면 빠짐없이 등장한다. 솔로몬 왕이 한 것으로 알려져 있는 이 말은 힘들 때는 이 고통이 끝이 아님을 기억하고, 성과를 냈을 때는 이 행복이 지속되지 않으리라는 생각으로 겸손 하라는 의미일 것이다. 그러나 이렇게 버티기만 하자는 수동적인 자세로는 상황을 변화시키기 어렵다. 성공을 꿈꾼다면 보다 적극적인 스토리텔링이 필요하다. 시나리오 작가인 로버트 맥키(Robert McKee)는 스토리텔링을 위한 요소에 대해 이렇게 말한다.

"성공적인 스토리텔링은 어떤 사건에 의해 삶의 균형이 무너진 주인공이 조력자에 의해 그 균형을 회복하고 여러 적대자와 맞서는 사건으로 구성됩니다."[11]

그에 따르면 작가는 가장 먼저 주인공 삶의 균형을 깨뜨린다. 그리고 균형을 찾기 위해 적대자와 주인공을 돕는 조력자 간의 갈등으로 이야기를 전개하게 된다. 그 이야기를 잘 다듬기 위해서 로널드 B. 토비아스(Ronald B Tobias)는 플롯이 필요하다고 설명한다.[12] 그렇다면 도대체 플롯은 무엇이고 플롯과 이야기는 또 어떻게 다른가?

농경지에 정착하여 농사를 짓기 전, 인류는 짐승을 사냥하거나 양 떼나 가축 등을 이동시키며 살았다. 이동하는 동안 밤이면 모닥불 가에 둘러앉아 그날그날의 이야기를 나누며 밤을 지새우고는 했다. 사냥감을 잡는 자신의 용맹함이나 순록 떼의 이동, 혹은 늑대의 울음소리나 하마의 우둔함에 대한 이야기를 했을 것이다. 그들의 이야기는 사냥이나 이동 중에 일어난 일들의 내용을 사건의 순서대로 전달하는 일종의 설명이었다. 이러한 설명이 바로 이야기다.

반면에 플롯은 오래 전 종교적 의식에서 시작된 것으로 이러한 의식에서 중세 이후의 서양 연극이 탄생했다. 셰익스피어는 줄리우스 카이사르의 역사적 이야기에 플롯을 입혀 『줄리우스 시저』라는 명연극으로 만들어냈다. 이처럼 이야기에 행동과 반응의 패턴을 입히면 플롯이 된다.

플롯은 줄거리와도 차이가 있다. "시우가 백점을 받고나서 주하도 백점을 받았다." 두 가지 사건에 대한 간단한 나열, 이것은 줄거리다. 그러나 시우의 백점이라는 첫째 장면과 주하의 백점이라는 둘째 장면을 연결 짓고, 한 행동을 다른 행동의 결과로 만들면 플롯이 된다.

"시우가 백점을 받자 자극을 받은 주하도 백점을 받았다."

긴박감을 가미해보자.

"시우가 백점을 받았다는 소식에 자극을 받은 나머지 열심히 공부를 했다는 내용이 밝혀지기 전까지는 아무도 주하가 백점을 받았다는 사실을 알지 못했다."

즉 줄거리는 사건의 시간적 기록이다. 줄거리를 듣는 사람은 다음에 '무엇'이 일어날지를 알고 싶어 한다. 플롯은 사건의 시간적 기록보다 더 중요한 요소를 가지고 있고 듣는 사람에게 궁금증을 유발한다. "어째서 그런 일이 일어나지?"[13]

줄거리는 실에 꿰어놓은 염주처럼 사건을 연속적으로 이어놓은 설명에 불과하다. 사건이 일어나고 다음 일이 일어나는 것을 나열할 뿐이다. 그러나 플롯은 고리로 연결된 사슬처럼 행동과 태도의 패턴이 묶여 정체성이 나타난다. 행동이 원인과 결과의 사슬로 연결되어 있다.

우리네 인생은 플롯과는 약간 거리가 있지만 줄거리와는 매우 흡사하다. 삶이라는 것은 온통 인연과 우연의 일치로 이루어져있다. 그러나 그것이 글이나 영화로 만들어진다면 독자나 관객은 무질서의 리얼함 보다는 정돈된 질서를 원하게 될 것이다. 우연보다는 필연을, 인연보다는 개연성을 원한다. 무엇보다 전체를 아우르는 일관성이 요구된다. 인간에게 일어나고 있는 일상생활의 모든 것들이 인생의 중요한 목표와 서로 연결되어 있다면 그 인생은 위대한 것일까? 인생이란 것이 유별난 우연의 일치를 전혀 담고 있지 않은 것일까?

아리스토텔레스는 『시학』에서 이런 우리들의 질문에 최소한 수긍할만한 답변을 제시한다. 모든 일에는 원인과 결과가 있다는 것이다. 그러면서 좋은 플롯을 첫째 장면과 둘째 장면 그리고 셋째 장면으로 구분하여 제시한다.

〈아리스토텔레스의 성공 스토리 만드는 방법〉

첫째, 상황 설정

둘째, 긴장과 갈등

셋째, 해결과 교훈

---

❶ 상황 설정 : 첫째 장면에서는 호기심을 자극하라

일반적으로 시작 단계에서는 행동이 있어야만 해결될 수 있는 문제가 제시된다. 이른바 '설정'이다. 시작에서는 등장인물이 소개되고 그가 원하는 목적이 설명된다. 아리스토텔레스는 등장인물이 행복이나 불행을 원한다고 말한다. "나의 등장인물은 무엇을 원하고 있나?"라고 물을 때 비로소 플롯이 시작되는 것이다. 이런 질문을 의도라고 부른다. 이명박 정부 시절 『영어 몰입교육』때문에 대한민국 사교육 시장에 거대한 충격파가 떨어졌던 위기를 극복했던 나의 경험을 플롯의 첫째 장면에 적용시켜보면 다음과 같다.

이명박 정부가 출범하고 얼마 안 있어 대통령 인수위원회의 이경숙 위원장이 영어 몰입교육을 강조하는 사건이 발생했다. 이 위원장은 '미국에서 오렌지라고 하니까 못 알아 듣더라. '오륀지'라고 해야 알아 듣더라.'는 발언을 하여 큰 논란을 일으켰고 영어 이외의 과목을 다루는 교육 업체들은 큰 타격을 입었다. 당시 내가 몸담고 있던 한우리열린교육은 독서교육 회사였기에 타격이 이만저만이 아니었다. 한우리의 임원들은 광고비를 줄여서 긴축하자는 의견이 압도적이었다. 그러나 나의 생각은 달랐다. 광고대행사 시절 위기를 기회의 반전으로 삼은 사례를 무수히 봤기 때문이었다. 하지만 뚜렷한 대안을 찾지 못한 채 위기는 현실로 다가오고 매출은 급감하고 있었다.

❷ 긴장과 갈등 : 둘째 장면에서는 반전과 발견을 통해 극적 긴장감을 유지하라

등장인물의 의도가 분명해지면 줄거리는 두 번째 국면으로 접어든다. 아리스토텔레스가 말하는 극적 행동이 발전해나가는 장면이다. 여기서 등장인물은 목적을 추구한다.

다시 『영어 몰입교육』의 이야기를 살펴보자. 당시 독서교육 시장은 한솔 주니어 플라톤이 1위, 한우리 독서토론논술이 2위, 대교 솔루니가 3위였다. 2위에 불과했던 한우리의 내부에서는 광고비를 줄이고 어떻게든 긴축해서 고비를 넘기자는 의견이 팽배했다. 패배주의와 2등주의가 만연했던 중소기업으로써는 어쩌면 당연했을 것이다. 1위인 한솔교육도 마케팅을 줄이는 판에 무슨 근거로 우리가 마케팅을 해야 하느냐는 것이었다.

이때 발생하는 행동은 첫 번째 장면의 원인과 서로 엮여 있어야

극적이다. 앞에서 우리는 다른 임원들이 반대하고 있다는 사실을 보았다. 결국 주인공은 의도를 성공적으로 완수하는 데 방해가 되는 문제에 봉착한다. 아리스토텔레스는 이러한 장애를 반전이라고 불렀다. 반전은 주인공이 목적을 완수하기 위해 당연히 택해야 할 길을 바꿔놓기 때문에 긴장과 갈등이 형성된다.

아리스토텔레스는 반전 다음에 '발견'을 제안했는데 이는 반전의 결과로 등장인물 사이에 변화가 발생하는 대목을 뜻한다. 『영어 몰입교육』의 이야기에서 공격적으로 마케팅을 해야 한다는 나의 의견에 대해 반대 측의 의견은 생각보다 완고했다. "이번이야 말로 업계 1위로 올라 설 절호의 기회입니다! 더 공격적으로 마케팅을 해야 합니다."라고 수차례 주장했지만 임원들은 오히려 더 방어적인 자세를 취했다. 어차피 상황이 어려워서 성과를 낼 방법은 없으니 돈이라도 쓰지 말자고 생각하는 것 같았다. 반전은 사건이지만 발견은 사건에 의해서 등장인물이 겪게 되는 돌이킬 수 없는 정서적 변화다.

반전과 발견은 둘 다 이야기가 전개되는 과정에서 어떤 계기를 만나 나타난다는 사실에 주목할 필요가 있다. 다시 『영어 몰입교육』 이야기로 돌아가자. 나는 공격적으로 광고를 해야 하는 이유를 설명하기 위해 평소 존경하는 광고계의 대부 데이비드 오길비의 『광고 불변의 법칙』이라는 책을 사서 임원들께 한 권씩 나눠드렸다. 책에 등장하는 '불경기의 마케팅' 부분에 "광고는 판매비용이 아닌 생산비용으로 이해해야 한다."는 부분이 설득의 근거가 되리라 생각했기 때문이다. 거기에는 1974년과 75년 미국의 경기 후퇴기에 광고비를

줄인 기업과 줄이지 않은 기업의 매출이 77년도에 어떻게 달라졌는
지 소개되어 있었다.

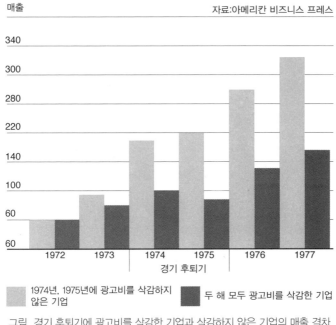

그림 경기 후퇴기에 광고비를 삭감한 기업과 삭감하지 않은 기업의 매출 격차

그 자료를 토대로 나는 광고마케팅을 전면적으로 진행하자고 주
장했고 오랜 논의 끝에 결국 회장님으로부터 마케팅을 소신껏 해보
라는 승낙을 얻어냈다. 기적처럼 문제 해결의 실마리를 찾게 된 것이
다. 그리스 연극에서 희곡 작가들은 문제를 해결하는 데에 '신'을 등
장시키곤 한다. 셰익스피어 역시 주요한 장면에 '마법사'나 '마녀'가
등장한다.

❸ 해결과 교훈 : 셋째 장면에서는 완벽한 결말을 이뤄라

마지막 단계는 클라이맥스가 있고 행동이 마무리되며 대단원이 있다. 마지막에는 앞의 두 부분에서 일어나는 모든 사건의 논리적 결말이 이뤄진다. 이 대목에서는 모든 게 다 드러나고 분명해지며 피할 수 없는 막다른 골목에 도달하게 된다. 이제 『영어 몰입교육』이야기를 마무리 지어보자.

어렵게 허락을 받고 광고 마케팅을 진행했으나 처음에는 회원이 계속 빠졌다. 정부가 정한 영어교육 강화 방침은 상상을 초월할 만큼 강력했다. 그래도 쉬지 않고 홍보에 열을 올렸다. 어느 정도 발로 뛴 덕분에 회원은 더 이상 빠지지 않았지만 그렇다고 늘어나지도 않았다. 이도저도 아닌 답답한 상태로 한 해가 지났다. 주변에서는 비싼 광고마케팅 예산만 날렸다고 비난하는 사람도 있고, 덕분에 매출 감소는 멈추었다는 사람도 생겨났다. 어쨌거나 회사는 계속 위기 속에 있었다. 나는 초조했고 비용을 줄이자는 의견에 묻어갈 걸 하는 후회도 밀려왔다. 그렇게 1년 반 정도 지나자 캠페인의 성과가 조금씩 나타나기 시작했다. 우선은 교육열이 높은 지역과 신도시 회원이 약간의 회복세로 돌아섰다. 얼마 지나지 않아 영어교육에 대한 열기가 잠잠해지고 다시 독서교육을 시키고 싶어 하는 학부모들의 귀에는 '독서교육은 한우리'라는 잔상만이 남아 있었다. 꾸준한 광고, 홍보, 마케팅 활동을 한 덕분에 친밀도를 유지할 수 있었고, 결국 영어 몰입교육이 발표된 지 2년 만에 한우리는 독서교육 업계 1위로 올라설 수 있었고 지금까지도 그 위치를 굳건히 유지하고 있다. 나는 이 사건 이후로 솔로몬이 했다는 '이 또한 지나가리라'는 말에는 한 가지 단어가 빠졌다는 것을 알 수 있었다.

'노력이 있어야 이 또한 지나가리라'

이렇게 하면 그야말로 모든 것이 설명된다. 개연성이 높은 설명으로 인해 결말은 타당성을 가진다. 이렇게 플롯의 구성을 살펴보는 것은 우리가 우리만의 이야기를 만들고자 할 때 그 안에 담아야 할 중요 요소들을 선택하는 안목을 갖는데 도움을 준다. 거대한 난관에 부딪혔지만 이를 극복한『영어 몰입교육』의 이야기는 완벽한 플롯이다. 이런 플롯은 사람들로 하여금 힘든 도전에 맞서 싸우고 더욱 노력하도록 고취시킨다. 만일 그러한 감정이 우리가 성취하고자 하는 목표와 밀접하게 연관되어 있다면, 당장 그 이야기를 끄집어내라. 그저 스마트폰에 기록해두고 잊어버려서는 곤란하다.

만약 여러분이 리더의 위치에 있거나 사내 커뮤니케이션에 문제가 있다고 느낀다면 직원들과 대화에서 이와 같은 플롯을 찾아보라. 팀원들이 이기주의『언어의 온도』를 선물하는 순간, 여러분은 부드럽게 말을 해야겠다는 필요성을 깨달을 수도 있다.

스스로가 무엇을 찾고 있는지 알아야 한다. 우리는 새로운 것을 만들어낼 필요가 없다. 크게 부풀리거나 영화『클래식』처럼 아름다운 영상과 음악으로 꾸밀 필요도 없다. 그저 지금 당장 내 속에 담긴 이야기 하나를 꺼내보자.

위와 같은 성공 스토리에 좀 더 강한 생명력을 불어넣기 위해서는 마지막으로 고려해야 할 요소는 바로 성공을 이루어낸 '태도'이다. 아리스토텔레스는 설득의 3요소로 로고스(Logos), 에토스(Ethos), 파토스(Pathos)를 제시했다. 그중에서 가장 중요한 것으로 에토스 즉 윤리성을 꼽았는데, 설득의 60퍼센트는 에토스의 몫인 반면 논리성은 10퍼센트에 불과하다. 아무리 논리적인 스토리텔링이라도 태도가 불손하면 상대방을 설득하기 어렵다. 반면 근거자료나 논리는 다소 부족하더라도 적극적이고 겸손한 태도를 유지한다면 충분히 설득할 수 있을 것이다.

차원	지적 차원	감정적 차원	
요소	로고스	에토스	파토스
특징	논리성	윤리성	열성
표출 방법	근거, 조사, 데이터	인격, 매력, 영향력, 친근감, 다정함	공포심, 자극, 감정
비중	10%	60%	30%

그림 설득의 3요소

성공을 부르는 태도에 대해 고승덕 변호사는 네 가지의 유형으로 설명한다.[14] 먼저 억지로 시키는 일만 하는 사람의 태도를 D급이라고 한다. D는 'Drop'의 약자인데, 실패하기 쉬운 인생을 말한다. 그보다 조금 나은 사람의 태도를 C급이라고 한다. C는 'Common'의 약자인데 '시키는 것만 꼬박꼬박'하는 사람을 말한다. 그렇게 살면 남보다 더 하는 것도 없고 더 잘하는 것도 없기 때문에 고만고만한 인생을 살게 된다고 한다. 보통사람보다 사는 방법이 조금 나은 것이 B급이다. B급은 '시키는 사람의 뜻을 헤아려 제대로'하려는 사람을 뜻한다. 여기서 B는 'Better', 즉 남보다 나은 노력을 하고 나은 인생을 산다는 뜻이다. 이 정도 하면 성공의 반열에 들어간다고 한다. 가장 우수한 등급인 A급은 '스스로 알아서'하는 사람이다. A는 'Ace', 즉 최우수를 말한다. A급은 스스로 꿈을 찾고 목표를 이루는 방법을 끊임없이 탐구한다. 남과 다르게 살려고 항상 노력한다. 성공할 수밖에 없는 운명이다.

그러나 스스로 알아서 하는 A급보다 더 중요한 태도가 있다. 바로 스스로 책임(Responsibility)지는 R급 태도다. 모든 책임은 나에게 있다는 사실을 제대로 인식하지 못하면 성공 스토리가 한번은 가능할지 몰라도 지속적으로 만들어지기는 어렵다. 책임은 친구에게, 선생님에게, 부모님에게, 정치인들에게 그리고 경제상황에 있지 않고, 바로 나 자신에게 있다. 이런 말을 들으면 선뜻 동의하지 않고 이렇게 항변할 수 있다.

"교통사고가 나고, 갑작스런 병에 걸리고, 사기를 당하고, 천재지변이 발생해도 내 책임이란 말인가?"

또 이런 경우는 어떤가? 출근길에 서두르다 지나가던 사람과 부딪쳐 스마트폰을 떨어뜨리는 바람에 액정이 깨졌다. 다른 사람이 저지른 행동에 대한 책임이 여러분에게 있는 것은 아니지만 그에 따른 대응에 대해서는 책임이 있다.

"도대체 눈을 어디에 두고 다니는 거예요? 사람이 지나가는데 부딪치면 어떻게 해요?"하면서 길길이 날뛰며 화를 낼 수도 있고, "걸어 다닐 때도 전화기만 보고 자신이 하는 말에 집중하지 않는다고 애인이 잔소리를 했는데 기어이 일이 이렇게 됐군. 마침 스마트폰을 바꿀 참이었는데 잘 됐네. 앞으로는 조심해야겠어."라는 반성을 하면서 전화기 교체계획을 앞당길 수도 있다.

그러므로 모든 사건에 대한 책임이 여러분에게 있는 것은 아니지만 그 사건을 어떻게 해석하고 대응하느냐에 대해선 항상 책임이 있다.

나는 어느 등급의 태도로 살 것인가. 사람마다 등급을 선택할 수 있다. 그것은 운명을 선택하는 것과 같다. 선택하고 선택 당하는 세상 속에서 우리가 선택할 수 있는 것은 태도뿐이다. 결국 스토리텔링을 성공으로 이끄는 가장 중요한 요소는 태도인 셈이다.

Responsibility > Ace > Better > Common > Drop

우리들의 현명한 태도는 삶의 동반자가 되어 우리를 기쁘게 하고 도와준다. 마찬가지로 우리들의 어리석은 태도 역시 우리를 따라다니며 평생을 괴롭히고 고통스럽게 한다.

성공 키워드 만들기

아이들은 '빨리 어른이 되고 싶다'고 말한다. 나 역시 그랬다. 어른이 되면 많은 것이 허용되고 더 많은 선택권이 주어진다는 생각이 들었기 때문이다. 그러나 어른은 별다른 노력을 하지 않아도 세월이 지나면 '돼 버리고' 만다. 정말로 어려운 것이 '진짜 내'가 되는 것이다.

진짜 내가 된다는 것이 무엇인지 분명하게 알기 위해서는 반드시 다음의 과정을 거쳐야 한다. 정확한 목표를 정해야 하고, 그 목표를 달성할 나의 성공지능을 알아야 하고, 내가 그동안 해왔던 일 중에서 성공 스토리를 정리해야 한다. 그리고 이 과정에서 핵심 키워드를 찾아내서 이미지로 만들어야 한다.

멋진 자동차를 한 번 상상해 보자. 지금 여러분의 머릿속엔 무엇이 떠오르는가? 3000CC라는 숫자인가? '자동'과 '차'라는 글자인가? 아니면 어떤 이미지인가? 이미지라면, 멋진 벤츠인가? 아니면 모닝인가? 벤츠라면 E클래스인가? C클래스인가? 우리의 잠재의식은 이미지에 반응한다. 진정으로 자신의 정체성을 찾고 싶다면 우리의 잠재의식에 정리해두어야 한다. 잠재의식이야말로 우리가 해야 할 일을 자동으로 처리하는 프로세서이기 때문이다. 여러분은 자신의 잠재의식에 필요한 이미지를 제대로 제공하고 있는가? 그것이 노트북이든, 자동차든, 집이든 이미지에 담아서 단순화한 적이 있는가? 여러분이 그 이미지를 떠올릴 때마다, 그것은 마음속에 깊이 새겨진다.

성공한 1인 기업가인 DID마스터 송수용 대표가 자신의 이미지를 잠재의식 속에 담아두는 과정을 살펴보자. 그가 몸담았던 음식물처리기 업체의 최호식 대표가 언론과 인터뷰를 할 때의 일이다. 회사의 창업 정신을 묻는 기자의 질문에 최호식 대표는 이렇게 대답을 했다.

"우리 회사의 정신은 디아이디(DID)정신입니다"

기자가 무슨 뜻이냐고 묻자 최호식 대표는 이렇게 말했다.

"디아이디(DID)는 들이대의 약자입니다. 우리는 무조건 들이대 정신으로 사업을 합니다."

나중에 1인 기업을 하면서 브랜드를 만들 때 당시 그 인터뷰에 동석했던 송수용 대표는 육사 동기인 최호식 대표에게 양해를 구하고 이 키워드를 개인 브랜드로 사용하게 된다.

"DID는 들이대의 이니셜이에요. 어떤 상황에도 거침없이 들이대라는 거죠. 그런데 '들이대'라고 직접적으로 말하면 그 본질과 무관하게 너무 가벼워 보여요. 그런 식으로 함부로 세 번만 들이대면 인생 종쳐요. 그래서 쉽게 떠오르도록 영문 대문자로 이미지화 시킨 겁니다."

정말 군더더기 없는 브랜드가 아닐 수 없다. 우리가 진짜 나를 이미지화 시키는 과정 역시 이와 같다. 엄청난 창작물일 필요도 없다. 많은 것을 버리고 털어내면서 본질에 가깝게 다가서는 것이 중요하다.

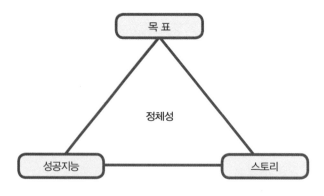

그림 나만의 정체성 찾기

지금까지의 과정을 무난히 잘 따라왔다면 잠시 책을 덮고 이제까지 만들어본 결과물을 정리해보자. 다중지능검사에서 나의 성공지능을 확인하고, 플롯 만들기에 따라 성공 스토리를 만들고, 그 스토리에서 발견한 성공 태도를 정리해보자. 그중에 눈에 띠는 키워드가 있다면 동그라미를 쳐보자. 그러면 핵심적인 키워드 몇 가지를 추릴 수 있을 것이다.

여기서 만들어진 키워드는 우리를 목표라는 행성에 도달하게 만드는 정체성을 표현해준다. 키워드는 짧고 일목요연할수록 좋다. 빛나는 아이디어만 담으려하지 말고 본질에 닿을 수 있는 태도를 중심으로 키워드를 뽑아보라. 그리고 매년 재점검하여 자신만의 키워드를 수정하라. 여기서 주의할 점은 만드는 것 자체보다는 자신의 실제 생활에 적용하고, 그로 인한 자신의 변화와 성장을 목격하는 것이다. 키워드가 정리되었으면 다음의 사례를 참고하여 그 해결책이 필요한 사람을 정해서 나의 이미지를 그려보자.

"지식이 필요한 사람에게 알기 쉽게 전달한다." ☞ '지식 소매상' 유시민

"도전 정신이 부족한 사람에게 들이대(DID) 정신을 전파한다." ☞ 'DID마스터' 송수용

"사람들의 관점을 새롭게 디자인한다." ☞ '관점 디자이너' 박용후

"꿈을 잃은 청년들에게 꿈과 희망을 심어준다." ☞ '행복한 꿈쟁이' 김수영

전환점이 필요한 사람들에게 정체성을 찾아준다."
☞ '브랜드 미 마스터' 박노성

이렇게 하면 선언으로만 그치는 것이 아니라 이미지를 형성하고 그것에 대한 대안을 제시하기 위한 해결책을 고민하게 된다. 그리고 평가와 수정을 통해 대안을 계속 발전시켜나갈 수 있게 된다. 그 과정 속에서 나만의 정체성이 만들어진다.

그러나 다이어리에 메모한다고 그것이 곧바로 나의 정체성이 되는 것은 아니다. 반복해서 사람들에게 알리고 사용하고 수정해야 한다. 이 과정을 통해 비로소 정보 소비자에서 생산자가 되는 것이다.

성공적인 여행을 위해서는 좋은 안내자가 필요하다. 다음 2부에서 우리의 정체성을 수립하는 과정에서 고려해야 하는 다양한 사례들을 살펴볼 것이다. 수많은 기업과 지역 센터와 현장의 교사들의 브랜딩과 마케팅 사례에서 얻은 그 통찰은 크게 일곱 가지로 분류할 수 있다. 창조적 모방, 선택과 집중, 합리적 의심, 버림의 미학, 특별한 한 칼, 준비된 우연, 공감대 형성이 그것이다. 살펴볼 내용들은 다음과 같다.

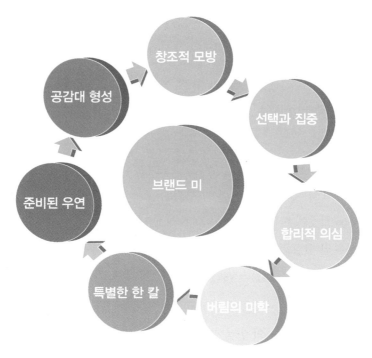

그림 브랜드 미의 7가지 통찰

❶ 창조적 모방

스스로의 정체성을 찾는 하는 과정에서 가장 먼저 고려해야 할 사항은 닮고 싶은 위인이나 멘토를 정하는 것이다. 따라하다 보면 나와 맞는 부분은 체화되고, 맞지 않는 부분은 떨어져나가면서 나만의 스타일이 창조된다. 그것을 창조적 모방이라고 한다.

❷ 선택과 집중

모방할 대상을 선택했다면 우리는 집중적으로 그 대상을 본받기

함으로써 성공할 확률을 높일 수 있다. 물론 성공을 이뤄낸 사람을 선택하고 그와 동일한 시간과 노력을 기울인다고 해서 그 사람이 얻은 것과 동일한 결과를 얻을 수는 없다. 하지만 그 과정 속에서 우리는 어제보다는 조금 더 성장한 자기 자신과 마주하게 될 것이다.

❸ 합리적 의심

'아인슈텔룽 효과(Einstellung effect)'라는 것이 있다. 더 나은 것이 있음에도 기존에 하던 방식을 고집하려는 속성을 말한다. 머릿속에 이미 하나의 해결책이 자리 잡고 있으면 더 나은 대안을 떠올리기 어려운 인간의 속성을 꼬집은 개념이다. 새로운 사고를 원한다면 뇌가 고정된 틀에서 벗어나도록 끊임없이 기존 상황을 합리적인 선에서 의심하고 새로운 인식의 연결 고리를 많이 만들어내려는 노력이 필요하다.

❹ 버림의 미학

다음 단계는 버림의 미학이다. 해가 지지 않는 나라에 걸맞게 상업의 발달이 아시아보다 한참 앞질렀던 영국을 비롯한 유럽의 여러 국가들은 오랫동안 육진법을 사용해왔다. 그 후 합리적인 십진법이 도입되었지만 유럽은 오랫동안 사용했고 기존에 모든 도구들이 육진법에 맞춰져 있다는 이유만으로 이 비효율적인 계량 단위를 버리지 못했다. 합리성을 내세워 한때 전 세계를 지배하던 서양인들의 이러한 버리지 못하는 모습은 아이러니하다. 우린 어떤가?

❺ 결정적 한 칼

종이에 구멍을 뚫어야 한다면 동일한 힘으로 눌러서는 절대로 찢을 수 없다. 날카로운 물체로 면적의 한 부분을 '탁!'하고 내리쳐야한다. 내리치지 못하고 미적미적되면 종이는 절대 뚫리지 않는다. 상대방에 마음속에 강력한 메시지를 심어주기 위해서는 이처럼 결정적한 칼이 필요하다.

❻ 준비된 우연

어떤 사람은 의도하지 않게 인기를 끌기도 하고, 어떤 사람은 갑자기 대중 앞에서 사라지기도 한다. 그만큼 기본기가 중요하다는 반증이다. 나이키는 노스캐롤라이나 대학에서 활약하던 조던에게 '연간 50만 달러씩 5년 계약'이라는 당시로서는 파격적인 제안을 했다. 창업자 필 나이트는 꾸준한 데이터와 관찰을 통해 조던에게서 준비된 스타의 기질을 보았던 것이다. 그리고 그 결과는 적중했다.

❼ 공감대 형성

공감대를 가진 이야기는 그렇지 않은 것보다 오래 기억된다. 특별한 이야기를 가진 도시는 어떨까? 광주 시민에게는 광주 항쟁이 각별하고 부산 시민에게는 야구선수 무쇠 팔 최동원 선수의 이야기가 특별하다. 대전 시민에게 대중가요 '대전 부르스'는 애잔한 슬픔이다. 수원 시민에게 정조와 정약용이 만든 화성은 자부심이다. 도시가 뚜렷한 자기 이야기를 갖고 있으면 시민은 자부심과 애착심을 갖는다. 이야기를 중심으로 사람들은 단합하고, 같은 목표를 공유하며 공감대를 형성한다.

자 이제부터 스스로를 알리면서 고려해야 할 실질적인 고민이나 현장에서 활용하면서 마주치는 사례들을 통해 정체성에 대한 인사이트를 얻어 보자.

2부

브랜드 미의
7가지 통찰

"인생이란 결국 하나의 창으로 바라보았을 때
훨씬 더 분명하게 보이는 법이다."
 — F. 스콧 피츠제럴드

4장

창조적 모방

무언가를 시작할 때면 우리는 으레 세상에 없는 것을 만들어내야 한다는 부담을 갖게 마련이다. 그러나 곰곰이 생각해보면 살면서 우리가 새롭게 만들어 낸 것은 거의 없다는 것을 알 수 있다. 내 이름 박노성에서 '노성'은 노나라(魯) 성인(聖), 즉 공자를 뜻한다. 난 일반적인 남자 이름과 달리 독특한데다가 의미까지 좋아서 이름에 관해서는 나름 자부심을 갖고 있었다. 그러나 인터넷을 검색하다보면 생각보다 동명이인이 많은데다 심지어 한자까지 똑같은 사람들이 수도 없이 존재하고 있음에 혀를 내두르게 된다.

지금은 스마트폰의 대명사가 되어버린 아이폰(iphone)이라는 이름역시 원래 애플이 독창적으로 창조한 브랜드가 아니다. 아이폰이 만들어지기도 훨씬 전 시스코에서 아이폰이라는 브랜드의 인터넷 전화를 서비스 해 왔다. 시스코는 2000년 인포기어(infogear)라는 회사를 3억1천만 달러에 인수하면서 아이폰에 대한 상표권을 확보했다. 인포기어가 아이폰이라는 상표를 등록한 것은 1996년의 일이다. 이런 상황을 모두 무시하고 스티브 잡스는 자사가 출시하는 휴대폰에 아이폰이라는 이름을 가져다 쓰기로 결정한다. 본질이 네이밍에 우선한다고 판단 한 것이다. 아이폰 상표권을 보유하고 있던 시스코는 애플이 아이폰 브랜드의 스마트폰을 선보이자 곧바로 상표권 침해 소송을 제기한다. 그리고 양사는 상호 협력을 전제로 적절한 보상으로 소송에 합의하기에 이른다.

창의성의 대명사라고 불리는 스티브 잡스가 남의 브랜드를 가져다 쓴 것은 아이폰 뿐이 아니다. 애플 컴퓨터라는 회사명 역시 이미 있던 회사의 이름을 가져다 쓰면서 수많은 분쟁을 거친 바 있다. 전화번호부 맨 앞에 올리기 위해 'A'로 시작하는 이름을 찾던 스티브 잡스는 부르기 쉽다는 이유로 애플 컴퓨터라는 이름으로 1976년에 법인을 설립한다. 애플은 원래 비틀즈 음악 판매 전문 업체의 이름이다. 비틀즈 음악 판매 업체인 애플은 1980년 스티브 잡스의 애플 컴퓨터를 상대로 상표권 침해 소송을 제기했는데 애플 컴퓨터로부터 "음악 사업을 하지 않는다."는 약속을 받아낸 뒤 소송을 취하했다. 그러나 이것은 오랜 공방의 서막이었다. 이후 양사는 1989년 음악 작업이 가능한 매킨토시가 등장하면서 다시 한 번 법정 다툼을 벌이게 된다. 당시 애플 컴퓨터는 합의금 2천650만 달러를 지불하고 매킨토시의 작곡 기능을 제한하는 조건으로 공방을 마무리 지었다. 그러나 애플 컴퓨터는 약속을 어기고 2003년 온라인 음악 서비스 '아이튠스'를 내놓는다. 이에 애플은 다시 소송을 제기한다. 이 싸움은 2006년 5월 영국 고등법원이 애플 컴퓨터의 손을 들어주면서 지루한 공방의 종지부를 찍게 되었다.

우리가 브랜드를 만드는 과정에서 가장 먼저 고려할 요소는 새로운 것을 만들겠다는 조급함으로부터 벗어나는 일이다. 사실 우리가 독창적인 이미지를 형성하는 것은 생각처럼 쉽지 않다. 그러므로 닮고 싶은 무엇인가를 결정하고 비슷한 이미지를 먼저 그려보는 것이 중요하다. 어린 시절 위인전을 읽으면서 존경하는 인물을 찾고 멘토를 정하는 것도 그와 같다. 시간이 지나면서 그 인물과 멘토로부터 독립하여 나만의 색깔을 찾아야 하는 시점이 오게 마련이다. 빌려 입은 옷처럼 나에게 맞지 않을 만큼 몸과 마음이 성장하는 시점이 도래하기 때문이다. 그러므로 스스로에 대한 정의를 내려두는 것이 필요하다. 처음에는 무조건 따라한다고 해도 언젠가 성장하여 스스로에 대한 정의를 내려야 할 시점이 온다면 최소한 미루지는 말아야 한다. 그러나 많은 이들이 여기서 어려움을 겪곤 한다.

유행의 본질은 모방이다

인간은 사회적 동물이라는 말을 뒤집어 보면 인간은 모방의 동물이라는 말과 맞닿아 있다. 인간이 무리 지어 산다는 사실, 그리고 고도의 인지 능력을 갖추고 있다는 사실이 모방을 촉구했기 때문이다. 모방이 가장 일반적으로 일어나는 곳이 패션업계다. 유행이란 것이 인기 있는 혹은 탁월한 패션 디자인을 다시 고치고, 재해석하고, 때로는 통째로 베끼는 일이기 때문이다. 컬럼비아 경영대학원의 폴 니스트롬(Paul Nystrom) 교수는 이런 베끼기 풍토에 대해 이미 1920년대부터 비난을 쏟아 부었다.

"베끼기를 하는 이들의 영악함은 믿기지 않을 정도다. 스타일 창작자들은 특히 자신들의 작품을 시장에 내놓기 전에 디자인을 그대로 베끼고 위조하는 사람들의 손길로부터 자기 디자인을 보호하려고 가능한 모든 수단을 동원한다."[15]

니스트롬 교수의 독설에도 불구하고 미국에서 패션 디자인을 베끼는 행위가 위법으로 다뤄진 사례는 단 한 차례도 없다. 심지어 해외 브랜드의 신발을 우리나라 동대문시장에서 따라 만든 짝퉁의 완성도가 오리지널 제품과 비슷하여 나이키의 필 나이트 회장이 아예 그들에게 공식적으로 제조를 맡긴 사례는 잘 알려져 있다.

왜 패션 디자인은 법으로 보호받지 못할까? 도안이나 무늬가 적용된 의복 디자인과 같이 물품과 물리적으로 분리하는 것이 불가능한 경우에는 독자성을 인정받기 어렵기 때문이다.[16] 의복, 가구, 조명기구 같은 것들로 예술성과 기능성이 밀접하게 결합되어 있는 제품은 '디자인'으로 인정받기보다는 '물품'으로 취급받는다. 자유롭게 복제하여 다수에게 판매하기 위해 만들어졌기 때문이다.

쉽게 말해 스케치북에 그린 패션 디자인은 그림으로서 저작권을 보호 받지만, 그 스케치를 바탕으로 옷감을 짜서 만든 옷은 저작권을 인정받지 못한다.[17] 직물에 찍힌 고려나 조선의 문양도 동일한 원리가 적용되어 2차원 도면은 저작권을 인정받고 3차원 입체 결과물은 저작권을 인정받지 못한다. 따라서 유행의 본질이 모방이라는 말은 다량으로 복제할 수 있는 것은 모두의 것이라는 의미가 되는 것이다.

모방의 심리

그렇다면 우리가 모방을 하려는 것은 본능인가? 얼마 전 동료들과 자주 가던 단골식당에 갔다가 문전성시를 이루는 바람에 들어가지 못한 적이 있다. 사장님께 물어보니 〈수요 미식회〉라는 방송에 나온 후로 이렇게 되었다는 것이다. 그래도 사람들은 그 집에 가려고 기꺼이 줄을 선다. 반면, 카페에 들어갔는데 옆집에 비해 손님이 없으면 왠지 다시 나오게 된다. 가전제품이나 휴대폰을 구매할 때도 남들이 다 사는 제품이 아닌 마이너 브랜드에는 선뜻 손이 가지 않는다.

인류학자 로빈 던바(Robin Dunbar)와 이론심리학자 니콜라스 험프리(Nicholas Humphrey)는 이런 현상을 '사회적 두뇌'라고 부른다. 뇌에 있는 거울 뉴런 세포(mirror neuron)[18] 때문에 사람들이 서로를 모방한다는 것이다. 인간의 뇌에 다양하게 존재하는 이런 거울 뉴런 세포들은 인간으로 하여금 서로의 의도를 직감적으로 알아차리고 심지어 확장하게도 해 준다. 거울 뉴런 세포의 발견은 인간이 본질적으로 사회적 존재임을 시사한다. 마르코 야코보니(Marco Iacoboni)는 이런 사회적 두뇌에 대해 다음과 같이 주장했다.

"나와 남은 마치 동전의 양면과도 같다. 나 자신을 이해하기 위해서는 다른 사람 안에 있는 나를 이해해야 한다."

이 말을 '인간은 사회적 존재다'라는 격언에 비추어보면 다른 사람의 행동을 모방한다는 것은 고도의 적응 노력이요 생존 전략인 셈이다. 영국의 경제학자 존 메이너드 케인스(John Maynard Keynes, 1883~1946)도 비슷한 말을 했다.

"스스로 판단을 내리기 어려운 경우, 우리는 다수의 판단, 혹은 적어도 평균치 사람들의 판단을 따르기 위해 노력하는 경향이 있다. 이처럼 다른 사람을 열심히 따라 하는 개인들이 모여 이루어진 사회의 심리를 '관습적 판단'이라고 한다."

이 관습적 판단이야 말로 영장류 행동의 핵심이다. 누구를 그리고 어떤 행동을 모방할지 판단하는 것에 대해 케빈 랄랜드(Kevin Laland)는 다음과 같은 기준을 제시했다.

1. 많은 사람이 하는 것을 따라 한다.
2. 성공한 개인을 따라 한다.
3. 더 나은 것을 따라 한다.
4. 사회 학습을 잘하는 사람을 따라 한다.
5. 가족을 따라 한다.
6. 친구를 따라 한다.
7. 연장자를 따라 한다.

이 중에서 '2. 성공한 개인을 따라 한다.' '3. 더 나은 것을 따라 한다.' '4. 사회 학습을 잘하는 사람을 따라 한다.'가 바로 우리가 살펴볼

모방의 기술에 해당된다.[19]

메이블린 뉴욕을 모방하라

광고대행사인 대홍기획에 다니던 시절 나는 로레알 그룹 소속인 '메이블린 뉴욕(Maybelline Newyork)'이라는 화장품 브랜드의 온라인 마케팅을 담당했다. 특화된 마스카라 제품으로 세계적인 명성을 갖고 있는 이 브랜드는 재미있는 탄생 이야기를 가지고 있다. 1915년 미국 시카고에 '메이블'이라는 한 여성이 있었다. 그녀는 남자 친구 '체트'의 마음을 사로잡기 위해 골머리를 앓고 있었는데 남자 친구의 이상형은 깊은 눈매의 여성이었다. 메이블은 화학자인 오빠 토마스 윌리엄스에게 자신의 눈매를 깊고 진하게 만들어달라는 도움을 요청한다. 토마스는 바셀린에 석탄 가루를 섞어 메이블의 속눈썹에 바르게 했고 결국 메이블은 뛰어난 속눈썹 덕분에 '체트'의 마음을 사로잡아 결혼까지 성공하게 된다.

토마스는 여동생의 이름 메이블에 바셀린을 합성해 '메이블린(Maybelline)'이라는 브랜드명 상표권을 등록하고 1920년대 미국 시카고에 첫 오프라인 매장을 열었다. 그 당시만 해도 마스카라는 가루를 응고 시킨 형태였는데, 메이블린의 제품은 막대에 솔이 달린 형태로 만들어 선풍적인 인기를 끌었으며 그 이후로도 꾸준한 상품 개발을 했는데, 1930년대에 들어와 론칭한 아이섀도 제품이 크게 히트를 치면서 1940년대부터 미국 매스마켓 1위 메이크업 브랜드로 성장했다. 메이블린은 1990년대 로레알 그룹에 인수되면서 뉴욕으로 본사를 이전하고 '메이블린 뉴욕'이라는 이름으로 재탄생했다. 꾸준한 제품 개발과 마케팅을 통해 현재 전 세계 129개국에서 판매되고 있으며 1위 색조 메이크업 브랜드로 자리를 지키고 있다.

국내에 처음 선보일 당시, 메이블린 뉴욕은 광고보다는 당대의 아이콘을 모델로 삼아서 매장 POP와 포스터를 예쁘게 만드는 소극적인 마케팅을 펼쳤다. 당시 로레알 그룹은 명품 브랜드인 랑콤(Lancome)의 마케팅에 총력을 기울이던 터라 매스마켓 브랜드인 메이블린 뉴욕에 대대적인 마케팅 비용을 투입할 수 없는 상황이었다. 이런 상황이 경쟁사에 노출되자 발 빠른 업체들이 미투 브랜드를 만들어내기 시작했다. 이때 만들어진 대표적인 브랜드가 바로 '미샤(Missa)'다.

미샤를 만든 에이블C&C는 원래 마이클럽닷컴(www.miclub.com)이 유행하던 시절인 2000년 여성 포털 뷰티넷(www.beautynet.co.kr)을 운영하던 인터넷 서비스 업체인데, 뷰티넷은 '잎스'라는 자체 화장품 브랜드 사이트를 열고 리뷰를 올리는 소비자들에게 1만 7,000원짜리 화장품을 공짜로 보내줬던 것에서 시작되었다. 에이블C&C의 서영필 대표는 뷰티넷이라는 사이트를 만들게 된 동기를 이렇게 설명한다.

"저희 제품을 홍보하기 위한 공간을 만들었더니 샤넬 등 타사 브랜드 이야기를 하는 회원들이 많더군요. 그래서 아예 이들만을 위한 공간을 만들어주기로 했습니다."

이렇게 해서 탄생한 것이 여성 포털사이트인 '뷰티넷'이다. 나는 '메이블린 뉴욕'의 신제품 광고와 이벤트를 진행하면서 광고 매체로 뷰티넷을 알게 되었는데, 회원들에게 제품을 제공하고 얼마의 비용을 지불하면 사이트 회원들을 통해 화장법을 리뷰 해주는 방식에 호응이 높았다.

당시 로레알 그룹은 매스마켓 브랜드인 '메이블린 뉴욕'을 위한 별도의 샵을 열지 않고 백화점의 고급 브랜드가 있는 매장의 한쪽 구석에서 함께 팔았다. 그러다보니 20대들 여성들에게는 접근성이 떨어졌다.

이런 틈새를 이용하여 서 대표는 2002년 3월 이대 앞 1층에 7평짜리 '미샤' 테스트 매장을 열었다. 이는 메이블린 뉴욕이 1920년대 시카고 매장을 열었던 방식을 그대로 답습한 것이다. 개업 첫날 불과 5만원에 불과했던 '미샤'의 이대 매장 매출은 6개월 만에 하루 평균 3백만 원으로 껑충 뛰었고 입소문을 통해 알게 된 10대 후반~20대 초반의 여성 고객들이 몰려오기 시작했다. 손님이 넘쳐 이대점은 결국 매장을 25평으로 확장해야 했다. 서 대표는 이대 테스트 매장의 성공을 기반으로 2004년 3월. 명동 매장을 오픈, 본격적인 온·오프라인 통합 마케팅에 착수했다. 로레알이 메이블린 뉴욕의 마케팅에 올인 할 수 없던 틈새를 비집고 메이블린 뉴욕과 비슷한 퀄리티의 제품을 훨씬 더 친숙한 방법으로 20대에게 선보인 미샤는 국내 화장품 업계의 판도를 바꿔놓았다.

그제야 '메이블린 뉴욕'은 가수 보아와 모델 계약을 하는 등 초강수를 띠우고 백화점 내에 '메이블린 뉴욕'을 위한 별도의 매스마켓 매장을 오픈하기 시작했다. 이후 LG생활건강은 '더페이스샵'을 내

놓았고, 아모레 퍼시픽이 '이니스프리' 등 저가 화장품 브랜드들을 속속 내 놓으면서 시장은 과열 양상을 보이게 되었다. 그러나 정상을 탈환한 미샤는 매스마켓 화장품 시장의 최고 브랜드가 되었다. 아쉬운 것은 넘버원이 된 이후에도 서영필 대표의 전략은 여전히 "해외 유명 화장품 따라잡기"였다는 점이었다.

기존의 프레임에 갇혀버린 미샤

10년 가까이 시장을 이끌어온 미샤였지만 얼마 전 LG생활건강의 '더페이스샵'에 1위 자리를 빼앗기면서 이번에 다시 내세운 전략 역시 미투였다. 많은 사람들이 지금의 미샤를 두고 미투 마케팅을 한다고 생각하지만 앞서 말한 대로 미샤는 태생적으로 '메이블린 뉴욕'의 미투 브랜드다. 모방은 성공의 어머니라는 말이 있듯, 비록 미투 브랜드이지만 그동안 미샤는 '메이블린 뉴욕'을 능가하는 브랜드 파워를 키워가면서 시장을 주도해왔다. 미투 전략으로 성공한 사례가 얼마나 많은가! 그러나 문제는 성공한 이후다. 마스카라로 시작하여 아이섀도우를 빅 히트시킨 메이블린 뉴욕과 달리 미샤는 그동안 '미샤 데이'라는 할인 마케팅으로 시장을 장악했다. 그러다보니 제품 개발과 연구에 대한 투자를 소홀히 할 수밖에 없었다.

'성공의 덫'이라는 말이 있다. 이 말은 어떤 일에 성공을 거두면 그 일을 수행했던 방법이나 절차를 마치 성공을 이끄는 비법으로 여기고 그것을 다음 번 일에도 그대로 적용하려는 사고의 관성을 의미한다. 분명 우리는 이 단어를 학교에서 배웠는데도 불구하고 쉽게 잊는다. 그 방법이나 절차가 우연에 의해 혹은 순간적인 감정에 의해 이루어졌다는 사실은 까맣게 잊어버리고 단지 일의 결과가 성공했다는 이유로 계속해서 적용하는 경향은 많은 기업에서 부지기수로 일어난다. 사업을 성공으로 이끈 이유가 다른 곳에 있을지 모른다는 점은 배제해 버리고 초기에 내렸던 의사결정이 사업을 성공하게 만들었다는 '일반화의 오류'를 설정하고 굳게 믿는다. 특히 사업을 손수 일구어낸 창업자들에게서 이런 현상이 종종 발견된다.

이것을 '덫'이라고 부르는 이유는 다음 번 일이나 사업에는 인과관계가 들어맞지 않아 실패로 이어지는 경우가 적지 않기 때문이다. 예를 들어, M&A나 차입을 통해 회사의 덩치를 계속 불려나감으로써 시장 점유율을 1등으로 끌어올리거나 시장 지배력을 확보했다면, 계속해서 그런 방법으로 회사를 성장시키려는 유혹에 빠지게 마련이다. 상황에 맞게 비즈니스 모델을 계속 혁신해 나가는 일은 제쳐두고 과거의 성공을 가져온 예전의 확장 전략에 매몰되기가 아주 쉬운 것이다. 한우리열린교육 시절 중국어 사업을 하다가 미국발 금융 위기 때 큰 손해를 본 적이 있다. 당시 창업자는 독서교육사업을 처음 하던 시절의 초심을 잊은 채 가장 좋은 시설에 쟁쟁한 강사진을 투입하는 전략을 폈다. 실패의 원인에 대해서 초기 투자비용이 과도했기 때문이라는 지적이 일반적이었지만, 내가 볼 때는 '중국어 학습'인지 '중국어 독서교육'인지에 대한 정체성이 부족한 상태에서 창업자의 '촉'에만 기댄 채 급하게 사업을 시작했기 때문이 아니었을까 싶다.

또한 핵심 역량을 벗어난 사업에 눈을 돌리는 두 번째 덫에 걸리기 쉽다. 투자라는 명목으로 혹은 신수종사업이라는 미명하에 고도의 성장을 통해 확보한 현금으로 비관련 다각화에 나선다. 이때도 역시 확장 일변도의 전략을 구사한다. 운이 좋으면 또 성공하겠지만, 대개의 경우 비 핵심 역량 사업들은 예전 사업만큼의 성과를 내기가 어려워지고 가격을 낮춰 근근이 버티다가 매각되거나 청산되는 길을 걷는다. 미샤가 미국 시장에 진출한지 8년 만에 철수한 것이 그렇다. 그리고 외형적인 성장을 추구하다가 조직을 방만하게 경영하는 세 번째 덫도 조심해야 한다. 성장을 위해 마구 늘려나간 인력이나 장비, 시설들은 상황이 조금만 힘들어지면 기업 가치를 갉아먹는 요인으로 작용하니 말이다.

아무리 뛰어난 사람이라고 해도 성공의 절반은 운이 좌우한다는 사실을 우리는 알고 있다. 논리적이고 분석적인 판단이라 해도 의사 결정자가 어떤 감정인지에 따라, 당시의 경제 상황이나 산업 환경의 분위기에 따라 의사 결정의 방향이 달라질 수 있다. 이때 과거의 성공은 더 이상 행운이 아니라 의사 결정의 패턴을 과거의 프레임에 종속시켜 버리는 불행으로 작용할 가능성도 함께 존재한다.

미투 브랜드 이후 시장 탈환을 위해 나선 서 대표가 선택한 전략은 과거의 성공을 그대로 답습한 '미투 제품' 전략이다. 대표적인 사례로 지난 2010년 SK-II의 스테디셀러이자 베스트셀러인 피테라 에센스와 닮은 '더 퍼스트 트리트먼트 에센스'를 들 수 있다. 패키지와 성능이 동일하지만 가격 차별화에 성공해 큰 인기를 모았다. 또 '갈색병'으로 불리고 있는 에스티로더 나이트리페어 에센스와 유사한

'보라색'병의 에센스 제품을 내놓고 공격적인 마케팅을 이어갔다. 미샤의 스테디셀러 제품으로 자리 잡을 만큼 이 제품도 성공적이었다. 이후에도 DHC 딥 클렌징과 시슬리 아이크림을 겨냥한 미투 제품을 계속 생산하고 있다.

게다가 과감해진 서 대표는 더 이상 모방한 것을 숨기지도 않았다. 제품명과 용기도 비슷하게 만들었다. 광고도 파격적으로 냈다. 두 제품을 나란히 놓고 '비교 품평을 제안합니다!'라는 문구를 넣었다. 대놓고 모방 제품인 것을 드러내고 품질에 대한 자신감을 보이는 미샤의 전략은 초반에는 큰 성공을 거둔 듯 했다. SK-II를 수입하는

그림 에스티로더의 '어드밴스드 나이트 리페어'를 겨냥하여 미샤에서 출시한
'나이트 리페어 사이언스 액티베이터 앰플'

한국 P&G에서 자사의 상표권을 침해했다며 손해배상 소송을 걸면서 미샤의 제품은 더 유명해졌다. 그러나 명품과 과감하게 비교품평을 제안했던 참신함은 오래가지 않았다. 매출 성장세가 꺾이기 시작했다. 화제성과 매출을 동시에 잡으며 새로운 소비자를 잔뜩 유입시켰던 첫 해와 달리 이렇다 할 히트상품도 내놓지 못했다. 여기에 다른 브랜드샵이 너나 할 것 없이 미투 제품을 내놓으며 미샤의 경쟁력은 더 떨어졌다. 결국 브랜드는 단순한 네이밍이 아니라 정체성이 중요하다는 반증이다.

국민의, 국민에 의한, 국민을 위한

오해하지 말라. 나는 따라 하기의 문제점을 지적하는 것이 아니다. 스스로의 정체성에 대한 정의가 없는 따라 하기의 한계를 말하려는 것뿐이다. 이와 반대로 창조하지 않은 것으로 성공한 경우도 적지 않다.

미국 남북전쟁이 한창이던 1863년 11월19일, 미국의 제 16대 대통령 에이브러햄 링컨은 전쟁의 전환점이 된 격전지인 펜실베니아주의 게티스버그를 방문한다. 전사자 국립묘지 헌납식에서 그는 불과 2분간의 짧은 연설을 행하는데, 그것이 저 유명한 '게티스버그 연설'이다. 이 연설문은 다음날 현지 신문을 통해 세상에 알려지면서 미국사의 기념비적 메시지를 탄생시키게 된다.

"국민의, 국민에 의한, 국민을 위한 정부"

링컨에 앞서 2시간동안 연설했던 하버드 대학 에드워드 에버렛

전 총장은 연설을 마친 링컨에게 다가와서는 "나는 2시간 연설했고 당신은 2분간 연설했습니다. 그러나 당신의 연설은 2시간의 가치가 있었던 반면 나의 연설은 2분의 가치도 없군요."라고 탄식했다고 한다.

10문장 272단어로 된 이 짧은 연설문이 그토록 유명해진 것은 미국이라는 나라의 명분을 몇 마디 말 속에 간결하게 압축하고 미국사의 대 사건인 남북전쟁의 의미, 자유의 가치, 민주정부의 원칙을 그 핵심에서 포착, 제시하고 있기 때문이다.

과장되게 말하기를 좋아하는 우리 인간은 이 연설을 통해 링컨에게 천재적인 문장가 혹은 연설가라는 칭호를 붙이기도 한다. 하지만 연설문이 지닌 고도의 짜임새, 어휘 선택과 수사적 구도 등을 비롯하여 링컨의 주도면밀한 성격을 고려할 때 이 연설문은 한 순간의 영감 어린 창작물이기보다는 상당한 시간을 바쳐 퇴고를 거듭한 문장임을 알 수 있다. 그는 수많은 수정과 교정 과정을 통해 간결성과 간명성, 그리고 감동적 효과를 집어넣었고, 그로인해 불후의 명연설을 역사에 남길 수 있었던 것이다.

그러나 과연 각고의 노력만으로 이 연설문이 흥행에 성공한 걸까? 만약 그렇다면 유명한 광고대행사에서 근무하는 유능한 카피라이터에게 많은 돈을 지불하면 누구나 성공적인 연설문을 만들어 낼 수 있을 것이다. 아니면 지금이라도 문장력을 강화하기 위해 관련 학과를 들어가거나 글 쓰는 법이라도 배워야 할지도 모른다. 하지만 우리가 알아야 할 진실이 하나 있다.

사실 "국민의, 국민에 의한, 국민을 위한 정부"는 링컨의 창작물이 아니다. 이 말은 시어도어 파커(Theodore Parker, 1810~1860)가 먼저 한 말을 인용한 것이다. 링컨의 변호사 시절 친구인 윌리엄 헌든(William Herndon)이 몇 년 전 시어도어 파커의 연설집을 링컨에게 준 적이 있었는데, 링컨은 그 책을 읽고 "민주주의는 모든 사람에게, 모든 사람에 의한, 모든 사람을 위한 직접적인 자치(自治)이다."라는 말에 붉은 줄을 쳐두었다.

시어도어 파커는 이 말을 스스로 만들었을까? 천만에 말씀, 사전 편찬자인 노아 웹스터(Noah Webster, 1758~1843)가 4년 전에 말한 내용에서 빌려온 것이었다. 그리고 웹스터는 그보다 30년 전에 이와 같은 생각을 말한 바 있는 제임스 먼로 대통령(James Monroe, 1758~1831)의 기록에서 빌려 왔다. 그렇다면 제임스 먼로는 누구에게서 이 문장을 빌려왔을까? 400년 전 존 위클리프(John Wycliffe, 1330~1384)는 성경 번역 서문에 "이 성경은 국민의, 국민에 의한, 국민을 위한 정부를 찬성한다."고 썼다. 그리고 위클리프 보다 훨씬 전인 기원전 400년에 그리스의 연설가 클레온(Creon)이 아테네 시민들에게 주는 연설문에서 "국민의, 국민에 의한, 국민을 위한" 통치자에 대해 말했다.

인터넷과 스마트폰 덕분에 우리는 수많은 광고와 문자 메시지에 노출되어 있다. 지금 이 순간에도 수많은 사람들이 PC나 모바일로 기안을 올리고 이메일을 보내고 있다. 우리는 그야말로 메시지의 홍수 속에서 살아가고 있다. 사장님은 회사와 직원의 발전을 위해 열심히 말씀을 하시고 엄마는 자식 잘되라고 말씀하셔도 듣는 이의 머릿속에 남아있는 것은 잔소리와 지루함뿐이다. 잔소리에 잔소리를 거듭하던 엄마는 참다못해 이렇게 소리를 지르곤 한다. "너도 너랑 똑같은 놈 낳아서 고생 좀 해 봐라!"

그리고 거짓말 같이 똑같은 아이를 낳아서 고생하는 순간 문득 그때 엄마의 말씀이 떠오른다. 같은 내용의 말도 언제 어떤 타이밍에 사용하고 인용하느냐에 따라 전혀 다른 임팩트를 준다는 뜻이다. "국민의, 국민에 의한, 국민을 위한 정부"를 이미 많은 사람이 이야기 했지만 우리가 링컨의 문장으로 기억하는 이유는 그 장소가 17만 명의 연방군이 참전하여 남북전쟁의 승패를 좌우하는 게티스버그 전투였기 때문이다.

오랫동안 광고, 마케팅 활동을 통해 소비자를 설득하는 일을 하면서 나는 '모방은 창조의 어머니'라는 말에 묘한 매력을 느끼곤 한다. 심지어 3인조 보컬그룹 'SG 워너비(Simon & Garfunkel wanna be)'는 사이먼 앤 가펑클(Simon & Garfunkel)같은 음악을 추구하고 싶다고 공언하여 정체성을 명확하게 정의 내리는데 성공했다. 여러분은 어떤 사람을 닮고 싶은가? 그리고 어떤 브랜드가 탐나는가? 그것을 살펴보는 것이 브랜드 정체성을 만드는 첫 단추이다.

5장

선택과 집중

기술의 양면성

요즘은 가히 유튜브의 시대라고 할만하다. 우리 집 꼬마들은 유튜브 시청에 그치지 않고 심지어 자신들의 유튜브 채널을 운영하고 있을 정도다. SNS로 자신을 표현하는 유튜버들은 성인들보다는 대학생이나 심지어 어린이 청소년들도 많다. 허팝으로 유명한 허재원이나 캐리언니로 유명한 강혜진은 웬만한 연예인 뺨치는 인기를 얻고 있다. SBS의 개그 프로인 '웃찾사'에서 '흔한 남매' 코너를 진행했던 한으뜸, 장다운 콤비는 더 이상 방송에 의존하지 않고 독자적인 유튜브 채널을 오픈해서 인기몰이 중이다.

방송사보다는 유튜브를 신뢰하고, 연예인보다 일반인이 더 유명해지고, 기성세대들보다는 어린이 청소년들이 기술 변화를 이끄는 이른바 정보의 민주화 시대가 열린 것이다. 반면 이런 정보 민주화의 긍정적인 면의 반대편에는 위협도 존재한다. 기술의 장벽이 낮아진 만큼 평범한 대학 생물학 실험실에서도 핵무기보다 위험할지 모를 해로운 병원체를 얼마든지 만들 수 있기 때문이다.[20] 얼마 전 미국의 존스 홉킨스 대학은 '어두운 겨울'이라는 이름의 모의 전쟁 시뮬레이션을 한 적이 있다. 그 시뮬레이션에 따르면 세 군데의 대도시에 평범한 천연두 바이러스를 살포하기만 해도 100만에 가까운 사람이 목숨을 잃을 것이라는 결과가 나왔다.[21] 역사를 떠올려 보면 비슷한 사례들이 여럿 등장한다. 페스트는 유럽 인구의 3분의 1을 쓰러뜨렸다. 1918년에는 독감이 전 세계적으로 2000만 명을 몰살시켰다.

그런 생물학적 위협들이 인간이나 인간의 기술이 가진 역량이나 효율성의 속도를 늦출 수 있을까? 지구의 역사를 돌아보면 세상은 끊임없이 복잡해지고 사람들을 골치 아프게 만들고 있다. 내부적으로 형성되었거나 외부적으로 주어진 각종 재앙들도 적지 않았다. 그러나 커다란 소행성이나 유성이 떨어지는 등의 재난을 극복하고 생물학적으로 끊임없이 진화되어 왔으며 제1, 2차 세계대전과 핵폭발의 위험 속에서 멸망하기는커녕 여전히 잘 살고 있다.

그러니 기술이 인간의 의지와 상관없이 진보한다 해도 야속하게만 볼 일이 아니다. 지난날의 이야기가 한결 더 아름다운 법이다. '집 나간 머슴이 일은 잘했다'는 말이 있다. '놓친 고기가 크게 보인다.'는 말도 있다. 흔히 잃어버린 것을 애석하게 여기고 현재 가지고 있는 것보다 먼저 것이 더 좋았다고 여기기 쉽다. 그때는 어땠는데 하고 말하는 사람의 얼굴에는 언제나 일말의 슬픔이 있다. 지나간 시간 속에서만 행복이 있었던 것처럼 생각하기 때문이다. 그러나 세상은 기다림 없이 그저 앞만 바라보고 전진할 뿐이다. 인간의 욕심이란 채워질수록 결핍을 느끼고 더 빨아들이려는 속성이 있기 때문이다. 그러니 과거를 그리워해 봤자 아무 소용없다.

싸이월드는 살아날 수 있을까?

얼마 전 극장에서 궁금증을 유발하는 광고를 보았다. 처음에 의학 드라마 광고인줄 알았는데 자세히 보니 '싸이월드를 살려주세요.'라는 캠페인이었다. 그 광고를 보고 어찌나 반갑던지. 싸이월드야 말로 왕년의 페이스 북이 아닌가!

광고를 보고 기쁜 마음도 잠시, 문득 "싸이월드가 아직도 살아있나?"하는 생각이 들었다. 집에 돌아와 다시 로그인을 하려고 싸이월드를 접속했다. 그런데 아이디가 기억이 나지 않았다. 본인 인증을 통해서 아이디를 겨우 찾아내고 보니 이번엔 비밀번호가 틀리단다. 다시 비밀번호를 찾을까 하다가 그만 사이트를 닫아버리고 말았다. 궁금해서 한번 들어가 보려고 했던 것 뿐, 딱히 필요한 서비스가 있는 것은 아니었기 때문이다. 그러면서 이런 생각이 들었다. "정말 이렇게 사람들에게 완전히 잊혔구나. 한동안 싸이월드와 네이트온 없이는 못 살았던 시절이 있었는데."

그런 싸이월드가 기술의 발전과 역사를 거스르고 과연 되살아날 수 있을까? 싸이월드가 처음 소개된 2000년대 초반만 해도 싸이월드의 미니홈피는 매우 혁신적인 서비스였다. 일촌이라는 독특한 인맥 네트워킹 개념에 미니홈피를 통해 자신의 근황을 사진에 올리고 댓글을 통해 주위 사람들과 소통하는 서비스는 이미 SNS가 갖추어야 할 핵심적인 기능을 모두 갖고 있었다. 절정기인 2005~2006년에는 사용자 숫자가 3500만 명에 달하며 대한민국 부동의 No.1 SNS였다. 대홍기획 시절에 '메이블린 뉴욕'이나 '가르니에' 등의 트랜디한 광고주의 온라인 마케팅 플랫폼으로 가장 많이 사용했던 것도 역시 싸이월드였다.

싸이월드의 몰락을 지켜보면서 그 안에 갖은 추억을 담았던 사용자들의 소중한 추억이 송두리째 날아간 점이 가장 안타까웠다. 싸이월드가 기울어진 것은 하루아침의 일이 아니다. 세간에는 관료의식이 강한 SK 출신의 낙하산 인사가 SK 컴즈를 장악하면서 사업 정책 속에 사용자에 대한 배려가 사라졌다고 분석한다. 물론 틀린 말은 아니다. 하지만 인수된 기존 조직 못지않게 인수한 조직에 있던 사람들도 그렇게 어리석지만은 않았다. 서비스를 사용하는 사용자 입장에서 회사가 나갈 방향을 잡는 능력은 크게 떨어지지 않았을 거란 말이다.

많은 전문가들이 싸이월드가 쇄락한 가장 중요한 원인 중에 또 하나로 모바일 플랫폼으로의 전환에 실패했다는 점을 꼽는다. 그러나 그보다 더 중요한 것은 편익을 구체적으로 제시하지 못했기 때문이다. 온라인 커뮤니티 비즈니스는 사용자를 만족시키고 소통하는 것을 편익으로 제시하면서 얻어지는 부가적으로 수익을 내는 구조다. 그러나 SK가 인수한 이후부터 싸이월드는 사용자의 편익을 만족시키기 보다는 돈이 안 되는 업무를 줄여나가는 식으로 업무의 우선순위를 바꾸었다. 그러다보니 눈에 보이는 수익성에 초점을 맞추고 유료화(도토리)와 컨텐츠(스킨, 음악) 서비스를 보강하는 데에 편익이 있다고 생각했다. 전통적인 기업을 운영하는 마인드로 접근한 것이다.

온라인 서비스는 사용자들이 무엇을 원하는지를 업체가 사전에 먼저 고민해서 제공하는 경우가 많다. 페이스북이 그렇고 구글이 그렇다. 그러나 SK 컴즈는 소비자들이 원하는 서비스를 사후적으로 만들어 내는 일에 치중했다. 그러다보니 사용자들을 리드하지 못하고 끌려가기 시작했다. 게다가 소비자들이 원하는 편익을 구체화시키는 일 또한 무척이나 더뎌서 경쟁업체에게 밀리기 일쑤였다. 그러다보니 방대한 유저를 확보한 SK 컴즈는 서비스의 편익을 구체화하는 어려운 길보다는 기존 유저들을 통해 단기적인 편익만 추구하는 쉬운 길을 선택했다. 이는 지금은 없어진 야후 코리아가 걸었던 길과 비슷했다. 즉, 사용자들의 지갑에서만 관심을 둔 것이다. 그 결과 한때 1000억에 달했던 도토리 매출은 2011년을 기점으로 감소하기 시작하며 급속하게 떨어진다.

기술적 제약도 싸이월드의 혁신을 방해하는 한 요소였다. 알려진 바에 따르면 싸이월드가 SK 컴즈에 인수합병 된 이후 초기 개발자들은 상당수 떠난 상태였고 이 시점에서 이미 싸이월드 시스템은 유지보수가 불가능할 정도로 코드의 파편화가 심각해진 상태였다고 한다. 이를 추정케 하는 것이 싸이월드의 느린 서비스 개선 속도였는데 시스템을 뜯어 고치는 유지보수에 한계가 있었기에 근본적인 개선은 하지 못하고 외부에 콘텐츠를 갖다 붙이는 식의 업데이트만 이루어졌다. 여기에 결정적으로 사용자 개인정보 유출이라는 대형 사고가 터지며 사용자들이 등을 돌리는 계기가 생겼다.

한창 싸이월드가 잘나가던 시절에는 미국, 일본 등 총 8개국에 해외 진출도 시도했다. 하지만 "도토리"라는 이름을 그대로 사용하고 미니홈피의 디자인을 동일하게 적용하는 등 현지화를 고려하지 않은 무리한 진출로 쓴맛을 보았다.

개인적으로는 SK 컴즈의 서비스 중에서 싸이월드보다 더 아까운 것은 네이트온이다. 당시 카카오톡의 선풍적인 인기에도 불구하고 '네이트온'의 사용자는 훨씬 많았다. 따라서 사용자들의 모바일 메신저 서비스 기능에 대한 요구가 높았지만 SK 텔레콤의 이익인 SMS 서비스에 반한다는 이유로 이를 추진하지 못했다. 결론만 놓고 보면 패착이었겠지만 당시는 분명 어려운 결정임에 분명하다. 그 후 홈2 블로그와 싸이월드 블로그, C로그 등의 서비스도 내 놓았지만 이들은 기본적인 서비스에서 실망한 소비자들의 마음을 되돌리기에 역부족이었다.

싸이월드의 핵심 경쟁력은 소통이었다. 그것의 값어치가 돈과 우선순위에 의해 저울질 되는 순간 날은 무뎌졌고 목표도 흐려졌다. 한때 탄탄했던 사업이 붕괴되고 그 경제적 충격이 결국 고통과 혼란을 몰고 왔다.

과거 네띠앙(netian.com)이라는 커뮤니티 사이트 역시 부활을 시도했으나 실패한 사례가 있다. 싸이월드가 이와 같은 전철을 밟지 않기 위해서는 단지 과거의 향수만을 건드리는 것은 한계가 있을 것이다.

원하는 곳에서 원하는 방식으로 하라

반면 기존의 프레임에 연연하거나 따라가기 보다는 자신이 가장 자신 있는 곳으로 무대를 옮겨 장점을 극대화하는 사례도 있다. 2009년 초, 빅뱅이 정규 2집 앨범『리멤버』를 내고 '붉은 노을'로 한창 활동하고 있을 때였다. 한 포털사이트에 빅뱅의 방송 출연을 횟수를 높여달라는 공개 청원이 올라왔다. 특이한 건, 이 요청이 방송국을 향한 것이 아니라 빅뱅의 소속사 YG의 양현석 대표를 향한 것이었다는 점이다. 가수가 데뷔하여 음원을 발표하면 한 번이라도 더 방송에 출연해 얼굴을 알리고 곡을 들려주기 위해 노력하는 것이 일반적이다. 요즘엔 음악 프로그램도 모자라 예능 프로그램에도 출연하고자 한다. 그래야 대중에게 얼굴도 알리고 인기도 올라가기 때문이다. 그러나 YG소속 가수들은 음원이나 음반을 발표해도 방송 출연 횟수는 상당히 적은 편이다. 심지어 연말 시상식이나 결산 무대에도 YG 가수들은 좀처럼 보기 힘들다. 빅뱅 때부터 투애니원까지 가요 프로그램은 일주일에 한 번씩만 출연했다. 그러니 팬들이 방송 출연을 늘여달라고 청원하는 것도 무리가 아니다. 그러나 그 공개 청원은 지금까지도 받아들여지지 않고 있다. 이에 대한 YG의 양현석 대표의 답변을 들어보자.

"열심히 노래하는 가수를 빛내줄 수 있는 것은 훌륭한 조명 설비, 감각적 연출, 다양한 각도의 카메라 워크다. 이런 세 가지 요소들이 전혀 뒷받침되지 않는 무대에 YG 가수를 출연시키고 싶지 않은 것이 솔직한 심정이다. 나가봤자 팬들을 만족시키기는커녕 가수들이 평가 절하될 수 있기 때문이다. 그래서 가요 시상식에도 잘 안 내보낸 지 꽤 됐다. YG가 지금이야 외부에서 힘이 있는 기획사라고 인정받지만, 사세가 지금 같지 않았던 빅뱅 초창기에도 시상식 출연은 가급적 사양했다. 왜냐하면 국내 가요 시상식들을 보면 주최 측의 전문 분야가 아니라서 그런지 무대가 엉망이다. 창피해서 못 볼 수준인 곳들도 있다. 주최 측이 무서워서 거기 보내느니, 차라리 언론사와 사이가 안 좋더라도 퀄리티로 승부하고 싶다. YG 아티스트를 아껴주고 싶은 마음뿐이다. 좋은 무대를 만드는 것이 제작자로서의 첫 번째 의무라고 생각한다."

물론 여기에는 방송국의 파워가 예전만 못한 것이 가장 큰 이유일 것이다. 비슷비슷한 무대나 공연은 인터넷이나 모바일로 충분히 볼 수 있기에 YG로써는 새로운 틈새를 찾아야 했던 것이다. 그러니 방송 출연을 자제하는 결정은 YG로써는 당연한 선택이었는지도 모른다.

"방송을 소홀히 하는 이유가 또 하나 있다. 음악 프로그램은 방송사 입장에서 시청률이 아무리 저조해도 없애기도 뭐하고 마지못해 가져가야 하는 뜨거운 감자 같은 존재가 아닌가 싶다. 솔직히 말하면 현재 방송사에서 가요 프로그램을 대하는 방식이 썩 마음에 들지 않는다. 서태지와 아이들까지만 하더라도 가요 프로그램은 오후 7~8시, 주요 시간대에 편성되었다. 그만큼 환영받는 프로그램이었는데 지금은 아니다. 주말 3시대로 이동했는데, 이 시간대에 어떤 젊은 친구가 TV를 보고 있겠나. 푸대접을 받고 있는 것이다. 이런 시청률이 낮은 프로그램에는 광고가 안 붙으니까 제작비용도 놀랄 만큼 적다. 악순환의 연속이다."

제작비용이 적다보니 방송사에서 무대에 신경 쓸 여력이 없다. 그런데 이런 무대에서 열 팀이 넘게 노래를 하고 춤을 춘다니 YG만의 차별된 모습을 보여주기에는 한계가 있다는 것이다. 이로 인해 YG는 자신만의 무대를 만들 결심을 한다. 방송 출연은 자제하는 대신 YG는 유튜브라는 새로운 틈새를 발굴한 것이다. 투애니원의 데뷔 때만 해도 가수들은 가요 프로그램 출연을 통한 마케팅에 의존하는 면이 컸다. 하지만 빅뱅 시절부터 방송 출연은 선택과 집중이라는 기조를 유지했던 YG는 그 시점에 유튜브를 이용해 마케팅을 시작했고, 이러한 방식을 통해 빅뱅과 투애니원은 해외 프로모션을 한 번도 안 했는데 해외 팬들을 갖게 되었다. YG가 유튜브에 주목한 계기에 대해서 양현석 대표는 다음과 같이 설명한다.

"유튜브의 확산은 나한테 있어서는 YG의 성장 기회였다. YG가 소속 가수들을 가요 프로그램에 자주 출연 안 시키는 걸로 유명하지 않나. 다른 기획사나 매니저는 방송을 얼마나 시키느냐에 따라 레벨 평가를 받는 시점이었다. 지금도 크게 달라지지 않았지만 말이다. YG는 빅뱅 때부터 그랬지만, 투애니원까지 일주일에 한 번씩만 가요 프로그램에 출연했다. 『SBS 인기가요』에만. 그로 인해 팬들한테 욕도 많이 먹었다. 당시만 해도 음악 방송 시청률이 10퍼센트가 넘었다. 그런데 지금은 2~3퍼센트다. 가요를 즐기는 팬들의 트렌드가 변화했음을 입증하는 수치다. 음악 방송 여기저기 다 나오려고 애쓸 시간에 양보다 질로 승부하자고 판단했다. 방송에 한 번 나가더라도 더 오래 준비하고, 의상도 더 신경 쓰고 준비해서 공연했다. 그 영상을 유튜브로 공개했을 때 해외 팬들의 뜨거운 반응을 기대한 것이다. 엔터테인먼트는 결국 퀄리티로 승부해서 인정받아야지, 돈으로 승부를 보려고 해서는 안 된다. 사람들이 반응을 해야지, 수백 억 들인 영화를 수백 억 써서 홍보한다고 해서 되는 게 아니다. 결국 입소문이다. 그래서 우리는 일주일에 한 번 하는 방송을 방송국과 협의 후에 유튜브에 올렸다. 그 전까지만 해도 방송국에서 출연 가수의 영상 콘텐츠를 유튜브에 올리는 것을 허락하지 않았다. 지금은 'YG라이프'라는 블로그를 만들어서 채널을 활용하고 있다. 유튜브에 YG 전용 채널도 만들었다. 그때부터 아마 해외 팬들이 많이 늘어난 것 같다. 또 YG 음악은 한국적이라기보다는 세계적인 트렌드에 빨리 부합하기 때문에 더 어필하는 것 같고, 지구촌 어디에도 빅뱅, 투애니원 같은 팀들이 없다. 홍콩, 대만, 태국, 일본, 중국의 팬들이 왜 이들한테 환호하겠는가? 일차원적으로 생각해보면 자기 나라에 이런 가수가 없는 까닭이다. 그만큼 경쟁력이 있다고 생각한다."[22]

싸이의 『강남스타일』이 전 세계적으로 열풍을 일으킬 수 있었던 것은 한 번의 공들인 양질의 공연을 더 많은 팬들에게 보여주자는 YG의 생각이 빚어낸 최고의 결정체다. 결국 방송 출연에 연연해하기 보다는 더 넓은 세상을 바라보면서 고민한 끝에 양현석 만의 브랜드가 공고해진 셈이다. 연예기획사 하면 많은 사람들이 YG와 SM 그리고 JYP를 비교한다. SM과 JYP는 다른 면 보다는 유사한 면이 많은 반면 YG는 확실히 자신만의 색깔이 있는 브랜드를 구축하고 있다.

쓸모 없음의 쓸모 있음

앞서 살펴본 싸이월드와 YG의 사례를 비교해보자. 싸이월드가 새롭게 펼치고 싶은 전략이 "지금 잘 되는 판에 편승해서 과거의 영광을 되찾고 싶은 것"이라면 YG의 전략은 "최고의 무대"에서 마음껏 기량을 뽐내는 것이다. 워낙에 시장상황이 급변하는 요즘 시대에 과연 누가 옳고 그를지는 아무도 모른다. 그런 면에서 『장자』에 등장하는 못생긴 나무의 우화는 새겨볼 만하다.

옛날에 구불구불 자라고 껍질은 딱딱한 못생긴 나무 한 그루가 있었다. 그 나무는 아무 짝에도 쓸모가 없어 보였기에 마을 사람들은 그 못생긴 나무를 무시하고 아름다운 나무들에만 관심을 가졌다. 길고 곧게 뻗은 어떤 나무가 하루는 못생긴 나무를 보며 이렇게 말했다.

"구불구불 못생긴 나무야 넌 참 불쌍하구나. 나는 단단하고 몸통이 곧게 자라기 때문에 최고급 가구를 만드는 목수들이 좋아한단다."

아름다운 열매를 맺는 어떤 나무는 이렇게 이야기 했다.

"껍질이 딱딱한 못생긴 나무야 넌 참 인기도 없구나. 나는 아주 맛

있는 열매를 맺어서 어린아이들에게 인기가 많단다."

향기로운 예쁜 꽃을 맺는 어떤 나무는 또 이렇게 이야기 했다.

"나는 향기로운 예쁜 꽃들을 많이 맺기 때문에 귀부인들이 아주 좋아한단다. 하지만 너는 아무도 찾는 사람이 없구나."

오랜 세월이 흐르자 저마다 자신이 얼마나 쓸모 있는지를 말하던 나무들은 사람들에 의해 하나둘 베어졌다. 그리고 아무짝에도 쓸모 없어 보이던 못생긴 나무만 덩그러니 남았다. 비록 구불구불하고 껍질이 단단했지만 오랜 세월을 버틴 못생긴 나무는 크고 울창하게 자라서 거대한 나무 그늘을 만들어 낼 수 있었다. 더운 여름이 오자 사람들은 이 못생긴 나무 밑으로 모여들었다.

"아, 이 나무 그늘 정말 시원하다"

여러분은 잘되는 판에 있는가, 또는 가장 잘하는 것을 찾았는가? 아니면 둘 다인가? 본질적으로는 지나치게 큰 목표보다는 작은 목표를 선택하여 그 하나에 집중하는 전략이 중요하다.

한 사람에게 집중하라

"1940년 10월 태어남. 1966년 오노 요코를 만남."

세계적인 그룹 '비틀즈'의 리더 존 레논이 자신의 삶을 단 한 줄로 요약한 문장이다. 오노 요코는 7살 연하의 존 레논을 만나기 전 이미 두 번의 이혼 경력이 있었다. 1956년 가난한 일본인 출신 작곡가 이치야나기 토시와 결혼해 1963년에 이혼했고, 같은 해 재즈 음악가이자 영화 제작자인 안소니 콕스와 결혼하여 딸인 교코를 낳았지만 얼마 지나지 않아 곧 이혼한다. 이것이 존 레논이 만나던 당시 오노 요코의 상황이다.

"공식적인 개장 전날 전시장 안으로 들어갔을 때 200파운드짜리 사과가 하나 있었고, 아주 마음에 들었습니다. 그리고 작품의 주인에 대한 나의 판단을 최종적으로 결정한 또 하나의 작품이 있었는데 천장에 걸려 있는 그림까지 사다리를 타고 올라가야 하는 작품이었어요. 올라가보니 거기에 'yes'라는 글자가 있었습니다."

1966년 11월 9일 런던의 인디카 갤러리에서 오노 요코를 만난 존 레논의 회상이다. 이때부터 존 레논은 그녀의 매력에 푹 빠져 전처인 신시아 레논과 이혼하고 오노 요코와 정식으로 결혼하기에 이른다. 비틀즈의 멤버와 팬들은 이때부터 존 레논의 음악에 대한 관심이 시들해졌다고 판단한다. 그러나 역사적으로 볼 때 새로운 것을 창조해내는 아티스트들에게는 삶의 권태를 이겨낼 만한 뮤즈가 존재했던 사례는 무수히 많다. 단테의 신곡에 등장하여 만인의 연인으로 자리매김한 베아트리체를 비롯하여 니체, 프로이트, 라이너 마리아 릴케 등 뭇 남성을 바꾸어가며 창조의 원동력이 되어주었던 루 살로메, 살바도르 달리의 꿈꾸던 여인이었던 갈라 달리 등이 그러하다.

그러나 이들의 사랑은 순탄하지만은 않았다. '비틀즈'라는 당대 최고의 인기를 구가하던 전설적인 그룹의 리더 존 레논과 전위 예술가라지만 사실상 무명인데다가 나이 많은 이혼녀였던 오노 요코의 결혼은 팬들의 공분을 사기에 충분했다. '비틀즈'의 멤버 폴 매카트니는 "요코를 만나고 존 레논은 비틀즈에 흥미를 잃었다"라고 평가했다. 그 평가에 걸맞게 비틀즈는 결국 1970년에 해체되었고 그녀는 비틀즈 해체의 주범으로 낙인 찍혔다. 하지만 존 레논이 죽고 나자 이때까지 그녀를 마녀라고 손가락질하고 욕하던 사람들이 동정의 눈빛을 보내기 시작한다. 팬들의 원한을 치유하기 위해 존 레논이 목숨을 던진 것일까? 존 레논이 죽은 지 1년 후, 오노 요코는 인터뷰에서 이렇게 이야기 한다.

"정말 우스꽝스러운 태도 아닌가요? 나는 예나 지금이나 같은 사람이에요. 존이 가면서 내게 당신네들의 사랑을 대신 선사한 것 같아요. 하지만 증오를 받더라도 남편이 있는 편이 낫겠어요. 세상의 이해를 받을 수 없다 해도 남편을 돌려받고 싶어요. 나에게는 세상의 이해보다는 남편이 더 중요하니까요."

존 레넌의 사후 발간된 『Season of Glass』라는 음반의 표지에는 창 앞에 놓인 물 컵과 둥그런 안경이 보인다. 존 레논이 살아 있을 때 창을 내다보던 장면을 그대로 재현한 것이다. 앨범에 들어있는 곡에도 존 레논을 애도하기 위한 그녀의 마음이 담겨 있다. 나는 이 표지를 볼 때 마다 마더 테레사 수녀님의 말씀이 떠오른다.

"난 결코 대중을 구원하려고 하지 않는다. 난 다만 한 개인을 바라볼 뿐이다. 난 한 번에 단지 한 사람만을 사랑할 수 있다. 한 번에 단지 한 사람만을 껴안을 수 있다."

정말 그렇다. 한 사람에게 도움이 되는 서비스는 대중들에게 충분히 어필할 수 있다. 그러나 한 사람에게도 충분한 도움을 주지 못하는 상태에서 대중에게 먼저 접근하는 방식을 옳지 않다. 이것이 바로 선택과 집중의 문제다. 한 사람에게 집중하자. 우리는 한 번에 단지 한 사람만을 껴안을 수 있기 때문이다.

그림 오노 요코의 음반 『Season of Glass』의 표지 (1981)

6장

합리적 의심

김광석은 자살하지 않았다

대학 시절 지하철에서 듀스 김성재의 솔로 컴백 콘서트가 올림픽 주경기장에서 열린다는 광고를 보고는 친구와 함께 꼭 가보자는 다짐을 했었다. 다음 날 학교 구내식당에서 점심을 먹는 데 TV뉴스에서 충격적인 소식을 들려왔다. 김성재가 어젯밤에 숨졌다는 것이다.

"오늘 오전 7시쯤, 서울 홍은동 스위스 그랜드 호텔 별관 객실에서 인기 댄스 그룹 듀스의 전 멤버 23살 김성재씨가 숨져있는 것을 함께 투숙한 매니저 22살 이상욱씨가 발견해 경찰에 신고했습니다. 경찰은 외상이 없는 점으로 미루어서 심장마비에 의한 사망으로 보고 있으나 정확한 사인을 가리기 위해서 내일 부검을 실시할 예정입니다."

도무지 믿을 수 없었다. 이제 막 신곡으로 차트를 석권하기 시작한 젊은 스타가 심장마비로 사망하다니! 당시 김성재의 팔과 가슴에는 28개의 주삿바늘 자국이 있었고, 시신에서는 동물 마취제인 '졸레틸'이 검출되었다고 한다. '졸레틸'은 동물을 안락사 시킬 때 사용하는 약품이다. 뉴스를 보는 과정에서 나는 이 사건을 강력한 타살로 의심할 수밖에 없었다.

비슷한 충격이 하나 더 있다. 언젠가 집에 들어가는 길에 버스에서 흘러나오는 김광석의 '거리에서'를 들으며 잠깐 동안 이런 생각에 잠긴 적이 있었다.

'동물원을 나와 솔로로 독립한 것은 창업하는 것만큼 힘든 일이었을 텐데 참으로 대단하다, 음반도 내는 것 마다 성공적이니 운도 실력도 참으로 타고난 사람인가보다.'

그리고는 다음날 아침 조간신문 1면에 놀라운 기사를 발견했다.

"김광석 집에서 숨진 채 발견"

이 둘의 공통점은 지금까지도 음모론이 제기되고 있다는 점이다. 김성재의 죽음이 어머니의 소송 취하로 미궁의 사건으로 남은 반면, '김광석 타살 의혹'은 한동안 많은 사람들에 의해 제기되어 왔다. 급기야 2017년 8월 이상호 기자는 제작·감독한 영화『김광석』이 개봉하면서 가수 김광석의 아내 서해순씨가 가수 김광석을 살해한 핵심 혐의자라고 지목하기에 이른다.

이상호 기자와 김광석의 형 김광복씨는 이를 바탕으로 2017년 9월 '서씨가 딸 김서연 양의 죽음에 관여한 의혹이 있다'며 서울중앙지검에 고발했다. 그러나 8개월간의 수사 끝에 경찰은 이 기자가 제기한 의혹들이 허위 사실이라고 결론을 내렸다. 경찰은 "관련 기록을 모두 검토한 결과 김씨가 살해당했다고 볼 만한 객관적·합리적 근거가 없었다."며 "영화에 등장한 법의학자 등의 진술도 취지와 다르게 왜곡 편집된 정황도 발견됐다"고 오히려 이상호 기자의 증거 조작 의혹을 밝혔다. 단순히 자살일 리 없다는 추측을 끼워 맞추기 위해 모든 조사를 진행했다는 혐의를 받는 처지가 되어버렸다.

이 사건은 우리에게 상상과 현실이 얼마나 다른가 하는 흥미로운 사실을 보여준다. 김광석은 사람 좋고 살아생전 주변 사람들에게 잘했던 것으로 유명하다. 그가 운명을 달리한 32살은 불륜이나 너저분한 사생활보다는 가족과 딸아이에 대한 애틋함이 더 클 나이다. 오히려 그런 점이 이상호 기자의 냉정한 촉을 흔들었을 수도 있다. 김광석을 너무 좋아한 나머지 객관성을 잃어버리고 합리적이지 못한 판단을 내렸을 수도 있었을 거란 말이다. "그 사람은 절대 그럴 리 없어."라는 말은 우리가 그 사람을 제대로 알지 못하기 때문에 할 수 있는 말이다. 이처럼 합리적인 인간이 합리성을 잃는 순간 난처한 상황에 마주하는 상황을 우리는 일상 속에서 무수히 경험하고 있다.

합리성의 어려움

프로 바둑 기사 조훈현은 다음 수가 떠오르지 않을 때, 기록계에게 기보를 받아서 거꾸로 들고 본다고 한다. 상대방의 입장에서 바둑판을 들여다보면 뜻밖에도 막힌 수의 실마리를 찾는 경우가 있기 때문이다. 이와 같이 상대방의 처지나 입장에서 생각하는 말을 역지사지(易地思之)라고 부르는데, 이는 '맹자(孟子)'의 '역지즉개연(易地則皆然)'에서 유래된 말이다.

맹자는 중국의 전설적인 성인인 하우(夏禹)와 후직(后稷), 그리고 공자의 제자인 안회(顔回)를 다음과 같이 칭송했다.

"이들은 입장이나 처지가 바뀌어도 그렇게 할 사람들이다.(禹稷顔子 易地則皆然, 우직안자역지즉개연)"

하우와 후직은 높은 자리에 있으면서도 자신보다 백성을 먼저 생각하며 스스로를 낮출 줄 알았고 안회는 빈궁하면서도 기개를 잃지 않았던 인물이다. 앞서 살펴 본 이상호 기자의 사례를 보면 상대의 처지를 염두에 두고 배려하라는 덕담인 이 '역지사지'를 실천하기는 실제로 쉽지 않다는 것을 알 수 있다.

첫째, 상대의 처지에 대해 깊이 생각하기 어렵다. 자신의 기준으로 행동하면서 입으로만 '역지사지'라고 말하는 경우가 많다는 것이다. 역지사지란 '공감능력'이다. 공감능력은 상대에 대한 동정심, 상대의 모습에 나를 투영하는 입장전환, '내가 만일 그라면'이라고 하는 동일시와 같은 다양한 인식작용의 복합이다. 아이젠버그(Eisenberg)와 밀러(Miller)의 연구(1987)에 의하면 공감능력은 시간과 노력을 들여 익혀야 하는 지적이고 체계적인 인지능력이다.[23] 그러나 故김광석의 죽음이 알려진 당시엔 접근할 수 있는 자료가 너무 없었다. 20년이 지나서야 주변 사람들이 제보하며 새로운 사실들이 밝혀지기 시작 됐다. 그것이 과연 얼마나 정확했으며 깊이 생각할 여지는 있었을까?

둘째, 몸으로 행동하거나 실천하지 않기 때문이다. 역지사지라는 것은 결국 상대의 처지를 생각해서 그에 대한 내 태도를 바꾸거나 행동으로 실천해야 완성된다. 살아있는 사람의 입장을 살피면서 내 태도를 바꾸거나 행동을 하기도 어려운데 어찌 죽은 사람의 입장과 처지를 살필 수 있을까? 이것이 결론 정해놓고 찍은 다큐영화 〈김광석〉의 한계가 아니었을는지.

작은 정성 하나에 고객은 감동한다.

'판매계의 신화' 대접을 받고 있는 『나에게 불황은 없다』의 저자 전현미 매니저도 그런 사람 중에 한 명이다. 그녀가 백화점에 입사한 2000년대 초반에만 해도 백화점 내에서 직원들을 위한 교육 프로그램이 많았다. 이를 테면 서비스 마인드 교육이나 이미지 컨설팅 교육, 동기부여 같이 판매에 직접적으로 도움이 되는 교육 프로그램은 물론 인생 전체를 설계해 볼 수 있는 교육들 말이다. 그러나 요즘은 그런 사내 교육 프로그램을 찾아 볼 수 없다. 매니저 스스로 자기 매장 직원들을 고객 서비스 전문가로 탈바꿈시켜야 했다.

고객 서비스에 관한 기존의 개념은 대게 "많이 살 것 같은 고객에게 더 많은 시간을 투자하라. 최대한 빨리 고객들을 순환시켜라."는 식이다. 말하자면 노동 비용을 줄이면서 매출 성과를 높이는 데 열정을 쏟아 붓는 환경이 반복되어왔다. 그러다보니 일은 있되 내가 없는 생활이 연속되었다. 전 매니저는 '내가 왜 이렇게 힘든 일을 하고 있지?'하고 생각하며 의욕이 사라져 버릴 때마다 끊임없는 자기계발을 통해 나라는 존재의 의미를 찾고 자긍심을 고취시켜 훌륭한 매니저가 될 수 있도록 스스로를 다독였다.

그러다보니 남들과 전혀 다른 철학이 생겼다. 그 철학이란 바로 다음과 같다.

"세상에는 문제가 널려 있다. 그 문제를 해결하는 사람이 성공한다."

컨설턴트인 스티브 시볼드(Steve Sebold)가 한 이 말은 기존의 방식에 대한 합리적인 의심에서 시작한다. 그리고 매장을 운영하는 7가지 결심을 만들어 직원들에게 합리적 의심에 대한 철학을 교육하기 시작했다. 그 결심은 다음과 같다.

1. 절대 고객을 외모로 판단하지 말 것.

2. 저 사람이 물건을 살까, 안살까 저울질하지 말 것.

3. 열 번이라도 원하는 것 다 챙겨서 보여 드릴 것.

4. 진심을 담아서 원하는 것을 같이 찾아 줄 것.

5. 만약에 우리 매장에 어울리는 제품이나 사이즈가 없다면 경쟁 브랜드라도 추천해서 안내해 줄 것.

6. 고객이 만족 할 때까지 귀 기울일 것.

7. 모든 것들을 체험할 수 있게 해 드릴 것.

물론 이런 것들은 결심으로 끝나지 않았다. 어느 날 중년의 신사 한 분이 셔츠를 구매하러 왔다. 그녀는 셔츠 단추를 하나하나 끝까지 정성을 다해서 끼워주었고, 편안하게 옷태를 볼 수 있도록 연신 매무새를 만져 주었다. 그러자 고객은 '남방 하나 사면서 이런 서비스를 받기는 처음'이라고 말하며 기분 좋게 구매 했다.

"그때 저는 고객 감동은 큰 데서 오는 것이 아니라는 사실을 배웠습니다. 그리고 작은 정성 하나에 사람의 마음이 움직인다는 것을 깨달았지요."

그 후 그녀는 작은 것 하나에도 정성을 다하려고 노력했고, 매장을 직원이 아닌 사장 마인드로 섬세하게 보기 시작했다. 그뿐만 아니라 나이 어린 사람들이 놓칠 수 있는 부분 역시 놓치지 않고 챙겨주었더니 비교적 어린 손님들도 그녀의 응대를 좋아하기 시작했다.

일반 백화점 직원들이 이런 일화를 들으면 적잖이 놀랄 것이다. 그리고는 이렇게 말할지도 모른다. '셔츠 단추까지 끼워주라고? 도저히 이해가 안 되는 군. 그럴 시간에 손님 한 명을 더 받겠네.' 허나 이 사례들은 우리가 기존에 지니고 있던 고객 서비스에 관한 일반 상식에 대해 새로운 의심을 던진다. '사지도 않을 사람에게 시간낭비하지 마라.' '일단 팔고나면 신경 끊어라.'

경쟁 브랜드의 물건을 챙겨서 보여준다는 내용도 쉽게 납득하기 어렵다. 그러나 이 7가지 결심은 '훌륭한 서비스'에 관한 우리의 상식을 의심하는 데서 시작한다. 차별화 된 서비스를 제공하기 위해서는 상식의 범위를 벗어날 필요가 있다. 상식을 벗어난 또 하나의 사례를 보자.

"필리핀 고객은 현지에서 사업을 하시는데, 1년에 한 번씩 업무 차 한국에 나오셨습니다. 그 분은 한국에 오기 전에 늘 미리 연락을 주어 방문 예정 사실을 알려 주셨어요. 저는 그 소식을 들으면 상품을 동영상으로 미리 보내 주어 그 분이 한국에 오셨을 때 옷을 고르고 입어 보는 시간을 절약하고 마음에 드는 옷을 제대로 고를 수 있게 준비를 해 놓았습니다. 그런 과정에서 단지 고객과 직원을 뛰어넘어 상호 신뢰하는 관계로 성장했던 것 같아요."

결국 상식을 벗어난 서비스는 고객의 관점에서 생각하는 것에서 비롯된다. VIP고객에게 탁월한 서비스를 하는 것은 평범한 상식이다. 그러나 가끔 들르는, 그것도 멀리 필리핀에서 찾아오는 고객을 위해 제품의 동영상을 미리 준비해서 보내주는 것은 확실히 상식을 벗어난 서비스다.

나쁜 소문이 빨리 퍼진다

훌륭한 서비스가 백화점 직원들에 모두 전파되면 좋겠지만 현실은 반대다. 좋은 건 천천히 확산되는 반면 안 좋은 건 급속하게 퍼지게 마련이다. 빠른 전파력으로는 신종플루를 빼놓을 수 없다. 처음 2009년 멕시코에서 신종플루 바이러스에 대한 진단이 나온 때를 떠올려보자. 진단 후 열흘 뒤까지는 위험도가 크지 않은 것으로 알려졌고 발생 지역도 미국에 국한되었다. 그러나 4월 22일, 멕시코 정부가 이 문제를 '공식적으로 언급'하자마자 '바이러스'에 대한 위험이 북미 대륙을 넘어서서 전 세계 구석구석으로 순식간에 퍼져나갔다. 당시 신종플루가 퍼졌다고 확인된 지역은 스코틀랜드, 뉴질랜드, 스페인, 독일에 불과 했지만 세계보건기구는 4월 28일에 전염병 5단계의 경보를 내렸고, 이후 48시간 이내에 신종플루에 대한 검색이 전 세계의 모든 국가, 심지어 가장 소규모 국가, 가장 빈곤한 국가, 멕시코와 가장 먼 국가에서도 이루어 진 것으로 나타났다. 하도 급속하게 퍼지느라 바이러스를 칭하는 공식적인 이름조차 없었다. 처음에는 '돼지 독감'이라고 불렀다가 다시 '멕시코 독감'으로 불리고 나중에는 'H1N1'라고 불리는 등 무분별하게 혼용되었다.

사람들의 상상 속에서 날개를 펼치기 시작한 이 정체불명의 바이러스는 여러 가지 이름을 갈아타면서 온갖 종류의 변종을 만들어내어 사람들의 공포심을 더욱 더 자극했다. '돼지 독감'이라고 불리자 이집트 정부는 돼지를 대량 학살 했고 미국에서는 돼지고기 판매율이 4분의 1로 떨어졌다. '멕시코 독감'이라고 불리자 중국 정부는 바이러스 증상의 유무와 상관없이 멕시코인들의 입국을 금지하거나 격리했다. 신종플루라는 단어 자체가 전 세계로 너무 빨리 퍼져서 실제 신종플루의 변종이 발생하거나 사람들이 합리적인 사고를 할 틈이 없었다. 이것은 질병 자체의 확산보다 사회적 두려움의 확산이 더 빠름을 보여주는 좋은 사례다.

네이버 검색어 트렌드를 통해 '신종플루' 검색 결과를 살펴보면, 2009년 4월에서 5월 사이에 신종플루 검색 빈도는 해당 질병에 대한 객관적인 조사나 새로운 조사 결과 때문에 높은 것이 아니었다. 뉴스에서 크게 다루었기 때문이다. 이처럼 정부 부처나 언론기관 등에서 제공하는 정보는 사실관계를 떠나서 대중들에게 상당한 영향을 미친다.[24]

이와 달리 해마다 찬바람이 불면 몰아닥치는 조류 독감(AI, Avian Influenza)에 대한 공포는 대조적인 현상을 나타낸다. 네이버의 검색어

트렌드에 따르면 조류 독감에 대한 관심은 2017년 11월 20일에 정점에 달했다가 상승과 하강의 대칭을 이루면서 꾸준히 떨어졌다 그 뒤 갑자기 조류 독감에 대한 검색이 증가했다가 11월 28일에 정점을 찍고 다시 연말까지 지속적으로 떨어졌다. 농림축산식품부가 '야생 조류 분변 고병원성 AI(H5N6형) 검출에 따른 방역강화 조치'를 발표한 시점과 궤적을 같이 한다. 사람들은 조류 독감의 발발 소식을 듣자마자 얼마 안 있어서 농림축산식품부가 대안을 발표할 것을 기대하는 것이다. 신종플루와 조류 독감의 사례를 보면 공포심이 빠른 전파력을 불러일으키는 반면 이미 공포를 극복한 경우는 전파력 역시 무뎌진다는 것을 잘 알 수 있다. 조류 독감에 대한 공포는 전적으로 학습된 공포로써 두려움의 대상이 아니었다.

면접에서는 업무 능력을 알 수 없다

한때 강력한 카리스마로 해태 타이거즈를 명문구단으로 만들었던 김응룡 감독이 한화 이글스에 복귀해서 그간의 명성에 흠집을 낸 것에 대해 많은 사람들이 예전 방식으로 선수단을 운영했다는 점을 꼽는다. 프로야구 초창기에는 독하고 강한 성격의 소유자가 성과를 잘 낸다고 생각하는 경향이 있었지만 요즘은 형님 리더십이 각광을 받고 있다는 변화에 미처 대응하지 못한 것이다. 이처럼 조직생활에서도 합리적 의심을 하지 않아 곤란에 빠지는 경우를 어렵지 않게 볼 수 있다.

로버트 서튼(Robert Sutton) 미국 스탠퍼드대 교수는 성격이 모질고

독한 사람이 많은 성과를 낸다는 것은 속설에 불과하다는 연구 결과를 발표했는데, 그에 따르면 "인성이 나쁜 사람, 특히 상사 때문에 발생하는 조직원들의 창의성 감소와 근로의욕 저하는 그 사람이 이끌어내는 이익보다 항상 크다"고 한다. 그는 이런 것을 '총 또라이 비용(Total Cost of Jerks)'이라고 부른다.

이런 또라이 비용을 최소화하기 위해 삼성전자나 미국 사우스웨스트항공 같은 기업은 직원 채용 과정에서 인성을 중요시 한다. 헤드헌터 채현아 이사에 따르면 인성을 중시하는 회사들은 '성과보다 호흡이 중요하다는 사고방식'이 깔려 있다고 한다. 인성이 좋지 않은 사람은 '썩은 사과'처럼 주변의 다른 사람들까지 버려놓는 경우가 많다. '저렇게 해도 잘리지 않는 구나'란 생각이 퍼질 수 있기 때문이다. 채 이사는 "천재 여러 명을 고용하는 것보다 '또라이' 한 명을 제거하는 게 나을 수 있다"고 강조한다.

인성이 뛰어난 사람들을 뽑는 것은 인재 육성 차원에서도 도움이 되기도 한다. 서튼 교수가 말하는 '또라이'들은 목적을 위해 수단을 가리지 않고 업무 성과보다는 내부 경쟁과 승진에 더 관심이 많은 경우가 대부분이다. 채용 단계에서 미리 이런 사람들을 걸러내면 인성과 실력이 뛰어난 진정한 인재들이 쓸데없는 에너지를 낭비하지 않고 성장할 수 있게 된다. 문제는 이런 '또라이'를 어떻게 골라내는가이다.

나 역시 직원을 채용하고 함께 일 하는 과정에서 느낀 점이 몇 가지 있다. 사람은 스펙만 신뢰해서는 안 된다는 점과 면접만으로는 상대의 업무 능력을 절대 알 수 없다는 점이다. 대게 기업의 입장에서는 적은 인력으로 더 많은 일을 해 내기를 바라는 경향이 있다. 그래서 사람을 뽑으려면 일이 힘에 부칠 때까지는 버텨야 한다. 그러다가 결원이 나거나 업무를 확장하기 위해 어렵사리 사람을 채용하려고 하면 서두르라고 한다. 고민이 길어지면 남은 사람들끼리도 팀이 돌아간다고 생각하기 때문에 맘에 들지 않아도 뽑아야 하는 경우가 적지 않다. 30분 정도 소요되는 단 한 번의 면접만으로 직원을 뽑아야 하는 것이다. 물론 기대 이상의 직원을 뽑는 경우도 있다. 하지만 대부분은 생각지도 못한 단점을 면접 과정에서 체크하지 못해 고생하는 경우가 훨씬 더 많다. 마땅한 후보가 없지만 일정상 면접자 가운데 한사람을 뽑아야 하는 경우는 또 어떤가.

어린 시절 좋아했던 만화책 중에 『푸른 교실』이라는 작품이 있었다. 『H2』의 작가 아다치 미쓰루의 일본 만화를 번역한 작품인데, 그 중 야구팀에 새로 스카우트하려는 투수를 테스트 하는 에피소드가 등장한다. 감독과 코치들은 얕은 개울가 건너편에 야구공을 두고 오른손으로 젖 먹던 힘까지 다해서 이쪽 편으로 던져보라고 말한다. 마침내 그 투수는 들고 있던 가방을 내려두고 공을 손에 쥔다. 그리고는 힘껏 던진다. 그러나 그 투수가 던진 공은 개울을 넘기지 못하고 물에 풍덩하고 빠져버린다. 투수의 약한 어깨에 실망한 감독은 이렇게 말한다.

"이봐, 자네가 최고의 투수라고 하던데 실력이 겨우 이 정도밖에 안되나? 짐을 싸고 그만 돌아가지 그러나. 우리는 한 게임을 완벽하게 책임져 줄 수 있는 강한 어깨를 가진 투수를 원한단 말일세."

그리고는 코치들과 함께 뒤 돌아간다. 그때 뒤에서 쌩~ 하는 소리와 함께 야구공이 날아와 그들의 눈앞에 있던 전봇대에 강하게 꽂힌다.

"오른손으로 던져보라고 하셔서 그랬을 뿐입니다. 저는 왼손잡이거든요."

이런 상황은 동계올림픽에서 스키 점프 대표팀을 선발한다면서 사무실에서 면접만 보고 뽑는 것과 비슷하다. 직접 눈 위에서 점프 솜씨는 지켜보는 것만큼 정확한 기량을 파악하는 방법은 없을 것이다. 하지만 아직 눈이 내리지 않는 계절이라는 이유로 회의실에 앉혀 놓고 간단한 이력서에 나온 경력을 참고하면서 몇 가지 질문을 한 후 그럴싸한 대답을 하는 것으로 선수의 자질을 평가한다면 적합한 선수를 뽑기는 어렵다. 원하는 것을 얻기 위해서는 먼저 어떻게 얻을 것인가에 대한 질문과 의심이 선행되어야 한다.

작은 의심 하나가 세상을 바꾼다.

의사는 질병이라는 괴로운 문제를, 변호사는 사회 질서라는 복잡한 문제를 해결하는 직업이다. 학원 강사는 시험에 합격하는 노하우를 알려주고, 팝 스타는 무료한 일상에 리듬감을 준다. 비즈니스 기회의 탐색이라는 것도 결국 사람들의 니즈 파악이다. 사람들은 자신이 무엇을 원하는지 스스로 잘 모른다. 그러나 관찰을 통해 의심을 갖고 니즈를 채우는 과정에서 항상 새로운 혁신이 등장해왔다. 처음 아이폰이 등장할 때 스마트폰이 시장을 장악하여 노키아를 무너뜨리라고 예측한 사람들은 많지 않았다. 그러나 새로운 편의성이 제공되면서 사람들은 자신들이 원하던 전화기가 바로 스마트폰이었다는 사실을 깨닫게 되었다. 이처럼 지난 수 세기 동안 인류를 발전시켜온 혁신은 대부분 의심을 갖고 해결하는 과정에서 탄생했다. 그 의심은 꼼꼼히 살펴보지 않으면 잘 드러나지 않는다. 그러나 니즈를 발견한 작은 의심 하나가 세상을 변화시키는 사례는 적지 않다.

❶ 수세식 변기

인간 생활에 가장 큰 변화를 가져온 제품으로 나는 수세식 변기를 꼽는다. 서민의 주거시설로 아파트가 빠르게 확산된 가장 큰 이유 중에 하나가 바로 수세식 변기 때문이라고 해도 과언이 아니다. 수세식 변기를 발명한 사람은 영국의 시계공인 알렉산더 커밍스(Alexander Cummings)이다. 당시 영국의 귀족사회에는 재래식 변기보다는 편하지만 여전히 냄새가 나는 좌변식 변기가 많이 사용되었다. 커밍스는 물과 S자 형 파이프를 이용해 냄새와 위생 문제를 한꺼번에 해결했다. 좌변기 바로 밑에 S자 모양인 파이프를 넣어 중간에 항상 물이 고여 있게 함으로써 냄새의 원인을 근본적으로 차단한 것이다. 알렉산더 커밍스는 1775년 세계 최초로 이에 대한 특허를 따낸다.

이 형태는 요즘 쓰이는 수세식 변기의 원형이 되었는데, 물이 세척하고 나면 다시 깨끗한 물이 파이프 중간을 막고 있으니 청결과 냄새 문제를 한꺼번에 해결할 수 있었던 것이다. 위생과 냄새에 대한 니즈에 끊임없이 의문을 갖고 궁금증을 해소하기 위한 커밍스의 노력이 인간의 주거문화를 획기적으로 바꿀 수 있었던 것이다.

❷ 김치 냉장고

딤채가 처음 나왔을 때만해도 많은 사람들이 좁은 집에 냉장고 두 대가 말이 되냐고 했다. 그러나 지금은 냉장고 하나에 김치 냉장고를 추가하는 것이 기본 혼수가 되었다. 김치 냉장고가 성공한 데에는 한국인들이 느끼고 있는 문화적 결핍을 해소하려는 통찰에 기인한다. 한국인은 오래전부터 겨울철 땅속에 묻어놓은 김장 김치 맛을 최고로 쳤다. 먹을 게 마땅치 않은 추운 겨울에는 아삭한 맛을 내는 김치 하나만 있으면 밥 한 공기는 뚝딱 해치울 수 있었다. 그런데 주거 문화가 서구식인 아파트 중심으로 바뀌면서 시멘트로 바닥이 채워지면서 그 맛을 찾기 어려워졌다. 주거지가 서구식으로 바뀌면 입맛도 서구식으로 바뀌어야 하는데 사실 이게 쉽지 않다. 외국인과 결혼하면서 해외로 나간 사람들이 나이가 먹을수록 힘들어하는 것이 바로 입맛 때문이다. 결혼 전에는 양식이 좋아서 아무리 먹어도 질릴 것 같지 않던 입맛이 아이들 다 키우고 신랑과 둘이 있다 보면 남편 입맛은 더 서구식으로 바뀌어가고, 아내의 입맛은 더 한국식을 찾아서 김치 먹고 싶고 된장찌개 먹고 싶어 어려움을 호소하는 사례가 비일비재한 것이 국제결혼의 문제점으로 지적되기도 한다.

"아무리 세상이 바뀌어도 한국인의 입맛은 바뀌지 않는다." 김치 냉장고가 주목한 점이 바로 이 부분이다. 맛있는 김치를 먹고 싶다는 욕구가 과연 사라질까 하는 의심을 갖고 한국인에게 가장 결정적인 결핍 요소를 찾아 낸 것이다.

❸ 구글(google)

구글의 성공을 예측했던 사람은 많지 않다. 그러나 구글이야 말로 합리적 의심으로 성공한 전형적인 기업에 해당한다. 창업자 세르게이 브린(Sergey Brin)과 래리 페이지(Larry Page)는 거의 모든 웹사이트를 돌아다니며 신뢰성이 높은 자료를 찾아서 그 중요도 순으로 화면에 뿌려주는 검색엔진을 연구했다. 사람들은 믿을만한 검색 결과와 빠른 로딩 속도를 원했고 구글은 불필요한 정보는 최대한 줄이고 사용자에게 필요한 정보를 신속하게 제공한다는 원칙만을 고수했다.

사람들이 불필요한 정보를 클릭하면서 시간과 주의를 빼앗기는 데 불만을 느끼고 있었는지는 알 수 없다. 포털사이트의 신뢰도가 높아지면서 오히려 정리된 뉴스 기사를 선호하는 사람들도 늘어났기 때문이다. 그러나 구글은 "과연 사람들이 포털사이트가 주는 수동적인 정보에만 만족할 것인가?"하는 점에 대해 합리적 의심을 품기 시작했다. 오히려 불필요한 요소를 단순히 제거하고 소비자의 목적에 충실하게만 검색 결과를 제공하는 데에 집중했고, 그제야 사람들은 로딩 속도와 검색 결과에 대한 신뢰성에 문제점이 있음을 깨달았다. 이쯤 되자 소비자들의 구글을 선택했다. 이미 야후라는 거대 포털사이트가 존재한 상황에서 검색 엔진만 개발하여 상황을 역전시켰고 크롬이라는 브라우저는 이미 인터넷 익스플로러의 사용자 수를 뛰어넘어선 것은 오로지 대중들의 니즈에 대한 구글의 합리적 의심 때문이다.

❹ 넷플릭스(Netflix)

넷플릭스는 1998년 비디오 대여 사업부터 시작, DVD를 거쳐 현재는 온라인 스트리밍을 위주로 서비스하고 있는 회사다. 넷플릭스는 기존 대여시장에 대해 두 가지 의문을 가졌다. 첫째 요즘 고객들은 너무 바빠서 오프라인 매장을 찾아가기 불편하지 않을까? 하는 점, 둘째 반납할 때 조금만 늦어도 연체료를 내야 하는 것은 너무 불합리하지 않을까하는 점이다. 넷플릭스는 한 달에 22달러를 지불하면 고객이 인터넷으로 원하는 DVD를 신청할 수 있고, 그 DVD를 다 본 다음에 동봉된 반동용 봉투에 넣어 반환할 수 있게 했다. 이로 인해 고객이 느끼는 장점은 생각보다 많았다. 매장을 찾아갈 필요도 없고 연체료도 없으며 22달러만 내면 무한정으로 대여 기간을 정하지 않고 DVD를 감상할 수 있었던 것이다. 이 '불편함과 불합리함'에 대한 의심은 스트리밍이 대세가 된 현재까지 기업의 서비스를 그대로 확대하는 데에 커다란 원동력이 되었다. 스트리밍을 이용하는 가입자는 2017년 7월부로 전 세계 1억 명을 돌파했으며, 현재는 미국뿐만이 아니라 캐나다, 멕시코, 유럽 일부 국가, 한국, 일본 등 해외로 서비스를 확대하고 있다.

2009년부터 9년간 기록한 수익률은 무려 4912%. 당시 5.67달러였던 주가는 2018년 2월 기준으로 278.52달러에 달한다. 넷플릭스 때문에 미국 내에서는 매년 케이블 TV의 구독자들이 점점 줄어들고 있다고 한다. 또한 미디어 산업 내에서 블루레이를 비롯한 물리적 기록매체들의 입지가 좁아져 가는 가장 큰 원인인 회사이기도 하다. 사실상 현대 엔터테인먼트 산업에서 시장의 판도를 가장 크게 변화시킨 회사라고 할 수 있다.

앞서 우리는 넷플릭스의 성공비결이 '불편함과 불합리함'에 대한 의심이라고 말했다. 그러나 넷플릭스의 전 최고인재책임자 패티 매코드(Patty McCord)는 뼛속까지 솔직함을 강조하는 문화가 넷플릭스의 고속 성장 비결이라고 말한다. 치열한 고민의 결과였다는 것이다.

언젠가 한 직원이 제안한 새로운 서비스에 대해 창업자이자 CEO인 리드 헤이스팅스(Wilmot Reed Hastings Jr.)가 반대를 하며 논쟁이 벌어진 일이 있었다. 회사는 관례대로 A안과 B안을 무작위로 선택된 소비자 조사단에게 보여주고 어떤 것이 더 반응이 좋은지 체크했다. 그 결과 직원의 아이디어가 더 좋은 반응을 얻었다. 이에 헤이스팅스는 다음과 같이 말하며 승복했다.

"제가 이 아이디어를 강력히 반대했었지요. 그러나 그가 옳았군요. 인정합니다."

헤이스팅스는 자신이 틀렸을 때 깨끗이 승복함으로써 논쟁이 서열에 좌우되어서는 안 되며, 오직 사실에 기반 해야 한다는 좋은 선례를 남겼다. 이 같은 자세는 구성원에게 자기주장을 소리 높여 말해도 좋다는 메시지를 전한다. 이런 문화는 솔직하지 않은 데서 냉소주의가 싹튼다는 생각에서 비롯된다.

넷플릭스의 직원들은 의심스러운 일이 있으면 지위고하를 막론하고 질문한다. 이 회사의 엔지니어는 마케팅 담당자에게 이렇게 물을 수 있다.

"신규 고객 유치를 위해 700만 달러를 썼다고 들었어요. 결과가 어떻게 됐는지 알려주시겠습니까?"

성역 없는 질문은 의외의 분야에서 합리성을 얻기도 한다. 넷플릭스의 신입사원 연수에서는 콘텐츠 책임자가 신입사원들에게 영화 유통 순서에 대해서 설명할 때의 일이다. 먼저 극장에서 개봉한 뒤 호텔 객실에 공개하고 DVD를 배포한 다음 넷플릭스가 구매해 인터넷으로 서비스한다고 설명했다. 그러자 한 신입사원이 왜 반드시 그런 순서를 지켜야 하느냐며 다음과 같은 제안을 했다.

"극장에서 개봉함과 동시에 넷플릭스로도 개봉하는 것이 가능한가요? 가격이 같다면 제작사 입장에서도 손해 볼 건 없을 것 같은데요."

이 대화는 고스란히 사업화 의제에 올려졌고 넷플릭스의 혁명적인 배급 방식이 등장하는 계기가 되었다.

우리는 어떤가? 회의시간에 질문하면 쉬는 시간에 불려나가서 혼나기 일쑤다. 더구나 신입사원이라면 괘씸죄에 걸려서 찍히기 딱 십상이다. 그러나 최고의 인재를 뽑은 뒤 마음껏 발언하고 의견을 사업화하기 위해 노력하는 것이 바로 넷플릭스의 문화다.[25]

넷플릭스는 컴퓨터 알고리즘을 통해 시청자의 취향을 파악하는 방식으로 영화의 흥행 성공률을 높인다. 그러나 헤이스팅스 회장은 이런 방식에 대해 보수적인 입장이다.

"우리의 성공률이 너무 높습니다. 그래서 저는 더 위험을 감수하고, 더 미친 일들을 해 보라고 직원들을 몰아붙이죠. 실패하는 콘텐츠가 더 많아져야 한다고 생각합니다."

넷플릭스에는 '피드백의 날'이라는 독특한 문화가 있다. 늘 피드백을 주고받을 뿐만 아니라, 매년 특정한 날에 모든 직원이 누구에게나 피드백을 보낸다. 피드백은 상대방이 지금부터 시작하면 좋겠다고 생각하는 일, 그만두면 좋을 일, 계속하면 좋을 일의 3가지 중 하나로 분류해야 한다. 처음에는 익명으로 피드백을 했지만 그것은 진정한 솔직함이 아니라는 의견을 받아들여 현재는 실명으로 진행하고 있다.

헤이스팅스는 "우수한 직원이 바보 같은 짓을 했을 때 관리자는 그들을 탓할 것이 아니라, 맥락을 제대로 제공했는지 돌아봐야 합니다."라고 말한다. 그래서 일까? 요즘은 우리나라에서도 회사의 손익계산서를 보게 함으로써 맥락을 공유하고 주인의식을 갖게 하는 회사들이 늘어나고 있는데, 정말 바람직한 현상이 아닐 수 없다.

합리적 의심이 깊은 통찰력으로

미국의 해군장교 허버트 하인리히(Herbert Heinrich)는 1931년 『산업 재해 예방(Industrial Accident Prevention)』이라는 책에서 각종 산업 재해가 발생하기 전에는 언제나 여러 가지 징조들이 나타났다는 사실을 발견했다. 사망 사고 이전에는 평균적으로 동일한 원인으로 인한 부상 사고가 29건, 그리고 부상에 이를 뻔한 사고가 300건이나 발생했다는 것이다. 모든 일은 인과관계가 있다는 것이다.

깊은 통찰로 인과관계를 찾는 경우로 수학자 가우스의 사례가 있다. 어느 날 가우스의 반 학생들은 선생님으로부터 지루한 과제를 받았다. 아이들이 너무 떠들자 과제를 던져주고 조용히 시키려는 것이었다. 선생님의 과제는 '1부터 100까지 더하라'는 것이었다. 과제를 접한 학생들은 당황했다. 수학문제가 아니라 빨리 받아쓰는 글씨 쓰기 시험 같았기 때문이다. 모두 씩씩 대며 문제를 풀고 있는데 가우스가 번쩍 손을 들었다. "다 풀었습니다."

한참 숫자를 더하고 있던 반 아이들은 깜짝 놀라 가우스를 쳐다보았다. 깜짝 놀란 것은 선생님도 마찬가지였다. 선생님은 가우스를 불러서 어떻게 풀었는지 풀이 방법을 적어보라며 분필을 주었다. 가우스는 칠판에 풀이를 적어나가기 시작했다. 먼저 '1+2+3+··············+98+99+100'를 적고 그 아래 다음과 같이 적었다. '100+99+98+···············+3+2+1' 두 수식을 일대일로 더하면 모두 101이 나온다. 101이 100개이니 '101×100개'를 하고 두 줄이니 2로 나눈다. 1부터 100까지 하나하나 더하던 학생들은 가우스가 칠판에 적은 풀이를 보고 입을 다물지 못했다.

$$1+2+3+4+5+\cdots\cdots\cdots\cdots+96+97+98+99+100$$
$$+)\ 100+99+98+97+96+\cdots\cdots\cdots\cdots+5+4+3+2+1$$
$$101+101+101+101+101+\cdots+101+101+101+101+101$$

☞ (101×100개)÷2=5,050

가우스는 수를 관찰하면서 어떤 규칙성이 있지 않을까 하는 의심을 품었다. 아서 밀러(Arthur I. Miller) 역시 『아인슈타인, 피카소』라는 책에서 창의성이란 통합적 사고와 합리적 의심에서 나온다고 주장한다. 20세기 초, 아인슈타인이 '상대성 이론'을 완성하던 때와 같은 시기에 피카소는 '아비뇽의 처녀들'이라는 그림을 완성했다. 그리고 전혀 다른 분야의 두 인물의 작품으로 20세기는 이전 시대와 완전히 결별을 고하게 된다.

아인슈타인과 피카소는 모두 기존의 산업화의 결실을 합리적으로 의심하고 자연을 재현하고자 했다. 결국 한 명은 상대성이론으로 시·공간의 절대적 지위를 의심했으며 다른 한 명은 '입체주의'를 발전시키면서 원근법을 의심했다. 사람들은 이 업적에 대해 아인슈타인은 논리적·수학적 지능이 뛰어났고 피카소는 공간 지능이 뛰어났다고 평가하지만 밀러의 생각은 조금 다르다. 피카소의 '아비뇽의 처녀들'이야말로 사실 과학과 기술의 발전에 힘입었으며 아인슈타인은 사고실험 과정에서 항상 미학적 심미안을 염두에 두고 있었다는 것이다. 그에 대한 증거로 밀러는 아인슈타인이 고도로 구조화된 바흐와 모차르트의 음악을 좋아했으며 헨델, 베토벤, 슈트라우스, 드뷔시 등에 대해서는 혹평했다는 기록을 발견했다. 피카소 역시 "화가의 스튜디오는 실험실이며 화가는 발명을 합니다. 그림은 정신의 유희라고 할 수 있습니다."고 말한 바 있다. 피카소와 아인슈타인은 각기 예술과 과학이라는 서로 다른 분야에서 천재성을 발휘했지만 시대를 관통하는 의심에서 많은 유사성을 지닌다. 축구로 비유하자면 아인슈타인은 수비만 하다가 월드컵 결승전의 승부처에서 천금 같은 골든 골을 만들어 낸 셈 이고, 피카소는 수없이 골문을 두드리다가 결국 해트트릭을 기록한 공격수 타입이다. 피카소는 평생 엄청난 다작을 한 것으로 유명하다. 그가 남긴 작품 중에는 평범한 것들도 많았지만 워낙에 많이 그리다보니 남들보다 훨씬 많은 명작을 남길 수 있었던 것이다.[26]

나는 번뜩이는 천재성보다는 부지런함과 성실함이 더 소중한 덕목이라고 본다. 결승전에서의 골든 골도 중요하지만 매번의 작은 경기를 이겨 낼 수 있는 슈팅 능력이 없다면 결승전은 구경조차 할 수 없기 때문이다. 사람들이 만든 것은 손댈 것이 없이 완벽한 결과물 같지만 실은 치열한 의심과 고민의 결과인 경우가 많다. 따라서 무수한 슈팅을 한다는 생각으로 만들고 고치기를 반복하는 것이 자신의 정체성을 만드는 가장 좋은 방법이다.

7장

버림의 미학

위대한 조각은 아름답게 버려야 만들어진다

조각을 시작하기 전, 조각가의 테이블에는 하나의 돌덩어리가 있을 뿐이다. 조각가는 그 안에 숨어 있는 작품의 모습을 본다. 그다음 해야 할 일은 오로지 버리는 것이다. 투박한 돌덩어리에 붙은 불필요한 부분을 덜어내는 것이다. 위대한 조각품은 아름답게 버릴 줄 아는 버림의 미학에서 탄생한다.

신학기 광고 마케팅을 준비하며 슬로건을 만들 때의 일이다. 시장 상황이나 경쟁사의 동향을 파악하면서 "한우리가 기본교육이다."라는 기초 안이 간추려졌다. 그 안은 모든 정보를 담았지만 너무 바르고 정확해서 귀에 걸리는 맛이 없었다. 그 한 줄을 가다듬기 위해 우리는 수차례 회의를 했고 다양한 시안을 만들었다. 그때 제시된 추가 안은 다음과 같다.

'창의독서교육', '지식통합교육', '연결사고력', '지식융합독서', '생각융합교육', '통합사고력 강화전략', ' 꼭 시켜야 할 통합사고력 교육', '통합교과시대엔 꼭!'

마음에 드는 안이 없어서 이번엔 단답형 명사로 끝나지 않고 '~이다'로 마무리 되는 안들을 중점적으로 검토했다. '한우리가 첫 번째 교육이다', '한우리가 바탕교육이다', '독서토론논술은 한우리다'.

역시 무엇 하나 마음에 딱 와서 들러붙는 시안은 나오지 않았다. 그러자 누가 이런 슬로건은 어떻겠는가 하는 제안을 했다. '독서다! 토론이다! 논술이다! 한우리다!'

점점 배가 산으로 가는 느낌이 들었다. 나는 제시된 안과 처음 프레젠테이션 했던 안을 모아놓고 하나씩 불필요한 개념을 지우기 시작했다. 처음 설정한 '한우리가 기본교육이다'라는 말은 본질을 강조한 부분에서는 훌륭했지만 소비자들에게 그 의도가 강렬하게 전달되기에는 뭔가 밋밋했다. 고기를 넣어 볶지 않고 새우젓으로 국물을 만든 미역국 맛이랄까. 그래서 우선 '기본'이라는 단어를 '필수'로 바꿨다. '한우리가 필수교육이다'로 바꾸고 나니 조금 주장이 명확해서 나아진 느낌은 들었지만 밋밋한 맛은 여전했다. 그리고 이것저것 넣고 빼고를 반복하다 마침내 '한우리가 필수다'로 결정했다. 광고 이미지를 통해 교육과 관련된 업체임을 전달할 수 있었으므로 교육이라는 단어는 사족이라고 생각했던 것이다. '한우리가 기본교육이다'라는 다소 모호한 슬로건은 '한우리가 필수다'라는 짧고 임팩트 있는 문장으로 바뀌었고 광고 메시지는 더 많은 사람들에게 쉽게 전달 될 수 있었다. 두 슬로건을 비교해보면 사실상 말하고자 하는 바는 동일하다. 기본교육이란 필수라는 말이고 필수 역시 기본교육이라는 말과 큰 차이는 없다는 것이다. 그런 경우에는 짧은 것이 강력하게 전달된다, 그것이 바로 버림의 미학이다.

〈광고 효과 조사 결과〉

조사기관 '엠브레인'

BGM/모델 관련	(소계) 37.5
• 아이들이 토론하는 모습이 즐거워 보인다	7.6
• 아이들이 밝다	5.3
• 아이들이 즐거워한다	3.8
• 광고가 귀에 쏙 들어온다	3.8
효과/필요성자극 관련	(소계) 29.9
• 독서토론논술의 중요성을 부각했다	8.3
• 아이들이 즐겁게 공부할 수 있을 것 같다	4.2
• 한우리의 특징을 잘 표현했다	3.4
• 아이들의 창의력이 높아질 것 같다	3.4
• 아이들에게 필요할 것 같다	3.4
문구/메시지관련	(소계) 25
• '한우리가 필수다'가 기억에 남는다	10.2
• 창의융합형 인재문구가 마음에 든다	4.2
• 독서토론 논술문구가 마음에 든다	3
이미지 관련	(소계) 23.5
• 광고가 밝다	6.8
• 광고가 이해하기 쉽다	6.1
• 광고가 흥미를 유발한다	1.5

　광고 효과 조사 결과 학생들과 학부모 역시 교육이라는 단어를 덜어냄으로써 학습지 느낌보다는 친구나 필수품 같은 이미지를 연상

할 수 있었다고 답했다. 이렇게 덜어내면 쉽고 깔끔한 메시지가 만들어질 수 있었을 것을 왜 우리는 힘들게 이것저것 새로운 것들을 가져다 붙일 생각만 했을까?

버리지 못하는 병

아무리 깔끔하게 정리정돈을 잘하는 사람이라도 한 군데에서 오래 머물다 보면 소소한 물건들이 늘어나기 마련이다. 그중에는 낡았지만 여전히 사용하는 것도 있고, 별 쓸모는 없어도 추억 때문에 버리지 못하는 것도 있지만 어딘가에 있다는 것조차 잊어버리고 사는 물건도 꽤 될 것이다. 그러다 모델하우스처럼 단순하고 깔끔하게 정리가 된 이웃집에 다녀왔다거나, 에어컨 바람을 피하기 위해 침대 위치라도 바꿀라치면 문득 치워야 할 짐이 산더미처럼 느껴진다. 또 어떤 것은 버리고 어떤 것은 남겨야 할지 정하기도 어렵다. 하지만 그렇게 미련을 떨면서 남기고 싶었던 물건도 버리고 나면 대부분 무덤덤하다.

『청소력』의 저자 마스다 미츠히로는 '그때는 참 좋았는데', '즐거웠지' 등 과거의 영광과 달콤한 추억에 사로잡혀 있으면 미래지향적인 생각을 할 수 없다고 주장한다. 오히려 과거의 실패와 좌절로 상처받았던 사건과 말을 계속 반추하는 상태에 빠지게 된다. 그러므로 과거의 추억과 관련된 물건, 트로피와 상장, 옛날 남자 친구나 여자 친구의 사진 등은 모두 버리라고 조언한다. '나중에 쓸 거야', '언젠가 필요할 거야'도 흔히 듣는 물건을 버리지 않는 이유다. 그 '언젠가'는 도래한 적이 한 번도 없다. '언젠가'는 영원히 미정이다. 그것을 남겨두고 싶은 마음은 다름 아닌 미래에 대한 불안과 도피 때문이다. 이처럼 과거와 미래에 속박된 상태에 빠져 있는 경우가 많으므로 '과거의 추억과 관련된 물건'과 '언젠가'라는 말이 붙는 물건은 무조건 버리라는 것이다.

반면 처음엔 '물건'이었을지 모르지만 나중엔 '쓰레기'가 되어버린 것들조차 버리지 못하고 그것들에 짓눌려 사는 사람들이 있다. 언젠가 TV에서 『죽어도 못 버리는 사람들 '호더(Hoarders)'』라는 프로그램을 본 적이 있다. 고양이를 20마리 이상 키우는 혼자 사는 할머니의 이야기였다. 고양이들은 아무 곳에나 용변을 보며 곳곳에 할머니가 가져다 놓은 밥그릇을 찾아 끼니를 해결한다. 고양이들이 배설해 놓은 오줌과 분변 때문에 집은 위생 상태가 엉망이고 이 때문에 할머니의 건강까지 큰 위협을 받는다. 해결사들이 후반부에 집을 방문해 하나하나 치우는데 물건을 들어 올릴 때마다 고양이 시체들이 썩고 있다. 물건에 깔려 죽거나 새로 난 새끼들이 굶어 죽은 것이다. 정말 끔찍한 장면들 이었다. 하지만 할머니는 그러한 상황에서도 자기 물건들을 버린다고 화를 내고 청소하는 사람들을 막아서는 것이었다. 할머니의 너무 심한 저항 때문에 마지막 장면에서 해결사들은 집을 완전히 치우지 못한 상태에서 철수를 하고 만다.

한 여자는 상담을 통해 어렵게 물건을 내다 버렸는데 결국 혼자 남았을 때, 다시 집 밖의 쓰레기통을 뒤져서 몇 가지 물건들을 도로 가져왔다. 방송을 보면서 그들의 상처는 모두 일종의 상실감이고, 내게 속한 것들 중에서 무엇이든 더는 잃을 수는 없다는 절박한 심정이 쓸모없는 물건에까지 집착하게 했다는 걸 어렵지 않게 짐작할 수 있었다. 이들은 사람보다 물건에 더 집착하고, 함부로 어질러놓기 때문에 대개는 가족과의 관계도 원만하지 못하다. 그래서 혼자 사는 경우가 많고 설령 가족과 함께 산다고 해도 정상적인 생활을 나누지 못한다. 그런데 이렇게 물건 때문에 사람들과 멀어지면서도 정작 그들과의 추억 때문에 잡다한 물건들을 버리지 못하고 쓰레기 더미에서 사는 경우가 많으니 참 슬픈 아이러니가 아닐 수 없다. 그러니 버리는 것은 각고의 노력을 요구하는 일임에 틀림이 없다.

미국이 미터법을 사용하지 않는 이유

버리지 못하는 것은 개인에게만 국한되지 않는다. 때로는 새로운 것이 훨씬 효율적임에도 불구하고 국가 전체가 옛 것을 버리지 못하는 경우도 있다. 요즘은 추신수, 류현진 덕분에 메이저리그를 보는 재미가 쏠쏠하다. 이들은 LA다저스의 박찬호 선수 이래로 가장 성공한 메이저리거로 꼽힌다. 한때 미국 LPGA를 석권하던 박세리 선수와 함께 박찬호 선수는 대단한 기량으로 어렵던 외환위기 시절 국민들에게 꿈과 희망을 주었다.

그런데 미국 스포츠 경기를 볼 때면 단위가 달라서 여간 불편한 게 아니다. 메이저리그에서는 투구 구속을 150킬로미터라고 하지 않고 93마일이라 부른다. 선수의 키를 부르는 단위도 생소한데, 170센티미터라고 부르지 않고 5.5피트라고 부른다. 그러다보니 투구가 얼마나 빠른지 또 멀리 나가는지, 키는 얼마나 큰지 직관적으로 와 닿지 않는다. 골프 역시 마찬가지다. 200미터 날아갔다고 하지 않고 218야드 날아갔다고 한다. 야구나 골프 등의 경기는 서양에서 들어왔고 새로운 도량형 역시 서양에서 들어왔는데 왜 우리는 경기의 룰은 그대로 받아들이면서 마일이나 피트, 야드 등의 단위는 받아들이지 않은 걸까? 그리고 세계화 시대에 150킬로미터건 93마일이건, 170센티미터건 5.5피트건, 200미터건 218야드건 한가지로 통일하면 서로 편할 텐데 어째서 다르게 사용하는 걸까? 그것은 도량형의 역사를 보면 알 수 있다.

미터법은 17, 18세기 유럽에서 모든 사람이 무게와 길이에 대한 표준 시스템을 이해하고 쓸 수 있도록 만들어졌다. 당시 유럽인들은 바빌론, 로마, 이집트, 앵글로색슨, 노르만 등의 다양한 문명에서 사용하던 도량형을 혼재되어 사용하고 있었다. 그러다보니 교역에 상당한 불편을 겪게 되었다. 로마인들은 12진법을 사용했으며, 1피트는 12인치이고 5,000피트가 1마일이었다. 문제는 피트가 일정한 길이가 아니라 지역마다 달랐다는 점이다. 스코틀랜드의 셀틱 지방과 웨일즈 지방에서는 1피트가 현재 1인치의 9.5배였고 로마의 1피트는 현재 1인치의 11.53배였다. 그리스에서는 1피트가 12.45인치였고, 폴란드에서는 1피트가 14인치였다. 현재의 인치는 영국의 에드워드 1세(1272~1307) 시절에 보리알 3개의 길이로 표준화 하였으며 1피트는 보리알 36개를 나타낸다. 이처럼 영국 무게 단위의 기본은 보리알이었는데 보리알 7,000개가 1파운드였다. 16드램은 1온스였고, 16온스는 1파운드였으며 14파운드는 1스톤이었다. 영국 단위 중에 헌드레드웨이트(hundredweight)라는 것이 있는데 이는 100이 아닌 112파운드이고 1톤은 2,240파운드였다. 2,000파운드는 1쇼트톤이라는 별도의 무게로 불렀다.

3피트는 1야드인데 영국 헨리 1세의 코끝에서 엄지손가락 끝까지의 길이가 1야드였기 때문에 그렇게 정해졌다. 22야드는 1체인이고 10체인은 1펄롱이다. 엘리자베스 1세는 8펄롱을 1마일로 할 것을 의회에서 결정했고, 5,000피트의 로마 마일 대신 5,280피트의 법정 마일을 사용하라는 법령을 포고했다.

액체와 부피에서도 상황은 비슷했다. 1갤런은 원래 밀 8파운드의 부피로 정의되었다. 물 1갤런이 영국에서는 277.274세제곱인치이고 미국에서는 230세제곱인치이다. 그렇다면 미터법을 한번 보자. 네덜란드 수학자 시몬 스테빈은 1585년 10진법을 바탕으로 한 표준 도량형의 아이디어를 냈다. 그에 따르면 1미터는 100센티미터이고 10X10X10센티미터에 든 물의 부피는 1리터이다. 물 1밀리리터의 무게는 1그램이고 1,000세제곱센티미터의 무게는 1킬로그램이다. 얼마나 직관적인가. 하지만 그의 아이디어는 더 이상 관심을 받지 못하다가 85년이 지난 1670년 프랑스의 천문학자 겸 신부인 가브리엘 모통에 의해 재조명되어 미터법을 공식적으로 제안하였다. 그러나 모통의 제안은 무시되었고 125년이 지난 1795년에야 프랑스 과학학술원에서 지금 우리가 아는 미터법을 만들었다. 당시 정의한 1미터는, 스페인의 바르셀로나와 프랑스의 케르크 사이를 지나는 북극에서 적도 사이 거리의 1천만분의 1이었다. 왕의 코끝에서 엄지손가락 끝까지의 길이를 재는 것에 비하면 이것은 분명 더 나은 방법이었다. 그 후 1미터는 빛이 진공상태에서 1/299,792,458초 동안 가는 거리라고 다시 정의되어 지금에 이른다.

1795년 프랑스가 공식적으로 미터법을 채택했지만 나폴레옹 황제는 1812년에 미터법의 시행을 보류했고 1840년이 되어서야 모든 사람이 쓸 수 있게 되었다. 하지만 미터법의 명백한 장점에도 불구하고 200년이 지난 지금도 영국과 미국은 미터법을 완전히 채택하지 않고 있다. 미국은 1875년 국제 미터 협약에 가입할 때 미터법을 공식적으로 승인했지만 미터법이 현대화된 형태인 국제단위계를 공식적인 측정 표준으로 채택하지 않은 유일한 선진국이다. 그 이유는 존 퀸시 애덤스의 『도량형 보고서』때문인데, 그 보고서의 마지막에 이런 말이 적혀 있었다. "10진법을 도량형에 적용해서 얻는 장점이 변화에 수반하는 혼란을 보상할 만큼 충분히 클지는 자신할 수 없다.[27]"

미국이야 말로 진정한 '호더'가 아닌가. 그러나 미터법을 사용하지 않는 그들 역시 불편하긴 마찬가지다. 마트에서 파는 즉석요리의 포장에는 파운드나 온스는 찾아볼 수 없다. 코카콜라는 2리터 병에 들어있고 하겐다즈 아이스크림은 500밀리리터로 포장되어 있다. 미국이 승인만 해주면 우리는 보다 직관적으로 미국에 진출한 선수들을 응원할 수 있을 텐데 여전히 미국의 도로 표시는 마일이고, 맥주는 파인트로 주문하며, 16온스 스테이크를 먹고, 사과는 파운드로 잰다. 그야말로 버리지 못하는 병에 걸린 것이다.

PC 밖에서 승부를 걸어라

카카오톡이 전 국민이 애용하는 서비스가 될 수 있었던 것은 모바일 메신저 본연의 기능인 '소통'에만 집중하고 나머지는 버렸기 때문이다. 그러나 처음부터 버릴 수 있는 통찰력이 있었던 것은 아니다.

카카오톡은 기존의 인터넷 메신저와 달리 상대방의 휴대폰 번호가 내 주소록에 저장되어 있으면 자동으로 친구 등록이 가능하다는 작은 차이점 하나로 시장을 석권했다. 시작 단계에서는 두 달 먼저 선보여서 이미 인기를 끌었던 해외 메신저인 '왓츠앱'를 벤치마킹했지만 단체 채팅 기능을 추가했으며 무엇보다 전화기에서 무료로 메시지를 보낼 수 있다는 점이 대중들에게 어필했다.

카카오톡을 만든 김범수 의장은 NHN USA 대표 시절이던 2006년 12월 아이위랩이라는 별도의 인터넷 서비스 회사를 만들었다. 나(I)와 우리(We)의 실험실(Laboratory)이라는 뜻의 이 회사는 김범수 의장의 아이디어를 펼칠 수 있는 공간이 되었다. 김범수 의장은 완벽한 IT계의 공룡 구글에게 취약한 부분이 바로 블로그 서비스라고 보고 NHN주식 25만 주를 처분하여 만든 345억 원을 투자하여 구글의 약한 틈새를 모티브로 한 서비스를 연구, 개발한다. 그리고 NHN의 경영에서 손을 뗀 2007년에 아이위랩은 부루닷컴이라는 서비스를 론칭 한다.

부루닷컴은 사용자의 지인들이 즐겨찾기한 웹페이지를 공유하는 이른바 '소셜 컬렉션 서비스'를 제공하는 사이트다. 단순한 링크에서 한 발 더 나아가 유저들이 작성한 글, 이미지, 동영상 등의 블로그 콘텐츠를 주제별로 분류하여 정리할 수 있게 도왔다. 같은 관심사나 주제에 대한 블로그 페이지를 모두 연결시켜 여러 번의 인터넷 검색 없이 관련 콘텐츠를 다양하게 타고 들어갈 수 있었다. 하지만 서비스는 큰 반향을 일으키지 못했다.

그리고 2008년 한국으로 돌아와 '위지아닷컴'이라는 개인 맞춤형 서비스를 내놓았다. 네이버 지식인의 서비스에서 모티브를 얻은 위지아닷컴은 한 발 더 나아가 답변에 랭킹을 매겨서 활동을 장려하게 설계되었다. 시장의 반응은 블루닷컴보다 좋았지만 유저가 많은 네이버가 지식인 서비스를 강화하자 시장에서 밀려날 수밖에 없었다. 결국 NHN을 떠난 2년 동안 야심차게 준비한 서비스가 모두 수포로 돌아가자 김범수 의장은 망연자실 했다.

그때 그는 2007년 NHN US 대표시절 스티브 잡스의 아이폰이 미국 시장에 끼친 충격을 떠올렸다. 국내는 아직 미출시였던 아이폰을 KT가 수입하겠다고 공언하면서 삼성도 국내 첫 스마트폰을 준비하기에 분주하던 시기였다. 이때 아이위랩은 플랫폼의 시선을 PC에서 스마트폰으로 돌리고 스마트폰을 위한 앱을 개발하는 프로젝트에 돌입한다.

2009년 당시 아이위랩 내부에서 진행되던 여섯 개의 신규 프로젝트를 모두 중지하고 신속한 개발을 위해 스무 명 남짓한 직원을 세 개 팀으로 재편했다. 각 팀은 프로그래머 2명, 디자이너 1명, 기획자

1명으로 구성되었고, 모바일 커뮤니케이션의 성격을 사적인 서비스, 공적인 서비스, 그룹 서비스로 분류하여 세 종류의 앱을 연구했다. 아이폰 수입과 삼성의 새로운 스마트폰이 출시되기 전에 만들어져야 했기에 시간이 넉넉하지는 않았다. 그리고 두 달여의 준비 끝에 세 가지 서비스를 론칭 한다. 카페 플랫폼인 '카카오 아지트', 채팅 플랫폼인 '카카오톡', 블로그 플랫폼인 '카카오 수다'가 그것이다. 2010년 2월 8일에 가장 먼저 출시한 카카오 아지트는 지금의 네이버 밴드 서비스와 유사한 비공개 모바일 카페이다. 그러나 큰 호응을 얻지 못했다. 뒤이어 3월 18일에는 카카오톡이 출시되었다. 카카오톡은 상대방의 휴대폰번호가 내 주소록에 저장되어 있으면 자동으로 친구 등록이 가능 하다는 편리성과 무료로 문자를 보낼 수 있다는 점이 어필하여 시장에 상당한 인기를 끌었다. 채팅 서비스로 만들었는데 사용자들은 무료 문자 서비스로 받아들인 것이다. 마지막으로 3월 30일에 세상에 선보인 카카오 수다는 이미지 기반의 모바일 블로그 서비스를 제공했다. 트위터가 텍스트 중심의 서비스라는 점에 착안하여 이미지로 소통하는 서비스였다. 그러나 시장의 반응은 냉담했고 결국 소리 소문 없이 서비스를 접었다.

사람들은 카카오톡에 이런 서비스도 넣고 저런 서비스도 넣었으면 좋겠다고 말하지만 이미 카카오는 론칭 시점부터 다양한 서비스를 구상하였고 시장의 냉담한 반응을 겪었다. '특정 기능 하나에 집중한다'는 원칙은 고집이 아니라 경험에서 나온 교훈인 셈이다. 후일 김범수 의장은 당시의 상황을 "PC에서 시작했던 내가 모바일 플랫

폼과 만난 것은 행운이었다."라고 회고한다.[28]

작전명 – 아나콘다

우리가 마주하는 상황은 전혀 새로운 일보다는 하던 일에 변화를
줘야 하는 경우가 더 많다. 매년 쓰는 사업계획서라면 기존의 틀을
복사해서 그대로 붙이고 새로운 아이디어 한두 가지 쯤은 추가하고
만다. 반면, 지금은 국회의원으로 활동하고 있는 크로스 포인트의 손
혜원 대표는 스스로 만든 성취를 여러 번 뛰어넘은 인물이다. 그는
본질이 아닌 것은 철저하게 버림으로써 사물의 특성을 뽑아내는 탁
월한 능력의 소유자다.

2006년 1월 5일.

새로운 소주 브랜드를 공개하는 장소에 두산 주류의 관계자들
이 모였다. 프레젠테이션의 제목은 '작전명 - 아나콘다(Operation
Anaconda)'. 상대방을 정면으로 공격하지 않고 특별히 발달한 근육으
로 적의 급소를 노려서 서서히 숨통을 끊어놓는 아나콘다와 같은 브
랜드를 만들겠다는 의미였다. 여기서 상대방은 소주 업계의 공룡인
진로의 참이슬을 말한다.

이날 프레젠테이션은 브랜드를 만든 크로스 포인트의 손혜원 대
표가 직접 맡았다. 이 자리에서 공개한 브랜드가 그 유명한 '처음처
럼'이다. 이 '처음처럼'은 손혜원 대표의 휴대폰에 오랫동안 바탕화
면으로 있었을 만큼 개인적으로 좋아하던 문구였는데, 당시에는 시
안 중에 하나로 제시할 요량이었으므로 저작자 불명임에도 불구하

고 일단 후보군에 넣었다. 이 문구와 글씨체가 『감옥으로부터의 사색』을 쓴 故신영복 교수님의 것이라는 것은 브랜드로 채택된 다음에 알게 되었다. 당시 후보로 올라온 브랜드 네이밍은 '多友', '처음처럼', '우리가 자연으로부터 배우는 것은' 등이었다.

이 프레젠테이션에서 두산 주류 관계자는 단번에 '처음처럼'을 선택했다. 손 대표는 '처음처럼'을 소주 브랜드로 제안한 이유에 대해서 다음과 같이 이야기 한다.

"누구나 공감할 수 있는 특별한 의미와 함께 소박하고 대중적이면서도 한번 보면 절대 잊을 수 없는 신영복 교수님의 글씨에서 느낄 수 있는 시각적인 충격 등, 기존의 소주에서는 찾아볼 수 없는 특별한 이미지 때문이었습니다."

그러나 두산에서 '처음처럼'을 채택한 것은 뜻밖에도 소주를 마신 후에도 '알칼리 이온수'의 효과로 '처음처럼' 뒤끝이 깨끗하다는 단순한 이유였다. 막상 브랜드 네임이 '처음처럼'으로 결정되자 신영복 교수님께 허락을 구하는 문제가 기다리고 있었다. 결국 신영복 교수님의 입장을 고려하여 크로스 포인트가 받을 용역비의 일부와 두산 주류가 출연한 금액을 합해서 장학금 1억 원을 조성하고 '처음처럼 장학금'이라는 이름으로 성공회대학교에 기부하면서 사용권을 얻을 수 있었다. 당시 시장점유율 5%에 불과하던 '산' 소주는 이 브랜드로 바꾸면서 공룡의 약점을 공략하겠다는 목표를 달성했으며 롯데칠성음료가 인수한 이후에는 시장 점유율을 20% 가까이로 끌어올렸다.

1998년 진로의 '참眞이슬露'를 만든 것도 손 대표고 2000년에 두산의 '산'이라는 브랜드를 만든 것 역시 그녀다. '처음처럼'은 진로에서 '참眞이슬露'를 성공시켰던 한기선 대표가 두산으로 옮기면서 요청했다. 그는 손 대표에게 제품의 특성을 구체적으로 제시하면서 이를 잘 표현할 수 있는 브랜드를 제안했다. 당시 한기선의 두산 주류가 진로를 이기기 위해 내세운 전략은 낮은 도수도 아니고, 독특한 패키지도 아닌, '알카리 이온수'로 만든 특별한 소주였다. 그 전략을 들은 손 대표는 '작전명- 아나콘다'를 발표하는 자리에서 그녀는 두산 측에 브랜드와 마케팅의 연결을 제안했다.

"소비자의 관심을 단번에 이끌어낼 수 있는 새롭고 특별한 브랜드로 일단 소비자의 시선을 사로잡는 일은 제가 맡겠습니다. 그러나 브랜드의 힘만으로는 소비자를 사로잡을 수 없습니다. 여러분들께서는 '알카리 이온수'로 만든 소주라는 컨셉에만 집중하여 시장을 책임져주십시오."[29]

소주 브랜드를 오랫동안 만들어 오면서 '참眞이슬露'를 성공시키고 '산'에서 실패를 본 그녀가 내린 결론은 불필요한 것들을 버리고 본질을 담아 낼 수 있는 브랜드만이 성공할 수 있다는 것이었다. 그래서일까? 결코 상대조차 되지 않을 것 같았던 진로와의 소주전쟁에서 처음처럼의 활약은 대단하다.

8장

결정적 한 칼

한 칼 희곤

대홍기획 선배이자 중견 광고대행사인 트리니티 마케팅컴퍼니의 신희곤 대표는 확실한 자신만의 관점을 가진 사람이다. 신 대표의 사무실에는 인상적인 자화상이 하나 걸려있는데 거기에는 독특한 문구가 하나 적혀 있다.

'한 칼 희곤'

하도 독특하여 그 뜻을 물었더니 선배는 그림을 가리키며 이렇게 대답했다.

"둥글둥글 돌려 말하지 않고 정확하게 심지를 째는 한 칼이 있는 사람이 되라는 뜻이지. 간단한 메모건, 광고 카피건, 연설문이건 사람들의 가슴을 한 칼로 내리꽂지 못하면 실패한 거야."

요즘은 선택 장애라는 말이 유행어처럼 쓰인다. 심지어 물건을 '사느냐 마느냐'를 두고 늘 고민한다고 해서 '햄릿 증후군'이라는 신조어까지 등장했다. 선택 대안이 너무 많아서 고르지 못하는 현대인들을 빗댄 말이다. 그럴수록 기준을 세우고 과감하게 결정할 수 있는 나만의 기준이 필요하다. 그 단순한 기준이 바로 결정적 한 칼이다.

단순함을 이야기할 때 우리는 애플의 제품들을 떠올리게 된다. 클릭 휠을 장착한 아이팟으로 MP3플레이어 시장을 석권하고 버튼을 딱 하나만 넣은 전화기로 스마트폰 시장을 평정한 애플이 한 칼을 발견하기 위해 끊임없이 노력했다는 사실은 이미 알려진 이야기다. 특히 그런 직관을 얻기 위해 애플은 스페인 화가 파블로 피카소가 추구한 단순하고 군더더기 없는 간결한 화법을 제품에 적용해 세련된 디자인을 완성할 수 있었다.

애플이 피카소로부터 단순함을 발견했다면, 피카소의 단순함은 어느 동굴의 벽화에서 그 유래를 찾을 수 있다. 스페인 산탄데르에서 서쪽으로 30㎞ 떨어진 곳에는 길이가 296m나 되는 동굴이 있다. 그 동굴에는 세계에서 가장 유명한 문화유산 중에 하나인 알타미라 동굴 벽화가 있다. 1879년 아마추어 고고학자이던 마르셀리노 산즈 데 사우투올라는 8살 딸과 함께 동굴 조사를 하면서 이 벽화를 발견했다. 그리고 마드리드 대학의 후안 비라노바와 함께 다시 현장을 찾아서 면밀히 조사 한 후에 구석기 시대의 유적이라고 학계에 보고한다. 그러나 너무나도 뛰어난 그림의 상태 때문에 사우투올라는 사기죄로 고소당하고 그 작품은 현대인이 그린 것으로 오해를 받기에 이른다.

한참 뒤 프랑스의 도르도뉴지방에서 라스코 동굴 벽화를 비롯하여 스페인 북부에서도 비슷한 동굴 벽화가 속속 발견되기 시작한다. 그러면서 마침내 알타미라 동굴 벽화가 25,000년 전의 작품으로 인정받게 된다. 이곳의 그림이 얼마나 생생하냐면 알타미라 동굴 벽화와 1945년 피카소의 작품『황소』를 비교하면 어느 작품이 피카소의 작품인지 구별하기 어려울 정도다.

알타미라 동굴 벽화가 이렇게 생생하게 보존될 수 있었던 이유는 약 1만3000년 전 경에 산사태로 인해 입구가 완전히 막히면서 동굴 속 깊은 곳에 공기가 닿지 않았기 때문인데, 피카소는 알타미라 동굴 벽화를 보고난 후 그 생동감에 압도되어 마음과 같은 말을 남겼다.

"아! 25,000년이 지나도록 인류는 조금도 진보하지 않았구나."

실제로 고대 원시인의 벽화를 보면 현대 작가의 그림 솜씨가 엄청나게 향상된 것 같지는 않다. 이에 대해 피카소는 묘사를 단순화하고 본질을 파악하는 '황소 연작'을 발표함으로써 벽화의 표현력을 뛰어넘기 위한 노력을 한다.

그림 알타미라 동굴 벽화(좌)와 피카소의 황소(우)

피카소의 그림을 보면 끊임없는 덜어내기를 통해 비본질적인 요소를 제거함으로써 본질에 다가서고 있다. 그림 속에서 면은 점차 선이 구획을 나누다가 마침내 선만 남는다. 이 본질에 관해서 우리나라 광고계에는 전설 같은 에피소드가 하나 존재한다. 리엔디디비(Lee & DDB) 이용찬 대표의 이야기다. 어느 날 경쟁 프레젠테이션을 마친 이용찬 대표에게 광고주가 물었다.

"우리 회사 제품은 식품의약품안정청의 허가도 받았고 국내 공장에서 만들어 품질도 믿을 만합니다. 또한 패키지는 여성들의 선호도를 반영해서 아담하고 볼륨감 있게 제작했어요. 가격도 경쟁제품에 비해 저렴하고 용량도 10%나 더 많습니다. 그런데 왜 당신은 그런 모든 장점들은 다 무시하고 맛 하나만 강조하는 겁니까? 그렇게 해서야 어떻게 소비자의 마음을 사로잡을 수 있겠습니까?"

광고주의 질문에 회의장은 웅성웅성하기 시작했고 여기저기서 고개를 끄덕이는 사람들이 나타났다. 마침내 사람들의 시선은 이용찬의 입에 쏠리기 시작했다. 그때 이용찬 대표는 마침 다과용으로 테이블에 놓여있던 사과를 두 개 집어 들었다. 그리고는 광고주를 향해 이렇게 말했다.

"회장님, 좋은 말씀이십니다. 그렇다면 제가 이 사과를 던져 볼 테니 한번 받아보시겠습니까?"

그리고는 사과 두 개를 동시에 집어 던졌다. 광고주는 둘 중에 어느 것도 잡지 못하고 떨어뜨렸다. 장내는 더욱 술렁이기 시작했다.

"짧은 시간동안 소비자들에게 너무 많은 것을 전달하려고 하면,

지금 보신 바와 같이 하나도 잡아내지 못합니다. 만약 제가 사과를 한 개만 던졌다면 어떻게 되었을까요? 아마 충분히 받아 내실 수 있으셨을 겁니다. 광고도 마찬가지입니다. 단 하나의 메시지로 승부를 걸어야 소비자들이 쉽고 정확하게 받아들일 수 있습니다."

이것은 이용찬 대표의 한 칼이다. 따지고 보면 '한 칼'이라는 것이 비단 기업만의 문제는 아니다. 개인이건 사업을 하는 사람이건 장사를 하는 사람이건 상대방에게 나를 정확하게 알리는 것에는 한 칼이 필수다. 그러기 위해 가진 정보를 어떻게 잘 정리하여 다듬느냐가 중요하다.

단순함을 유지하기 위한 원칙

우연한 기회에 TV에서 빌 게이츠와 스티브 잡스의 집무실을 본 적이 있다. 빌 게이츠의 책상은 컴퓨터 한 대와 모니터 세대가 놓여 있었던 반면 스티브 잡스의 작업실은 오래된 매킨토시 컴퓨터와 각종 집기가 뒤죽박죽 쌓여있고 신문 기사로 덕지덕지 붙여있었다. 성공한 정치가로서 많은 저술을 남기기도 한 영국의 수상 윈스턴 처칠(Winston Churchill)의 집무실은 각종 문서들이 끈으로 깔끔하게 정리되어 있지만, 아인슈타인(Albert Einstein)의 책상은 온갖 자료로 어지럽혀져 있기로 유명하다. 그 지저분한 책상이 거슬렸는지 어느 날 동료가 아인슈타인에게 물었다.

"자네, 책상이 그렇게 지저분하면 머리도 복잡하지 않은가?"

이에 아인슈타인은 다음과 같이 대답했다.

"아니 이 사람아, 그럼 빈 책상은 빈 머리를 의미하나?"

책상이 깨끗해야 일을 잘한다는 소리들을 많이 한다. 하지만 중요한 것은 책상 정리가 아니다. 핵심은 환경이 자신에게 얼마나 효율적이냐, 그리고 얼마나 집중도를 높일 수 있느냐이다. 오히려 조금만 지저분해도 일이 안 되는 편집증적인 성격은 사회생활에 방해가 될 가능성이 높다. 책상 정리에 신경 쓰는 것 보다는 오히려 자신의 스타일에 맞도록 업무를 단순화시키는 것이 더 중요할지도 모른다. 나는 단순함을 유지하기 위해 몇 가지 원칙을 사용한다.

첫째, 패턴을 단순화한다. 오랜 직장생활을 통해 깨달은 것은 '생산적'이라는 말은 일을 끝내는 것이 아니라 하지 않아도 될 일을 하지 않는 것을 의미한다는 점이다. 주의 깊게 살피지 않으면 우리의 하루는 빠르게 시간을 낭비하는 활동으로 채워진다. 그러므로 하루를 능률적으로 보내려면 중요하지 않은 일들을 하지 않는 것이 무엇보다 중요하다. 우선 가장 중요한 것을 구별하고, 그다음에는 중요하지 않은 일을 가능한 제거하도록 노력할 필요가 있다.

둘째, 주의를 산만하게 하는 일을 줄인다. 주의가 산만하다는 것은 복잡하다는 것과 같은 말이다. 나는 중요한 일을 할 때 일부러 시간을 정해 주위의 요소들을 단순화 시킨다. 예를 들면 스마트폰을 방해금지 모드로 설정하고 화장실 갈 때만 확인 한다던가, 이메일(Email)은 오전에 한 번 오후에 한 번 시간을 정해두고 확인하는 식이다. 그렇게 함으로써 집중력을 요하는 일이라면 두 배 더 평화롭고, 두 배 더 생산적으로 몰두 할 수 있다.

셋째, 미소를 짓는다. 나는 시력이 나쁘고 웃는 인상이 아니어서 무언가에 골몰하거나 상대방의 눈인사에 답을 못해주면 오해를 많이 사는 편이다. 구설수에 오르거나 생각지도 못한 곤란함에 처하게 되는 경우 대부분 나의 표정이나 무심함에 그 원인이 있다. 도산 안창호 선생은 미국 샌프란시스코에서 유학하던 시절 국민들에게 웃음을 통해 서로 사랑하는 마음을 일깨우고 민족의 자긍심을 갖게 하기 위해 '어린이는 방그레, 노인들은 벙그레, 청년들은 빙그레'라는 글귀를 적어놓고 미소 운동을 펼쳤다고 한다.[30] 미소 운동에서 포인트는 나에게 이익을 준다고 생각되지 않는 사람에게까지 친절해야 한다는 것이다. 아무리 힘들어도 회장님이나 사장님 앞에서 인상을 찌푸리는 사람은 드물다. 그런 높으신 분들에게 공손한 것은 누구나 할 수 있다. 나는 대중 앞에 서는 연기자의 마음가짐으로 모두에게 친절한 것이야 말로 인생에 단순함과 자유를 준다고 믿는다.

넷째, 통제할 수 없는 일에는 미련을 두지 않는다. 가끔은 실수가 이어지는 경우가 있다. 그러나 바로잡으려고 할 때 문제가 더 복잡해지는 경우가 많다. 그래서 때로는 그냥 흘러가게 놔두면서 숨을 깊게 들이 쉬고 무엇이나 받아들이면서 주변의 현실로 부터 배우려는 자세를 취한다. 내가 노력해서 바꿀 수 있다면 좋겠지만 세상에는 그럴 수 없는 일이 훨씬 더 많다. 그러면서 통제할 수 없는 결과에 시간을 낭비하지 않는 것이 최선이라는 사실을 배웠다. 마음에 들지 않는 동료가 있다고 하더라고 그를 우리 입맛에 맞게 바꿀 수 없듯, 우리도 상대방에게 마찬가지다. 그냥 놓아두고 있는 그대로를 사랑하자. 있는 그대로 살아가자. 때로는 받아들이는 것이 곧 행복을 유지하는 삶이다.

다섯째, 자주 감사의 말을 한다. 인생이 복잡해지는 근본적인 이유 중의 하나는 감사하지 않기 때문이다. 인간은 스스로 열정을 식혀버리고는 엉뚱한 된 곳에서 그것을 찾는 경향이 있다. 사실 우리가 원하는 것은 이미 우리가 충분히 가지고 있는 경우가 많다. 그런 스스로를 찾고 돌아보려면 우리는 덜 어지럽고 덜 산만하고 덜 스트레스를 받고 덜 바쁠 필요가 있다. 그래야만 가진 모든 것에 감사하고 스스로 여유를 가질 수 있다고 생각한다. 베스트셀러 작가인 마크와 엔젤 세르노프 (Marc and Angel Chernoff)부부는 감사함에 대해 이렇게 말한다.[31] "우리가 가진 것은 항상 충분하다는 사실을 마음에 담아라. 당신이 원하는 것 때문에 당신이 가진 것을 잊지는 마라. 당신이 얼마나 많은 행운이 있는지 생각하고 그것에 주의를 기울여라."

여섯째, 할 일과 다음 할 일 사이에 여유를 둔다. 인생이란 끊임없이 바쁜 것들을 누가 더 많이 기록하는가에 의해 매겨지는 성적표가 아니다. 다이어리나 스캐줄러를 펼치면 누구나 빼곡하게 하루의 모든 시간을 채우려는 유혹에 빠지게 마련이다. 그러나 오랜 시간동안 다이어리를 사용해 오면서 내가 깨달은 것은 일과 일 사이에는 여유를 두는 것이 훨씬 더 중요하다는 사실이다. 그런 여유야말로 일 하는 것만큼이나 중요하다.

것은 핵심을 간파하는 것이다. 헨리 데이비드 소로는『월든』이라는 책에서 "단순화하고 단순화하라."고 강조한다. 거대한 자연에 둘러싸여 소외된 삶을 살았던 소로는 역설적으로 외롭지 않았다. 소로처럼 우선적으로 처리해야 할 사항을 몇 가지에만 집중하고 높이고 그 밖의 다른 일을 줄이는 방식이 몰입도를 높이는 데에 더 현명한 방법일 것이다.『좋은 기업을 넘어 위대한 기업으로(Good to Great)』의 저자 짐 콜린스(Jim Collins)가 스탠포드 경영대학원에 다니던 시절, 로첼 마이어스(Rochelle Myers) 교수는 다음과 같은 질문을 했다.

"이봐 짐, 인생을 바꿀 두 통의 전화가 왔다고 생각을 해보게. 첫 번째 전화는 아무런 조건 없이 2000만 달러를 상속받을 예정이라고 알려주는 거야. 그리고 두 번째 전화는 희귀한 불치병에 걸려 앞으로 10년밖에 못 산다고 말해주는 것이지."

일을 할 필요 없을 정도의 많은 재산을 가졌으나 10년밖에 살지 못하는 상황이 주어진 셈이다. 그러면서 교수는 다음과 같은 질문을 이었다.

"만일 이런 전화를 받았다면 삶에 대한 자네의 태도가 어떻게 달라질 것 같은가? 특히 무엇을 그만둘 것 같은가?"

로첼 교수의 이 같은 조언은 콜린스의 인생을 완전히 바꿔 놓았고 그 때부터 콜린스는 매년 새해가 되면 '올해 하지 말아야 할 일', '그만둬야 할 일 목록'을 만든다고 한다. 나는 콜린스의 이야기를 접한 후 아이들과 함께 보낼 시간을 더 많이 확보하기 위해 무엇을 그만둘

지를 먼저 결정하는 습관을 만들었다. 이때 결정할 항목들을 구체적으로 정하지 않으면 포기할 것을 정하기 어렵다. 생각하기 가장 좋은 시간은 일요일 저녁이다. 이 때 잠깐 책상에 앉아 지난 한 주간의 일정을 돌아보며 아이들과 보낼 서너 시간을 확보하려면 구체적으로 무엇을 포기해야 할지를 살펴보는 것이다. 『하버드 비즈니스 리뷰』의 칼럼리스트 피터 브레그먼(Peter Bregman)은 한 시간마다 알람을 맞춰놓고 울릴 때마다 스스로에게 이런 질문을 던진다고 한다.

"나는 지금 반드시 해야 하는 일을 하고 있는가?"

그는 이것을 불필요한 업무가 우선순위와 목표의 궤도에서 벗어나고 있지 않는가를 상기시켜주는 '생산적 중단'이라고 부른다.

빡빡한 계획이 실패를 부른다

일정관리를 하다보면 스케줄 관리에는 크게 두 가지 접근방식이 있다는 것을 알 수 있다. 하나는 영화 예약, KTX 탑승, 주간회의 등 날짜와 시간이 고정되어 있는 일정을 표시하는 것이다. 이러한 일정을 표시하려면 한 달이나 일주일단위의 전체적인 일정을 확인할 수 있는 캘린더가 필요하다. 다른 하나는 다양한 직무를 더 효율적으로 수행하고 설계할 수도 있도록 하루단위로 계획을 세울 수 있도록 설계된 캘린더가 필요하다.

과거에 사용했던 일일계획표 중심의 프랭클린 플래너와 달리 요즘 내가 사용하는 다이어리는 주간계획표를 중심으로 설계되어 있다. 월간계획표는 두 제품 모두에 사용된다. 나는 일일계획표보다는 주간계획표 중심의 스캐쥴러를 선호하는 편인데 두 가지의 스캐쥴링 방식은 업무능률에도 약간의 차이가 있다. 실제로 미국의 심리학자 대니얼 커센바움(Daniel Kirschenbaum), 로라 험프리(Laura Humphrey), 셸던 맬럿(Sheldon Malett)은 학부생들을 대상으로 10주간 공부 방법을 실험했다. 그들은 학생들을 무작위로 세 그룹으로 나눴다.

A그룹은 통제집단으로, 30~90분마다 5~10분 정도 휴식을 취하라는 것처럼 시간 관리에 관한 일반적인 팁만 제시했다. 나머지 B, C그룹에게는 일반적인 시간 관리 팁을 주고 여기에 덧붙여 시간을 계획하는 방식을 지정해주었다. B그룹은 '월간계획집단'으로 한 달을 단위로 목표를 세우고 학업활동 계획을 짜서 진행하도록 했으며 C그룹은 '일간계획집단'으로 매일 목표를 세우고 학업활동 계획을 짜서 진행하도록 했다.

실험자들은 계획집단(B, C그룹)이 통제집단(A그룹)보다 훨씬 공부를 잘할 것이라고 생각했다. 또한 목표나 계획이 다소 불확실한 월간계획집단(B그룹)보다 목표와 계획이 짧고 정량화할 수 있는 일간계획집단(C그룹)이 훨씬 나은 성과를 얻을 것이라고 가정했다.[32]

연구 결과는 예상과 전혀 달랐다. 일간계획집단인 B그룹은 말 그대로 참담했다. 일간계획을 세운 학생들은 처음에는 매주 20시간씩 공부를 했지만 실험 과정이 끝날 때는 매주 8시간 공부했다. 계획을 전혀 세우지 않고 공부했던 통제집단인 A그룹 역시 마찬가지였지만, 공부시간의 변동 폭은 일간계획집단만큼 크지는 않았다. 처음에는 15시간을 공부했으며 실험 과정이 끝날 때는 10시간을 공부했다.

하지만 '월간계획집단'인 C그룹의 성과는 놀라웠다. 학생들은 평균적으로 매주 25시간씩 공부했을 뿐만 아니라, 후반에 다가갈수록 더 열심히 공부한 것으로 나타났다. 월간계획이 일간계획에 비해 동기부여 효과가 두 배 이상 높았기 때문이다.

실험자들은 실험이 끝나고 1년이 지난 뒤 이들의 학업성적을 추적조사 했는데, 이러한 공부 방식은 계속 이어져 학생들의 성적에 그대로 영향을 미치고 있었다. 월간계획을 세우는 학생들은 성적이 갈수록 좋아졌고, 일간계획을 세우는 학생들은 학업성취도가 갈수록 떨어졌다. 계획을 세우지 않는 학생들은 제자리걸음을 겨우 유지했다. 원인은 무엇일까? 실험자들은 두 가지 이론을 제시했다. 우선 매일 계획을 세우기 위해서는 시간과 노력이 너무 많이 들어간다. 그래서 얼마 지나지 않아 많은 학생들이 매일 계획을 세우는 일을 포기한다. 또 다른 가설로는, 자신이 세운 계획대로 매일 공부하지 못했다는 사실을 인식하는 순간 학습의욕이 떨어진다. 두 이론 모두 타당해 보인다. 그렇다면 학생들은 왜 일간계획을 따르지 못한 것일까? 그 해답은, 일간계획은 예기치 못한 사건이 발생했을 때 유연하게 대처할 수 없다는 것이다.[33] 유연성이 떨어지다 보니 기록을 등한시하게 되고 하루 이틀 밀리다보면 결국은 아무것도 적혀있지 않은 '하루짜리' 페이지만 쌓이게 되는 것이다.

정보가 중요하고 기록도 중요하지만 때로는 아무 대처 방안이 없거나 전혀 알고 싶지 않은 일들도 있다. 저녁 뉴스에 단골로 등장하는 소재 중에 '서울 지하철 역내 오염도 조사'가 있다. 잊을 만하면 이 조사가 등장하는데 얼마 전 모 신문에도 다음과 같은 기사가 보도된 바 있다.

"서울환경운동연합이 2016년 서울지하역사 278곳의 공기의 질 자료를 분석해보니, 2016년 서울지하역사 278곳의 미세먼지(PM-10) 평균 농도는 81.2μg/㎥로 같은 기간 서울시 지상의 평균 미세먼지 농도인 48μg/㎥보다 1.7배 가량 높았다.[34]"

이 기사에 따르면 지하철은 건강에 매우 치명적인 교통수단이다. 문제는 쉽게 개선할 수 없어 보인다는 것이다. 그럼에도 불구하고 내일도 지하철을 타고 출근해야 하는 시민이 대다수다. 문제를 알아도 대안이 없는 정보인 셈이다. 그렇다면 과연 이런 정보는 약인건가? 병인건가? 이 정보를 알게 된 그 기자는 과연 지하철을 타지 않고 견딜 수 있을까? 기자의 입장에서는 경종을 울리려는 목적으로 보도를 하겠지만 이런 문제는 개선이 가능한 지도 의심스럽다. 하지만 잊을 만하면 언론은 이런 보도를 통해 국민의 불안감과 불편한 진실을 알려준다. 정보량이 증가하면서 슬기로워지기는커녕 오히려 두려움에 사로잡히게 만드는 대표적인 사례이다. 이런 뉴스가 보도 된 이후 개선되었다는 정부의 후속 보도는 접해본 적이 없다. 스위스 생갈 대학교의 마르틴 에플러 교수는 이런 정보과잉 현상을 다음과 같이 비판

했다.

"일반적으로는 관련된 정보를 많이 확보할수록 결정의 만족도가 더욱더 나아집니다. 하지만 정보의 양이 어느 임계점을 넘어 지나치게 많아지면 두뇌는 한계에 이릅니다. 그때부터 다른 선택 가능성을 무시하거나 잘못된 결정을 내리기 시작합니다. 한마디로 정보를 철저히 점검하지 않는 것이지요.[35]"

IT기술의 발달과 급격한 디지털화로 인해 우리는 정보의 홍수 속에 살아가고 있다. 허나 모든 정보가 전부 유용하지는 않다. 네이트 실버(Nate Silver)는 이런 상황을 『신호와 소음』이라고 규정했다. 어떤 정보는 소음에 불과하고 극히 일부의 정보만 나에게 유의미한 신호를 보낸다는 뜻이다. 이처럼 모든 정보가 개방된 사회에서는 정보에서 신호를 잡아내는 능력이 필요하다.

뒤늦게 스마트폰으로 교체하셨던 아버지는 어느덧 만보기가 달린 스마트워치를 사용하신다. 심장박동은 기본이고 수면시간과 일정관리까지 아버지의 데이터는 나날이 축적되어가고 있다. 아내는 음식물의 칼로리와 콜레스테롤 수치까지 알려주는 앱을 사용한다. 지도 앱에는 내가 검색했던 지역에 대한 기록(로그)가 남아있고 알림창에는 다음 일정이 뜬다. 데이터가 쌓여가고 있지만 우리 삶은 그다지 나아진 것 같지 않다. 캘린더 앱을 이것저것 사용하느라 약속을 겹치게 잡는 것은 물론이고 칼로리가 높은 줄 알기에 음식을 먹을 때마다 유쾌하지 않다. 통제할 수 없는 정보라면 차라리 모르는 게 나은 셈이다.

숫자에서 벗어나라

필요한 정보와 필요하지 않은 정보를 선별하는 능력이야 말로 인생을 잘 사는 노하우일지도 모른다. 특히 매일같이 쏟아지는 방대한 디지털 데이터들은 가공되지 않으면 쓰레기처럼 서버 어딘가에 방치된다. 새로운 종류의 디지털 쓰레기인 셈이다. 인터넷 검색을 하거나 포털사이트에 로그인 하면서 남긴 흔적에서 생성된 사람들의 기록들은 분석되지 않으면 광고주나 광고대행사에게 정보로서의 가치를 제공하기 어렵다. 그러나 숫자에 대한 지나친 집착은 근시안적인 마케팅에 집중하게 만들어 기업의 성장을 더디게 만든다.

처음 광고계에 입문했을 때 내가 담당했던 광고주 중에 지금은 11번가에 M&A된 체리야닷컴(cherrya.com)이라는 화장품 쇼핑몰이 있었다. 물류센터가 있었고 도매가 주업이었던 이 회사는 소매를 늘이기 위해 온라인 쇼핑몰 사업을 강화했다. 모든 프로젝트마다 정해진 목표가 있고, 클릭 수가 그 목표에 미달할 때는 마케팅부서에 비상이 걸리곤 했다. 체리야닷컴은 방문자가 광고배너를 보고 들어와서 물건을 구매하는 모든 단계를 트레킹(tracking, 추적조사)했다. 따라서 한 달에 얼마의 광고비를 지출하면 그 이상의 매출이 나와야 수익을 내는 구조였다. G마켓이나 옥션, 쿠팡 등의 온라인 쇼핑은 대부분 이런 방식을 사용했는데 최근에는 대기업은 물론이고 거의 모든 기업이 이런 방식을 '디지털 마케팅'으로 오해하는 경향이 있는 것 같아 안타깝다. 하지만 진정한 한 칼은 이런 숫자로 잴 수 없다.

이는 컴퓨터 업종의 최강자로 군림하면서 지금은 위상이 많이 달라진 델(Dell)과 애플(Apple)을 비교하면 쉽게 이해할 수 있다. 델은 홈페이지에서 소비자가 직접 부품을 선택하여 조립하고 주문하는 혁신적인 유통전략으로 시장을 석권한 이후 체리야닷컴처럼 트레킹 위주의 마케팅을 전개해왔다. 감성은 배제한 채 오로지 비용과 클릭에 집중했다. 고객을 심장을 가진 인간이 아니라 하나의 클릭 단위로 이해한 것이다. 반면 애플은 고객을 기쁘게 만드는 것을 최우선으로 여겨왔다. 1998년 『블룸버그 비즈니스위크』 인터뷰에서 잡스는 이렇게 말했다.

"포커스 그룹을 통해 제품을 디자인하기는 정말 어렵습니다. 사람들은 대부분 무언가를 직접 보여주기 전까지 자신이 무엇을 원하는지 조차 알지 못합니다." [36]

창의적인 아이디어에 대해서는 지구상에 누구도 스티브 잡스를 따를 자가 없지만 그는 데이터를 분석하고 클릭수를 매출로 연결하는 데에는 구식이었다. 물론 그 역시 많은 데이터를 원했고 작은 정보 하나까지도 놓치지 않았다. 차이가 있다면 그는 맥락 없는 정보까지 마구잡이로 받아들이지는 않았다는 점이다.

잡스는 기술이란 사람을 위해 존재해야 가치가 있다고 여겼다. 즉 상상력을 자극하고 만족감을 선물하고 미소 짓게 만드는 것이 기술의 존재 이유라고 생각했다. 애플의 홈페이지인 애플닷컴 역시 델 컴퓨터와 마찬가지로 직접 판매가 가능하고 아이튠스, 앱스토어, 퀵타임 플레이어 등을 다운받는 방문자가 많았으나 무리한 클릭을 유도하기 위해 고객과의 관계를 희생시키는 일은 결코 없었다.

잡스는 수치를 향한 맹목적인 집착을 대기업형 행동양식으로 간주했다. 그는 회사에 유익하다고 생각되더라도 결코 수치에 사로잡히지 않았다. 쏟아지는 데이터를 참고할지언정 최종적인 판단은 자신의 머리와 가슴에 의지했다. 그것이 사람의 행동양식이며, 그것이 단순함을 유지하는 비결이다.

널리 알려진 바와 같이 잡스는 공개 프레젠테이션에서 애플이 기술과 인문적 교양의 교차로에 자리한다고 수차례 이야기 했다. 그것이 애플의 본질이다. 제품 디자인을 결정할 때도, 마케팅 전략을 결정할 때도 그는 이 정신에 근거했다. 엑셀에 적힌 통계를 맹목적으로 신뢰하거나 보고서의 두께를 보고 아이디어의 가치를 가늠하는 법도 없었다. 그에게는 오로지 아이디어 자체가 존재할 뿐이며, 훌륭한 아이디어가 전통적인 방식으로 등장하는 경우는 드물다는 사실도 잘 알고 있었다. 헨리 포드 역시 비슷한 취지의 말을 했다.

"사람들에게 무엇을 원하느냐고 내가 물으면, 아마 그들은 더 빠른 말이 필요하다고 답할 겁니다."

한 칼은 컨셉

마케팅에서는 컨셉이라는 말이 자주 등장한다. 브랜드 전문가 전성률 교수는 성공하는 브랜드가 가져야 할 컨셉에 대해서 이렇게 규정한다.

"제품이나 서비스를 경쟁으로부터 의미 있게 분리시키는 방법으로 한 가지나 그 이상의 세분화된 시장에 대응시키는 예술이자 과학,

마음속에 떠오르는 이미지이며 소비자가 그것에 대하여 인식하고 있는 속성들이다."

이 정의에 따르면 성공하는 컨셉을 만들기 위해서는 경쟁자를 고려해야 한다. 소비자의 머릿속에 어떤 경쟁자가 자리 잡고 있는지를 감안하여 그것과 다른 위치를 제시하는 것이다. 정리해보면 컨셉이란 구매동기를 자극하기 위하여 소비자에게 제시하는 '나만의 속성'이라고 정의할 수 있다. 그러나 그 속성이 여럿이어서는 곤란하다. 따라서 여러 속성 중에 가장 핵심에 해당하는 것, 컨셉 중에서 가장 포인트가 되는 것이 바로 '결정적 한 칼'이다.

드라마 촬영장으로 알려진 곳들은 대부분 종영 이후 겨우 그 명맥만 유지한다. 그러나 드라마 촬영 이후 더 많은 인파를 이끌어 하나의 관광 상품으로 우뚝 선 곳이 있다. 바로 남이섬이다. 드라마 『겨울연가』의 촬영지로 잘 알려진 남이섬은 드라마 속 준상과 유진이 거닐 던 곳을 만나기 위해 수십만의 인파가 몰리면서 자연이 훼손되고 쓰레기투성이로 전락했다. 이에 강우현 대표는 단순히 드라마 촬영지로 그치지 않고 '나미나라 공화국'이라는 별도의 컨셉을 잡아 새로운 관광지로 리모델링을 하게 된다.[37]

이 나미나라 공화국은 내각책임제로 운영되고, 국방부 장관과 외교부 장관, 환경청장 등의 내각은 국적을 초월한 다양한 국가의 사람들로 임명된다. 국기도 있고 여권과 화폐도 만들어 하나의 국가를 컨셉으로 잡은 것이다. 이제 남이섬은 외국인 50만 명을 포함해 매년 200만 명이나 찾는 국제적인 관광지가 되었다. 남이섬의 성공비결은 바로 컨셉의 힘이다. 수많은 가수들 중에서 '실력파 가수'라는 컨셉으로 가요계를 흔들기 위해 등장했다는 '빅뱅'도 마찬가지다. 빅뱅은 우주의 시작을 알리는 대폭발을 의미하는 단어지만 지금은 실력파 가수로 더 잘 알려져 있다.

이처럼 강력한 한 칼로 상대의 의중을 쨌다 해도 이해하기 쉬워야 정확하게 전달된다. 앞선 사례에서 우리는 이용찬 대표가 광고주에게 사과를 던졌다는 점에 주목할 필요가 있다. 복잡한 마케팅 이론이나 떠오르는 브랜드들(환기 상표군, evoked set)이라는 용어를 사용하지 않고 사과를 받아보시라고 말함으로써 의도를 쉽게 전달할 수 있었다.

언어철학자들은 언어를 일상 언어와 이상 언어로 구분한다. 일상 언어(ordinary language)란 사물에 부여한 이미지를 있는 그대로 묘사하는 것으로 우리가 일상적으로 주로 사용하는 언어를 말한다. 이상 언어(ideal language)는 언어의 본질을 말한다. ideal을 '이상'이라고 글자 그대로 해석하여 혼란스럽지만, '관념'으로 바꿔보면 의미를 좀 더 정확하게 이해할 수 있다. 이상 언어란 인간 관념에 의해서 생성된 공학이나 과학에 사용되는 언어들을 말한다. 쉽게 말해서 연구소에서 연구원이 사용하는 전문용어는 이상 언어에 해당되고 소비자가 이해하기 쉬운 용어는 일상 언어인 셈이다. 이처럼 결정적 한 칼을 위한 브랜드라면 일상 언어로 쉽게 만들어졌을 때 설득력이 높아진다. 앞서 설명한 나미나라 공화국의 독립선언문이 대표적이다.

"우리는 나라를 세웁니다. 노래의 섬 남이섬에 동화나라를 세웁니다. 동화(同化)되고 동화(同和)되어 동화(童話)를 쓰고 동화(童畵)를 그리며 동화(動畵))처럼 살아가는 동화세계를 남이섬이 만듭니다."

소비자의 마음을 째는 결정적 한칼이 없으면 결국 일방적인 자랑과 자기 과시만 하고 말아 버릴 수 있다. 따라서 소비자와 브랜드 정체성을 연결해주는 컨셉이라는 연결고리가 필요한 셈이다.

9장

준비된 우연

플로지스톤과 감성의 공통점

장작을 불에 태워 한 움큼의 재로 변하는 과정을 지켜보면 장작 안에 있는 어떤 물질이 불에 타서 밖으로 사라지는 것처럼 보인다. 옛날 과학자들은 장작 안에 있다가 불에 타서 사라지는 물질을 "플로지스톤"이라고 불렀다. 물론 실제로는 그런 물질이 존재하지 않는다.[38] 플로지스톤에 관한 자료를 읽으면서 나는 감성이라는 단어가 떠올랐다.

최근 들어 SNS, 특히 인스타그램이 유행하면서 해시태그와 접두어로 자주 사용되는 '#감성' 혹은 이를 좀 더 개인화된 감정으로 강조한 '#갬성'[39]이라는 단어 역시 플로지스톤과 마찬가지로 과학적으로 증명된 개념은 아니다. 그저 인간의 지적 능력으로 해석할 수 없는 어떤 감정의 끌림을 설명하기 위해 사용하는 정의에 불과하다. 그렇다고 중요성이 떨어지는 것은 아니다. 4차 산업사회를 맞이하여 기계나 인공지능과 구별되는 인간의 특징 중에서 가장 중요한 것이 '감성'이기 때문이다. 플로지스톤과 감성 간에는 세 가지 공통점이 존재한다. 눈에 보이지도 않고 손에 잡히지도 않는다는 것 그리고 우연히 발견되었다는 것이다.

광고대행사인 대홍기획 시절, 광고주인 롯데제과의 '아트라스'에 대해 초코바 브랜드 1위 만들기라는 주제로 워크샵을 한 적이 있다. 롯데제과가 TV광고는 물론 경품행사, 소비자 현상퀴즈 등의 판촉활동을 통해 마케팅을 해도 브랜드 인지도에서는 항상 스니커즈에게 1위를 내 주고 있다는 점이 바로 롯데제과의 고민이었다.

초콜릿에 땅콩과 아몬드 등을 넣은 우리나라의 초코바 시장은 1985년에 첫 선을 보인 오리온제과의 핫브레이크가 가장 오래된 역사를 가졌으며, 해태제과의 자유시간은 1990년에 탄생했고, 1997년 롯데제과의 아트라스가 그 뒤를 이었다. 해태제과의 '자유시간'은 출시 이후 곧바로 오리온제과의 핫브레이크를 앞질렀으나 롯데제과가 신제품 '아트라스'를 출시하면서 유통파워로 밀어붙이자 1위 자리를 빼앗겼다. 뚜렷한 대세 브랜드 없이 자고나면 1위가 바뀌는 점입가경의 상황이었다. 그러던 와중에 오리지널 수입제품인 '스니커즈'가 한국에 상륙하여 편의점에서 인기를 모으면서 새로운 국면에 접어들었다.

참가자의 테이블에는 대홍기획 마케팅 연구소에서 진행했던 롯데 아트라스와 스니커즈의 맛 구분에 대한 실험 결과가 놓여 있었다.

소비자를 대상으로 펩시와 코카콜라의 비교 광고처럼 '블라인드 테스트(Blind test)'를 진행한 것이다. 초코바의 포장을 뜯어 상표명을 보여주지 않고 맛을 보게 한 후, 브랜드를 맞추게 하고, 두 제품 간의 차이를 맞추는 실험이었다.

롯데 아트라스와 스니커즈의 맛에 차이가 있었을까? 맛을 분별했던 사람들의 이야기와 자료 조사를 살펴보면 초코바를 구성하는 세 부분에서 모두 차이가 났다. 즉, 롯데 아트라스는 캐러멜 향이 유독 강하단다. 그리고 연유와 전지분유, 물엿 등의 양이 많아 초코바가 끈적거리는 느낌이 든다고 했다. 스니커즈는 재료 배합의 비율이 잘 맞아 전체적으로 조화롭게 맛있다고 했다. 적당하게 함유된 땅콩을 초콜릿과 함께 먹는 맛이 좋다는 의견도 있었다. 그런데 이런 차이를 알고, 맛만 보고 정확하게 양사의 초코바를 구분하는 사람의 비율은 20%가 채 되지 않는다. 맛의 차이가 없다고 봐도 무방하다.

당시 광고주인 롯데제과가 매출이 잘 나오는 데도 불구하고 브랜드 인지도에서까지 1위를 하고 싶었던 이유가 무엇이었을까? 기본적으로는 초코바 시장의 놀라운 성장세 때문이었을 것이다. 전반적인 초코바 시장의 정체 속에서도 매년 20%이상의 신장률을 기록하며 1천억 원대의 매출 규모로 성장하는 시장이었다. 그러나 가장 중요한 이유는 바로 소비자의 '감성'을 공략하지 못해 초코파이 시장에서 오리온을 따라잡지 못하고 이류 브랜드로 전락 해버리는 쓴 맛을 봤기 때문이었다.

군대에서부터 먹었던 걸로 따지면 '초코파이'야 말로 국민 간식이라 불릴만하다. 1974년에 처음 이 세상에 나온 초코파이는 판매된 누적 매출만 1조원이고, 국내에서 판매된 양만해도 100억 개에 육박한다. 대한민국 국민 1인당 약 200개의 초코파이를 먹은 셈이다. 오리온 초코파이 '정(情)'이 수많은 유사 브랜드들과의 경쟁 속에서 당당하게 선두 자리를 유지하고 있는 비결은 누가 뭐래도 '초코파이라고 하면 정, 정이라고 하면 초코파이'라는 감성을 자아낸 덕분이다. 지금까지도 오리온은 일상생활에서의 잔잔하면서도 감동적인 메시지를 전하는 광고를 하고 있다.

그러나 지금의 위치에 오르기까지 과정이 항상 순탄했던 것은 아니다. 물론 팽팽한 싸움은 아니었다. 아트라스처럼 오리온 초코파이는 시장 점유율 1위를 달리고 있었고 격차도 상당했다. 당시에 롯데는 제과업계 1인자로서 자존심을 걸고 공격적인 프로모션을 진행했지만 격차가 좀처럼 좁혀지지 않았다. 계속되는 '1+1' 류의 공격적인 프로모션과 1위 제과기업으로서의 유통 장악력에도 불구하고 롯데가 시장점유율에서 오리온의 반도 따라잡지 못한 이유는 무엇일까?

일반적으로 오리온 초코파이하면 뭐가 생각나는가하고 물으면 지체 없이 '정(情)'이라는 대답이 나온다. 곧이어 롯데 초코파이는 어떤가 하고 물으면 머뭇머뭇하며 짝퉁이나 싸구려라고 답한다. 당시 오리온 초코파이의 마케팅 전략에 직접 참여했던 ㈜하바스의 박재항 대표(당시 제일기획)는 오리온 초코파이의 무기는 바로 롯데가 갖지 못한 '정'이란 감성적 가치였다고 분석한다. 거기에 초코파이라는 카테고리를 만든 선도자라는 역사적 자산이 뒷받침을 했다. 이는 '돈으로 살 수 없는, 가격을 매길 수 없는(Money can't buy, Priceless)' 가치였다. 이렇듯 제품을 변형시키지 않고 광고를 통해 가치를 더해 주며 다른 제품들과 확실하게 차별화한 브랜드를 만든 대표적인 사례가 오리온 초코파이의 '정(情) 시리즈'다.

그런 과거가 있었기에 모처럼 매출에서 주도권을 잡은 롯데제과로서는 카테고리를 만든 선도자 스니커즈가 부담스러웠던 것이다. 세계 초코바의 역사는 1923년 미국에서 스니커즈(snickers)가 만들어지면서 비롯됐다. '낄낄 웃는다.'는 뜻을 가진 스니커즈는 창업주 가족이 기르던 말의 이름을 딴 것이다. 이후 '출출할 땐 스니커즈'라는 슬로건을 소비자에게 각인시키며, 전 세계 각지의 소비자들에게 초코바의 매력을 확산시켰다. 현재까지 초코바는 에너지를 낼 수 있는 '고열량 간편식'으로 인정받으며 등산 마니아를 비롯한 스포츠맨뿐 아니라 일반인들에게도 큰 인기를 끌고 있다. 그런 스니커즈를 뛰어넘기 위해 아트라스는 초코파이 시장에서 배웠던 교훈을 떠올렸던 것이다.

'말하지 않아도 알아요~'란 오리온 초코파이 정 시리즈의 대표 테마송은 부광약품의 '코코코 코리투살~', 해태의 '12시에 만나요 브라보콘'과 함께 대단한 인기를 끌었다. 테마송이 인기를 끌면서 매출은 물론 브랜드 인지도까지 우위를 점유하게 된 것이다. 오리온 초코파이의 '정'은 지금까지도 뛰어난 감성 마케팅의 사례로 꼽히고 있다.

물론 모든 마케팅이 많은 돈을 들여서 존재하지도 않는 감정을 끌어내야만 하는 것은 아니다. 사실 수많은 사람들이 일명 '업어 타기' 즉 이미 존재하는 감정에 다른 감정을 결합시키는 방식을 이용한다. 익히 알려진 역사적 사실이나 신화를 재해석해서 새로운 이야기를 파생시키는 것이 대표적인 업어 타기 방법이다.

영화『신과 함께 : 인과 연』에 보면 귀인이란 '생전에 정의롭게 살았던 사람 중에서 억울하게 죽어 천수를 누리지 못한 사람'이라는 정의가 등장한다. 이 영화의 전편에 해당하는『신과 함께 : 죄와 벌』에서 김자홍(차태현 분)은 소방관으로 죽어가는 사람을 무수히도 구해주고 고아를 위한 봉사도 많이 할 정도로 정의로운 삶을 살았다. 반면『신과 함께 : 인과 연』에 등장하는 그의 동생 수홍(이동욱 분)은 사시공부를 오래한 탓에 정이 많았고 후임병을 챙겨줬던 것과 몸이 불편한 어머니를 보살폈던 정도로만 착했다. 그럼에도 불구하고 삼차사(환생을 돕는 삼인의 저승사자)에게 귀인 대접을 받는다. 그러나 수홍은 이승에서의 삶이 전혀 행복하지 않았기에 환생하고 싶어 하지 않는다.

이처럼 영화는 '환생'이라는 익히 알고 있는 개념에 개인의 철학과 자기반성을 투영하여 관객의 감성을 자극한다. 흥행에 성공한 작품들을 보면 우리가 기존에 알고 있는 감성을 끌어내서 자기만의 방식으로 재해석하는 경우가 많다. 그러나 그런 해석은 지나치게 누적되고 반복되면 식상해질 수 있다.

충무로 다작 '끝판 왕'이라는 말이 과언이 아닐 정도로 주연과 조연을 넘나들며 많은 영화에 출연하고 있는 배우 조진웅은 작품마다 다른 모습을 보여줘야 하는 연기자의 고민에 대해 다음과 같이 이야기 한 바 있다.

"어떤 배우를 만나 차를 마시건 술을 마시건 하는 이야기는 백이면 백 똑같다. 바로 '똑같은 연기'에서 벗어나야 한다는 것. 지금 '광대들'이라는 영화를 촬영 중인데 (손)현주 형님, 고창석 선배 등 많은 배우들이 나온다. 다들 촬영만 마치면 '나 또 똑같지?'가 단골 멘트다. 어떤 감독도 '전작에서 했던 것만큼 보여주세요.'라고 말하지 않는다. 어떻게든 다른 재료로 쓰려고 한다. 결국 캐릭터를 처음 구축시킨 사람은 감독이기 때문에 소통을 하면서 감독의 의도를 충실하게 따르다 보면 뭔가 다른 것들이 나오기 마련이다."

작은 차이 큰 감성

얼마 전 회식자리에서 있었던 일이다. 소주는 '처음처럼'만 먹는다는 선배가 있었다. 다 먹고 나니 처음 마신 소주만 '처음처럼'이었다. 아주머니가 두 번째부터는 잘못가지고 오셔서 6병 먹은 소주 중에 다섯 병이 '참이슬'이었는데 아무도 몰랐던 것이다. 그 상황이 하도 재밌어서 주말에 아이들이 좋아하는 사이다를 가지고 시음대회를 해보았다. 아이들은 과연 스프라이트, 칠성사이다, 킨사이다를 과연 구분해 낼 수 있었을까?

왼쪽부터 스프라이트, 칠성사이다, 킨사이다 순으로 채운 후 시음을 했다. 아들 시우는 칠성사이다, 스프라이트, 킨사이다라고 말했다. 동생인 딸 주하는 스프라이트, 킨사이다, 칠성사이다라고 말했다. 아내는 킨사이다, 스프라이트, 칠성사이다라고 말했다. 시우는 킨사이다를 맞췄고, 주하는 스프라이트만을 맞추었을 뿐, 모두 틀렸다.[40] 이와 같이 사이다, 소주, 콜라, 검색엔진 등 1위 업체와 비슷하게 만들어 시장 점유율을 늘이는 것을 경제학 용어로 '호텔링 법칙(Hotelling's Law)' 혹은 '최소 차별화의 원칙'이라고 한다. 선거에서도 표를 많이 받기 위해 극우파나 극좌파보다는 중도 보수나 중도 진보를 표방하는 정당이 정권을 잡게 되는 것도 같은 이유다.

최적 입지 조건에 대해 연구한 미국 경제학자 해럴드 호텔링(Harold Hotelling, 1895~1973)은 1929년 그의 논문 '경쟁에서의 안정성(Stability in Competition)'에서 어느 위치에 있을 때 매출을 극대화할 수 있는지 설명하며 소비자 전체를 아우를 수 있는 '중간'(Median)의 중요성을 강조했다. 호텔링은 "가장 많은 고객에게 접근할 수 있는 최선의 방법은 상품을 정확히 중간에 갖다놓고 장사하는 것이며 그렇게 하지 않은 사람은 패배할 것이다"라고 주장했다.

내가 사는 아파트 단지에는 세븐일레븐과 GS25라는 2개의 편의점이 있다. 각각 단지의 양쪽 끝 부분에 위치하여 주민들을 양분하고 있었다. 그러던 어느 날 단지 중간에 위치한 상가에 공실이 나자 왼쪽에 있던 세븐일레븐이 매장 위치를 가운데로 옮겼다. 그랬더니 GS25에서 물건을 사던 사람들의 일부가 조금 더 가까워진 세븐일레븐으로 가기 시작했다. 그러면서 GS25의 매출이 조금씩 줄어들기 시작했다. 가장 눈에 띄게 줄어든 품목은 담배였다. 담배의 경우는 모든 편의점의 판매 전략과 할인 폭이 동일하기 때문이다. 얼마 후 여름이 되자 이번에는 아이스크림의 매출이 전년보다 30%가량 줄어들었다.

워낙에 덥다보니 약간의 거리도 사람들이 짧은 곳을 선호하는 것이다. 결국 정확하게 절반씩 나눠먹던 시장에서 점차 세븐일레븐 쪽의 매출이 더 늘기 시작했다. 이로 인해 상당한 위협을 받게 된 GS25는 각종 할인과 마케팅 전략을 동원했지만 고객을 끌어들이는데 성공하지 못했다. 결국 두 가게는 중간에서 만나고 그 지점에서 단지의 모든 고객을 놓고 경쟁하게 될 것이다. 이런 경우는 주변에서 흔히 볼 수 있다. 식당이나 술집 혹은 노래방 등이 빼곡하게 모여 있는 것도 이와 비슷한 이유 때문이다. 그러니 오리온 초코파이와 롯데 초코파이, 스니커즈와 롯데 아트라스, 코카콜라와 펩시콜라가 고객의 보이지 않는 '감성'에 호소하려고 노력하는 것도 무리는 아니다.

끌리는 사람의 여섯 가지 특성

어떻게 하면 타인의 감성을 건드릴 수 있을까? 아티스트인 스티븐 샘슨(Stephen Sampson)은 『직함 없는 지도자들(Leaders without Titles)[41]』이라는 책에서 다른 사람들이 자신에게 끌리게 하는 여섯 가지 특성을 제시했다. 그 특성은 바로 건강함, 지성, 사회성, 감성, 인격성, 도덕성이다. 개인이건 기업이건 상대방에게 감성적으로 어필하기 위해서라면 고려할만한 특성들이다.

❶ 건강함

스타벅스하면 맛있는 커피가 떠오르듯 브랜드의 입장에서 건강한 매력은 멋지게 디자인된 로고나 잘 만들어진 광고 문구 등을 통해 표현할 수 있다. 마찬가지로 깔끔하고 건강한 매력이 넘치는 사람은 보통 다른 사람들에게 좋은 인상을 준다. 깔끔한 명함이나 단정한 옷차림이야 말로 상대방에게 영향을 주기 위한 가장 건강한 요소가 될 것이다.

❷ 지성

강력한 지성을 가진 브랜드는 혁신적이어서 다른 브랜드와 고객이 생각하지 못한 제품과 서비스를 제공할 수 있다는 기대를 준다. 일론 머스크(Elon Reeve Musk)는 유명한 혁신가의 이름인 니콜라 테슬라(Nikola Tesla)의 이름을 따서 회사 이름을 테슬라라 지었다. 그는 니콜라 테슬라처럼 지속적인 혁신을 하는 기업을 만들고 싶었고 그 약속을 지켜나가고 있다. 개인 역시 마찬가지다. 인간의 지성은 인간을 사람답게 만드는 가장 중요한 능력이기에 외모가 조금 부족하더라도 지적인 아름다움이 풍부하다면 충분히 끌리게 마련이다.

❸ 사회성

신발 브랜드인 자포스(Zappos)는 대표적으로 사회성을 지닌 회사로 꼽힌다. 고객은 자포스의 콜센터 직원과 몇 시간이고 수다를 떨수 있다. 자포스가 고객과 가장 오랫동안 통화한 시간이 무려 10시간 43분에 이른다고 알려져 있다. 마찬가지로 강력한 사회성을 지닌 사람은 뛰어난 언어적, 비언어적 커뮤니케이션 기술을 보여주면서 다른 사람들과 사귀는 데 능력을 발휘한다. 오프라 윈프리가 대표적이다.

❹ 감성

감정을 불러일으키는 감성적인 브랜드는 고객의 호의를 불러일으킨다. 브랜드는 고무적인 메시지를 통해 감정적 차원에서 고객과 연결되며, 때로는 유머 넘치는 면모를 과시함으로써 고객과 연결되기도 한다. 비누 회사인 '도브(Dove)'는 감성적인 브랜드다. 도브는 여성에게 자신을 사랑하고 자신의 진정한 아름다움을 인정하도록 독려함으로써 그들 사이에 생기는 자긍심 문제를 도맡는다. 주변 사람들과 감정적으로 연결될 수 있는 사람도 마찬가지로 아주 강력한 영향을 전파할 수 있다.

❺ 인격성

강력한 인격성을 가진 브랜드란 자신의 존재 이유가 무엇인지를 정확히 알고 있는 경우를 말한다. 소비자에게 솔직하게 결점을 보여주고, 자신이 한 행동에 대해 전적으로 책임을 진다. 대표적인 브랜드는 도미노 피자를 들 수 있다. 도미노 피자는 2010년 자신들이 만드는 피자가 매력적이지 않다는 사실을 용감하게 인정했다. 그리고는 30분 배달정책을 펼쳤다. 도미노 피자는 자사의 결점에 대해 정직하게 책임을 졌고, 이를 통해 브랜드를 더욱 인간적으로 만들었다는 평가를 받고 있다.

마찬가지로 강력한 인격성을 가진 사람들은 자각 능력이 높다. 아직 배우지 못한 것이 무엇인지를 인정할 줄 아는 동시에 잘하는 것이 무엇인지도 안다. 많은 사람들이 이 부분에서 역사상 가장 완벽한 철학자라 불리는 소크라테스를 떠올린다.

"너 자신을 알라."

❻ 도덕성

강력한 도덕성을 가진 브랜드는 가치를 추구한다. 이들은 사업상 모든 결정에서 반드시 윤리적 고려과정을 거친다. 실제로 일부 브랜드는 윤리적 사업 모델을 핵심 차별화 요소로 내세웠으며, 고객이 확인하지 않더라도 약속을 지켰다. 예를 들어 유니레버는 2020년까지 사업 규모를 두 배로 늘리되 환경 발자국은 절반으로 줄이는 '지속 가능한 삶의 계획(Sustainable Living Plan)을 발표했다. 반면 한때 8백여 개의 점포를 거느리고 연매출 1천 억 원을 돌파했던 '아딸'이라는 떡볶이 프랜차이즈는 창업자가 부도덕한 운영과 60억 횡령으로 구속되는 바람에 고전을 면치 못하고 있다.

따라서 도덕성은 윤리적이고 강력한 성실함을 보여주는 것과 관련된 문제다. 긍정적인 도덕성을 가진 사람은 옳고 그름을 구분하는 능력을 갖고 있다. 무엇보다 중요한 사실은 그들에겐 옳은 일을 할 수 있는 용기가 있다는 점이다.

우리나라에서 가장 인기가 있는 스포츠라면 프로야구를 빼놓을 수 없다. 프로야구가 인기를 끄는 이유는 여러 가지가 있겠지만 점수를 낼 수 있는 기회가 많고 볼거리를 다양하게 제공하기 위한 룰이 촘촘하게 존재하기 때문이 아닐까 싶다. 특히 홈런, 안타, 방어율, 삼진 등 다양한 기록과 순위의 변화도 흥미를 더한다. 그렇게 다양한 룰과 대처법을 따로 마련해 놓고 프로야구지만, 선수들의 우발적 행동까지 규정으로 만들어 둘 수는 없다. 그 중에서 규정에는 없지만 인정되는 플레이 중에 하나가 바로 야구 글러브를 던지는 행위이다.

이 글러브 던지기는 한 명의 주자를 잡거나 한 이닝을 마무리하는 역할도 할 수 있지만 경우에 따라서는 선수들의 감성을 자극하여 게임의 승패를 좌우하는 경우도 있다. 주심의 스트라이크 존에 불만을 표출하다 퇴장당하며 글러브를 마운드에 내팽개치는 장면도 그렇고, 더 던지고 싶었지만 코칭 스탭이 강제로 공을 빼앗자 마운드를 내려가며 덕 아웃 쪽으로 글러브를 집어 던지는 과격한 감정표현도 관객의 감정을 자극한다.

그러나 그 감정이 감성을 바꾸는 사례를 우리는 기억하고 있다. 2008년 베이징 올림픽 쿠바와의 결승전에서 포수 강민호 선수가 퇴장당하며 덕 아웃 벽에 세차게 집어 던졌던 미트 집어 던지기 장면이다. 한 방이면 역전패할 수도 있었던 절체절명의 위기에서 정신적으로 한국팀을 하나로 집중시키고, 결과적으로 상대팀 쿠바의 좋은 흐름을 흩뜨려 놓았던 강민호 선수의 속칭 '99마일' 미트 집어 던지기는 행동의 옳고 그름을 떠나 지금 생각해도 글러브를 던져 가장 효과를 본 최고의 장면이 아니었나 싶다.

강민호 선수의 행동이야 말로 진정 준비된 우연이 아닌가! 비록 스포츠 정신으로 보면 무례한 행동이었지만 강민호 선수가 이끈 변화는 탁월했다. 여기서 얻을 수 있는 교훈은, 사람들이 무언가를 각별히 여기도록 만들고 싶다면, 그들이 중요하게 여기는 '감성'을 건드려야 한다는 것이다. 그리고 그 감성은 강민호의 터프함처럼 최대한 자신에게 솔직한 것이어야 한다.

매우 못생기고 가난했던 안데르센은 동화 작가로 성공한 뒤 이렇게 말했다.

"나는 못생긴 덕분에 '미운 오리새끼'를 쓸 수 있었고, 가난했던 덕분에 '성냥팔이 소녀'를 쓸 수 있었다."

파나소닉의 창업자 마쓰시다 고노스케는 또 어떤가? 그는 자신이야말로 하늘로부터 세 가지 은혜를 입고 태어났다고 말했다. 가난한 것, 몸이 약한 것, 못 배운 것 말이다. 가난했기에 구두닦이와 신문팔이 등 세상 경험을 할 수 있었고, 몸이 약했기에 늘 건강에 신경 썼고, 제대로 못 배웠기에 누구에게도 배우려고 했으니 준비된 우연이 아닌 다른 말로 설명할 수 있겠는가?

10장

공감대 형성

이야기를 담은 마케팅이 공감대를 형성한다

편의점에 가면 아이들은 가격에 상관없이 항상 자기가 원하는 물건을 집는다. 사이다는 칠성사이다가 제 맛이고 젤리는 꼭 '트롤리'를 먹어야 한다. 반면 나는 2개를 사면 하나를 더 주는 2+1이나 20퍼센트나 30퍼센트 할인하는 물건들에 손이 간다. 스프라이트나 칠성사이다나 맛은 비슷하고, 트롤리 말고도 젤리는 널려있다는 게 그 이유다. 그렇게 옥신각신 물건을 집다보면 결국 아이들 입에서는 탄성이 나온다.

"흥! 아빠는 짠돌이야."

이런 말을 들으면 여간 억울한 게 아니다. 싼 물건을 기분 좋게 살 수 있으면 좋으련만 동네 편의점의 마케팅 기법이 아이들에게는 전혀 통하지 않는다.

그런 면에서 중국의 오강(奧康)이라는 기업의 스토리텔링 마케팅은 관심을 가져볼만하다. 중국의 노동절은 우리와 달리 5월 1일부터 4일까지 연휴기간이다. 가죽용품 전문 업체인 오강기업은 5월 1일 노동절을 기념하여 노동절의 날짜를 상징하는 두 숫자 5와 1을 하나의 단위처럼 묶을 수 있다는 점에 착안하여 "노동절에 끝자리가 '51'이라는 숫자의 지폐를 가진 사람에게는 행운이 있을 것"이라는 '51지폐 이야기'를 만든다. 절반을 상징하는 50퍼센트를 우회적으로 표현한 것이다. 그리고는 4월 25일과 26일에 이 회사는 주요 일간지에 다음과 같은 전면광고를 게재한다.[42]

"예로부터 노동절에 51지폐를 가진 사람에게는 행운이 있다는 이야기가 전해져 내려오고 있습니다. 끝자리 수가 51인 인민폐(위안화)를 찾아서 매장으로 오십시오. 5월 1일 노동절에는 돈을 두 배로 불려서 사용하실 수 있습니다. 노동절 기간 동안 오강 매장에 오시면 여러분의 100원은 200원이 되어 200원짜리 오강 구두와 가죽 벨트, 가죽 가방을 단돈 100원에 구입하실 수 있습니다."

효과는 즉시 나타났다. 광고를 본 수많은 사람들이 지갑을 열어 지폐의 일련번호를 확인하기 시작했다. '51'이라는 끝자리를 찾은 사람들은 마치 '두 배'의 당첨금을 받게 된 것처럼 좋아했고, '51'이란 숫자를 발견하지 못한 사람들은 앞 다투어 은행으로 달려가 돈을 인출했다.

오강기업의 모든 체인점들은 노동절 기간 내내 문전성시를 이룰 정도로 사람들이 몰렸다. 물건을 사러온 사람들의 손에는 하나같이 끝자리 수가 51인 지폐가 들려 있었고, 손님들 사이에는 먼저 물건을 사려고 다투는 소동이 벌어지기도 했다. 중국 원조우(溫州)시 야오시진(瑤溪鎮)구에서만 하루 생산량인 2만 켤레의 구두가 눈 깜짝할 사이에 다 팔려버렸다. 결국 재고로 남아 있던 봄 구두와 겨울 구두까지 전부 내다 파는 수밖에 없었다.

여기서 한 가지만 따져보자. 50퍼센트 세일과 100원으로 200원 상당의 물건을 살 수 있는 것이 과연 어떤 차이가 있는가? 실질적으로는 아무런 차이가 없다. 그저 '노동절에 51지폐를 가진 사람에게는 행운이 있을 것'이라는 이야기로 5월 1일 노동절이라는 숫자에 의미를 부여하여 두 배의 혜택을 주겠다는 단순한 전략이 파격적인 마케팅 전략으로 둔갑한 것이다. 이야기를 담아내느냐 못 담아내느냐는 이처럼 작은 차이지만 큰 결과로 이어지는 것이다.

공감대가 형성되면 몰입감이 크다

이야기는 즐거움과 관련이 있다. 우리가 영화나 책, 드라마를 좋아하는 이유를 따져보면 어렵지 않게 알 수 있다. "옛날 옛날에"로 시작하는 옛날이야기를 아이들이 좋아하는 이유는 아이들이 좋아하는 동물 혹은 도깨비가 등장하기 때문이다. 이런 경우 이야기를 듣는 사람은 대부분 수동적인 역할을 맡게 된다. 오죽하면 하루 종일 소파에 앉아서 TV 드라마만 즐기는 사람들을 영어로 '카우치 포테이토(couch potato)'라고 부르겠는가.

하지만 능동적으로 참여하는 경우도 있다. 저자의 솔직한 이야기가 독자의 경험과 일치하면 우리는 작가가 만든 세계 속에 빨려 들어간다. 아빠가 이야기를 들려줄 때에는 아이들은 무서워 하기도 하고 웃음 짓기도 한다. 영화를 볼 때는 관객들은 주인공에게 몰입하여 눈물을 흘리기도 한다.

이에 대해 고려대학교 국어교육과의 노명완 명예교수님은 이야기가 현실적으로 펼쳐진다면 '이야기를 듣는 사람'과 '이야기의 주인공'이 일체화 된다는 실험 결과를 소개해 주신 적이 있다. 사람들이 이야기를 이해하는 방식에 대해 흥미를 느낀 어떤 심리학자 그룹이 그들이 만든 이야기를 컴퓨터로 피실험자들에게 읽히는 실험을 했다. 그들은 피실험자를 두 집단으로 분류했다.

첫 번째 집단은 중요 대상이 주인공과 결합되는 이야기를 읽었다. 이를테면 '철수는 아침운동을 나가기 전에 운동복을 입었다'와 같은 형식이다. 반면 두 번째 집단은 '철수는 아침운동을 나가기 전에 잠옷을 벗었다'처럼 대상이 주인공과 분리되는 이야기를 읽었다. 두 문장 뒤에서는 다시 운동복을 언급했고, 사람들이 문장을 읽는 데 걸리는 시간을 컴퓨터 브라우저로 체크했다. 결과를 보니 철수가 아침운동을 나가기 전에 잠옷을 벗었다고 생각한 사람들이 철수가 조깅을 나가기 전에 운동복을 입었다고 생각한 사람보다 문장을 읽는 데 더 많은 시간이 걸린 것으로 나타났다.

이 결과로 인해 우리는 이야기 안에서 일종의 공간적 이미지를 형성한다는 것을 알 수 있다. 즉, '이야기를 읽으면서 머릿속에 그림을 그린다.'는 것이다. 사실 이 실험은 그동안 우리가 느낌 적으로 알고 있는 사실을 증명한 것뿐이다. 이 실험의 결과를 받아들인다면 우리는 단순히 머릿속 스크린에 묘사된 공간적 상관관계에 따라 행동으로 옮기는 것이다. 누군가의 이야기를 듣거나 읽을 때, 우리의 정신은 그 내용을 머릿속에 그려본다. 따라서 완벽하게 수동적인 관객이나 시청자란 없다는 것을 증명한 셈이다.

긍정이 담긴 예행연습

대학원 시절 광고 심리학이라는 과목을 수강할 때의 일이다. 교수님은 가정문제나 기말고사 과제처럼 '스트레스를 주지만 해결할 가능성이 있는' 고민거리에 대해 곰곰이 생각해오라는 숙제를 주셨다.

"문제를 고민해보고 관련된 정보를 찾아보세요. 할 수 있는 일부터 차근차근 문제에 접근해보는 겁니다. 고민하고 해결방법을 생각하다보면 만족스러운 대처 방식이 나타날 겁니다."

교수님은 다음 주에 자신의 경험을 이야기를 해달라면서 수업을 마치셨다. 일주일 뒤 학생들은 경험에 대한 이야기를 나누었다. 이야기가 끝나자 교수님은 이번에는 그 문제에 대한 '해결과정'을 마음속으로 그려보라고 말씀하셨다.

"여러분이 생각한 그 문제가 발생한 원인에 대해서 이미지로 떠올려보세요. 처음 문제가 야기된 상황을 상세하게 떠올려 보고, 문제가 발생했을 당시 여러분의 주변에 있던 물건이나 함께 있던 사람과 공간도 함께 떠올려보세요. 그리고 사건이 진행된 과정을 차근차근 따라가 보세요. 상대에게 어떤 말을 했고 무슨 행동을 했는지 생각해보는 겁니다."

사건을 마음속으로 그리기 위해서 학생들은 바이러스를 찾기 위해 컴퓨터를 샅샅이 살피는 백신 프로그램처럼 문제가 발생한 과정을 떠올렸다. 교수님은 그런 결과가 나오게 된 과정을 따라가는 일이 문제 해결에 도움이 될 것이라는 말씀도 덧붙이셨다. 그리고 학생들은 그 결과를 노트에 기록하고 경험을 나누었다.

잠시 쉬는 시간을 갖고 나서 이번에는 그 문제가 '해결되었을 때의 결과'를 머릿속으로 그려보라는 말씀을 하셨다.

"여러분을 골치 아프게 했던 그 고민거리가 해결되고 있다고 상상해보세요. 문제가 해결된 뒤 여러분들은 어떤 만족감을 느낄까요? 모든 문제가 해결된 뒤 기뻐할 여러분의 모습을 떠올려 보세요."

학생들은 '이 문제가 해결되고 내 기분은 어떨까?'라는 원하는 미래의 모습을 마음속으로 그렸다. 결국 같은 문제를 바라보는 두 가지 방식을 실습해본 것이다. 사건의 과정을 마음속으로 분석했을 때와 긍정적인 결말을 꿈꾸었을 때 중에서 어떤 경우가 문제 해결 과정에 가장 잘 적응했을까? 교수님은 맨 앞자리에 앉아있던 나의 의견을 물으셨다.

"사건의 발생 과정을 머릿속에서 그리고 과정을 추적하는 것이 해결방안을 떠올리는데 도움이 되는 것 같습니다."

나뿐만이 아니라 실습에 참여했던 학생들 대부분은 사건을 마음속으로 그린 경우라고 대답했다. 이에 대해 교수님은 이런 과정을 정신적 예행연습(심리적 연습, mental rehearsal)이라고 부른다면서 다음과 같이 말씀하셨다.

"정신적 예행연습은 과거 사건을 통해 앞으로의 진행 과정을 머릿속을 미리 그려봄으로써 문제 해결에 실질적인 도움을 줍니다. 반면, 미래의 성공하는 모습을 그리는 긍정적 마음가짐은 심리적으로 위안이 될 수는 있겠지만 여러분이 당면한 문제를 해결하는 데 실질적인 도움은 주지 못한다고 보면 됩니다."

일처리 과정을 머릿속으로 미리 예행 연습하는 것이 효과적인 이유는 뇌의 특성에 기인한다. 우리 뇌는 어떤 사건이나 일의 순서를 상상하는 것만으로도 물리적 활동을 할 때 사용하는 영역에 똑같은 자극을 받는다. 누군가가 피부를 만지는 상상을 하면 촉감을 관장하는 뇌 영역이 흥분되는데 스티븐 스필버그는 영화『레디 플레이어 원』에서 오로지 뇌의 자극을 통해 사이버 세상에 접속하는 미래 사회를 그리기도 했다.

상황을 미리 그려보는 예행연습은 비단 머릿속에만 한정되는 게 아니다. 'ㅆ'이나 'ㅋ'등의 쌍자음으로 시작되는 단어를 떠올리면 거칠게 말이 나오기 쉽고 123층짜리 롯데월드타워를 상상하면 자신도 모르게 목이 위쪽으로 움직인다. 정신적 예행연습은 심지어 신체 반응까지 일으킨다. 시큼한 레모네이드를 마시는 상상을 하며 물을 들이켜면 평소보다 침이 더 많이 분비된다. 음식물 쓰레기를 상상하면 코끝에서 시큼한 냄새가 나는 기분이 든다.

정신적 예행연습은 감정을 통제하도록 도와준다. 영화『킹스 스피치』에서 조지 6세가 말더듬이를 고치는 과정에서 첫 번째 실행한 것은 헤드폰을 끼고 자신이 말더듬는 소리를 듣지 않음으로서 불안한 감정을 억누르는 것이었다. 그리고 감정 이완 절차를 학습하고, 다음으로 대중 앞에 서서 자신의 이야기를 펼치는 과정을 상상해 본다.

이 마지막에 이루어지는 시각화는 공포를 피하지 않고 올바르게 바라보는 것에서 시작된다. 예를 들어, 두발 자전거를 처음 타는 아이라면 제일 먼저 넘어지는 것을 두려워하면 안 된다. 오쿠다 히데오의 소설 『공중그네』에서 정신과 의사 '이라부 이치로'는 뾰족한 물건이 두려운 야쿠자의 중간보스에게 오히려 바늘을 들이대며 치료한다. 불안감이 든 야쿠자는 잠시 시각화를 멈추고 마음을 안정시키면서 결국 심리상태를 극복한다.

이런 시각화는 사건 그 자체에 집중하게 된다. 1부에서 점과 선으로 설명한 것처럼 결과가 아니라 과정에 초점을 맞추는 것이다. 문제를 해결하고 나면 얼마나 행복할지 상상함으로써 문제를 해결했다는 사례를 나는 아직까지 본적이 없다. 빅터 프랭클 박사의 말대로라면 오히려 지나친 낙관론은 위험하기까지 하다.[43]

업무를 계획할 때에도 먼저 머릿속으로 전체의 프로세스를 짚어보면 깜박했을 만한 것들을 다시 한 번 상기할 수 있다. 편의점에 가는 길을 떠올리다 보면, 아이들이 사달라고 했던 스케치북이 떠오를 수 있고 아내가 사오라던 우유가 떠오를 수도 있다.

지난 2500년 동안 인류는 15세를 지학(志學), 30세를 이립(而立), 40세를 불혹(不惑), 50세를 지천명(知天命), 60세를 이순(耳順), 70세를 종심(從心)이라고 불러왔다. 그 말을 처음 한 사람은 노나라의 성인 공자이다. 공자는 『논어』에서 자신의 성장과정을 이렇게 말한다.

"나는 15세에 배움에 뜻을 두었고, 30세에는 자립하였으며, 40세에는 미혹하지 않게 되었고, 50세에는 천명에 대해 알게 되었고, 60세에는 귀로 듣는 대로 모든 것을 순조로이 이해하게 되었으며, 70세에는 마음으로 하고자 하는 대로 따라 해도 법도에 어긋나지 않게 되었다."

오래전부터 나는 지극히 개인적인 성장과정에 불과한 이 말이 인간의 보편적인 나이 듦을 설명할 때마다 빠지지 않고 인용되는 이유가 궁금했다. 사실 이런 말쯤은 나이 지긋한 어르신이라면 초등학교를 제대로 못 나와도 할 수 있을 만큼 흔하디흔한 말이다. 가령 어느 날 동네에서 가장 연로하신 어른이 이렇게 말씀 하셨다고 가정해보자.

"내가 살아보니 마흔은 불혹이 아니라 지옥이더라, 지옥. 아이들 속 썩여, 마누라도 안 챙겨줘, 부모님도 연로하셔서 병수발 들어야 해, 사는 게 아주 지옥이에요 지옥이야. 이제부터 마흔은 지옥이라 불러야겠다."

그리고는 너나없이 이런 어르신의 생각에 동조하면서 유행처럼 우리 동네에서는 마흔은 지옥이라 불린다. 충분히 가능한 일이다. 하지만 내가 아는 한 과거에도 그런 일은 없었으며 앞으로도 없을 것 같다. 우리나라 5천만 인구 뿐 아니라 중국의 14억 인구가 모두 그 말을 철썩 같이 믿고 있기 때문이다. 도대체 왜 이 많은 사람들이 '불혹의 나이 마흔'이라는 말을 철썩 같이 받아들일까?

춘추시대를 살았던 공자는 35세에 처음 노나라를 떠나서 평생에 걸쳐 자신의 정치적인 뜻을 펼칠만한 나라를 찾아다니며 일평생을 보냈다. 후대 사람들이 주유열국이라 부르는 이 긴 여정의 이야기를 살펴보면 시대를 아우르는 문장이 탄생한 배경을 알 수 있지 않을까?

❶ 이립과 불혹

공자의 말이 지금까지 우리들에게 생생하게 들려오는 이유는 이야기 속에 그의 삶에 고스란히 녹아있기 때문이다. 쿠데타로 망해가는 노나라에 실망한 공자는 삼십대가 되자 현명한 왕을 모시고 올바른 나라를 만들어보겠다는 뜻을 세웠다. 그런 공자가 관심을 두었던 나라는 바로 이웃의 강국인 제나라였다. 제나라 왕인 경공이 현명한 인물로 알려져 있었기에 공자는 경공을 만나기 위해 제나라로 떠났다.

제나라에 도착한 공자는 왕을 만날 기회를 모색하지만 사정은 여의치 않았다. 제나라의 실권자이자 명재상이었던 안영이 공자에 대해 '현실정치에는 적합하지 않은 인물'이라 여겼기 때문이다. 안영의 지혜에 깊이 의지하고 있던 제나라 경공은 끝내 공자를 등용하지 않는다. 이에 공자는 불과 일 년 남짓 제나라에 머물다 노나라로 돌아온다. 이루지는 못했지만 뜻을 세운 것에 만족할 수밖에 없는 첫 출가였다.

불혹을 넘긴 46세에 공자는 『도덕경』을 지은 노자를 만나고 싶어 제자인 남궁경숙과 함께 두 번째 여행을 떠난다. 이번의 목적지는 제나라보다 멀리 있는 주나라였다. 노자의 정확한 나이는 아무도 알지 못한다. 분명한 것은 노자가 공자보다 한참 위라는 정도다. 그러나 한참 위인 것은 나이뿐이 아니었다. 당대에 제법 학식을 쌓은 지식인이었던 공자였지만, 노자의 명성은 대단했다. 자연의 흐름에 따라 '무위'의 삶을 살라는 노자의 가르침은 어수선한 춘추시대에 그야말로 대세 사상이었던 것이다. 사마천은 『사기』에 두 사람이 만나서 나눈 대화가 소개되어 있다. 예에 대해 묻는 공자에게 노자는 이렇게 대답한다.

"당신이 말하는 성현들은 이미 뼈가 다 썩어지고 오직 그 말만이 남아 있을 뿐이오, 또 군자는 때를 만나면 관리가 되지만, 때를 만나지 못하면 바람에 이리저리 날리는 다북쑥처럼 떠돌이 신세가 되오. 훌륭한 상인은 물건을 깊숙이 숨겨 두어 아무것도 없는 것처럼 보이게 하고, 군자는 아름다운 덕을 지니고 있지만 모양새는 어리석은 것처럼 보인다고 나는 들었소. 그대의 교만과 지나친 욕망, 위선적인 표정과 끝없는 야심을 버리시오. 이러한 것들은 그대에게 아무런 도움도 되지 않소. 내가 그대에게 할 말은 단지 이것뿐이오."

사마천은 『사기』 말미에 '노자의 학문을 배우는 이들은 유가 학문을 멀리하고, 유가 학문을 배우는 이들은 역시 노자의 학문을 내쳤다'고 기록하면서 '길이 다르면 서로 도모하지 않는다는 말은 과연 이러한 것을 두고 한 말일 것이다.'라며 안타까움을 표현했다. 그러나 공자는 노자를 만난 다음 미혹하지 않는 마음을 가지게 되었다며 오히려 노자와의 만남을 기뻐했다. 노자에게 호되게 혼이 난 공자는 숙소로 돌아와 제자들에게 이렇게 말했다.

"새는 잘 난다는 것을 알고, 물고기는 헤엄을 잘 친다는 것을 알며, 짐승은 잘 달린다는 것을 안다. 달리는 짐승은 그물을 쳐서 잡을 수 있고 헤엄치는 물고기는 낚시를 드리워 낚을 수 있고, 나는 새는 화살을 쏘아 잡을 수 있다. 그러나 용이 어떻게 바람과 구름을 타고 하늘 위로 올라가는지 나는 알 수 없다. 오늘 나는 노자를 만났는데, 마치 용과 같은 존재였다."

두 사람의 세계관은 예(禮)와 인(仁) 등 몇 가지 근본 개념부터 차이점이 분명하다. 우선 예에 대해서 공자는 '끊임없이 실천해 나가는 과정을 통해 인간의 인성을 회복하는 것'이라 생각한 데 반해, 노자는 거추장스러운 허례와 허식으로 생각했다. 또한 인(仁)에 대해서 공자는 가족과 사회를 유지하기 위한 근본으로 중요하게 여긴 반면 노자는 차별과 치우침으로 보았다. '하늘과 땅이 불인(不仁)'하기 때문에 사사로움이 없다고 여긴 것이다. 후일 공자는 노자와의 만남을 기억하면서 사물의 이치를 터득하고 세상일에 흔들리지 않는 기준을 세울 수 있었던 이 당시의 나이대인 40대를 불혹이라고 부르게 된다.

❷ 지천명과 이순
신형 슈트로 더 강해진 아이언맨처럼 '불혹'의 깨우침으로 업그레

이드되어 돌아온 공자는 노나라에서 승승장구하여 52세 무렵에는 대사구(大司寇)의 지위에 까지 오르게 된다. 그러나 오르막이 가파를 수록 내리막도 그러하다던가. 잘나가던 공자에게도 위기가 찾아온다. 왕이 제나라의 흉계에 속아 쾌락에 빠진 것을 만류하다가 미운털이 박힌 것이다. 이에 크게 낙담한 공자는 그의 큰 뜻을 이루지 못할 것으로 판단하여 벼슬을 버리고 노나라를 떠날 것을 결심한다.

그의 나이 56세. 천명을 깨닫는 다는 지천명에 공자가 선택한 세 번째 목적지는 주나라와 비슷한 거리에 위치한 위나라다. 처음 출국했던 제나라에 1년 정도 머물렀는데 반해 이번 출국은 13년간 중국의 모든 나라를 순방하는 진정한 주유열국이었다. 『사기』에는 공자의 행적을 짤막하게 소개한다. "공자는 왕도를 밝히려고 70여 나라를 유세하였다." 후대 학자들에 따르면 70개의 나라는 과장이며 위, 진, 송, 조, 정 등 겨우 5개의 남짓이라고 하나 5개 나라를 70개 나라 돌듯 고생하며 다닌 것만은 사실인 듯하다. "진실로 써주기만 한다면 1년이면 나라를 바로잡을 수 있고, 3년이면 성과를 올릴 수 있다"고 간곡하게 마지막 열정을 호소했지만, 공자의 높은 이상은 목전의 힘과 이익에 정신이 팔린 당대의 세력가들에게 쓰임 받지 못했다.

주유열국의 중반에 떠난 네 번째 목적지는 초나라의 속국인 섭나라와 채나라다. 공자 나이 62세가 넘어 이동한 나라는 이렇듯 작은 속국이 대부분이었다. 나이가 나이인 만큼 하향지원을 한 셈이다. 그러나 힘든 일은 그치지 않아서 공자는 헐벗고 굶주리며 문자 그대로 수차례의 죽을 고비를 넘겼다. 이 시기 공자의 남루한 행색을 일러 누군가는 '상갓집의 개'라고 비웃었다. 그리고 기원전 484년 공자는 마침내 노나라로 돌아오게 된다. 이때 공자의 나이 68세였다. 56세의 나이에 주유열국을 시작하였으니 13년 만에 고향으로 돌아온 것이었다. 떠날 때는 지천명(知天命)의 나이였지만 돌아올 때는 '남의 말을 듣기만 하면 곧 그 이치를 깨달아 이해 한다'는 이순(耳順)의 나이였다. 신체는 노쇠하였고, 제자들은 하나둘씩 곁을 떠나고 있었다.

공자는 비로소 깨달았다. 정치적 이상을 통해 국가를 바로잡으려는 외부적 노력보다 학문적 사상을 개발하여 내적 자아를 완성시키려는 노력이 훨씬 값어치가 있다는 사실을. 고향으로 돌아온 공자가 73세의 나이로 숨을 거둘 때까지 6년간 더 이상 노나라의 정치에 뛰어들지 아니하고 오로지 학문에 정진할 수 있었던 것은 바로 이런 경험이 삶에 녹아있었기 때문이다.

말은 누구나 할 수 있다. 그러나 행동으로 실천하는 이는 드물다. 머릿속에만 머물러 있는 추상적인 개념은 상대방의 마음에 닿을 수 없다. 구체적으로 체험한 이야기만이 상대방의 마음을 움직일 수 있다. 공자가 말한 불혹의 나이 마흔이라는 키워드는 책상머리에서 앉아서 생각해낸 이론이 아니라 몸소 세상에 부딪쳐서 깨우친 경험에서 우러나온 이야기다. 공자가 평생을 통해 깨우친 성장과정이란 편안한 대기업 직장인의 은퇴와 연금 생활과는 차원이 다른 것이요, 종신 대학교수의 평탄한 삶보다 훨씬 더 큰 공감대를 형성하기 때문이다.

우리나라와는 달리 서양에는 채식주의자가 많다. 그러나 그 채식주의자 중에는 완전한 채식주의자와 불완전한 채식주의자가 존재한다고 한다. 미국의 한 연구팀이 비건(vegan, 고기는 물론 우유, 달걀도 먹지 않는 엄격한 채식주의자) 집단과 베지테리언(vegetarian, 일반적인 채식주의자로 동물성 식품의 섭취를 제한하는 사람들) 집단에게 일반 대중과 비교해서 자기 집단 구성원과 상대방 집단 구성원을 평가하게 했다. 이 평가에 따르면 비건이 베지테리언에 대해 갖는 편견은 베지테리언이 비건에 대해 갖고 있는 편견의 거의 세 배에 달하는 것으로 나타났다.

급진적인 채식주의자인 비건의 눈에는 대다수를 차지하여 주류를 형성하고 있는 베지테리언이 채식하는 척만 하는 사람들로 비춰졌다. 이들이 베지테리언들에게 보내는 메시지는 분명하다. 철저히 온몸으로 받아들이지 않으면 진실하지 못하다는 것이다.

감동적인 강연으로 유명한 휴먼 컴퍼니의 김창옥 대표는 자신의 솔직한 경험이 담긴 이야기만 한다는 철학을 가지고 있다. 그는 자신의 강연을 '맛 집 설명서'라고 표현한다. 살아오면서 자신의 경험을 관통한 이야기를 중심으로 에피소드 화하여 강연의 소재로 사용하기 때문이다. 이야기에 진정성을 담기 위해서 김 대표는 강연에 대한 중요 주제나 에피소드만 기억한 채로 강연을 시작하고 원고 없이 현장에 맞게끔 이야기를 한다.

이와 같이 미완성 원고로 강연을 하는 방법을 자이가르닉 효과(Zeigarnik effect)라고 한다. 1927년 러시아 심리학자 블루마 자이가르닉

(Bluma Zeigarnik)은 사람들이 완성된 작업보다 미완성 작업에 대해 더 잘 기억한다는 사실을 증명했다. 사람들은 작업이 일단 마무리되면, 더 이상 그 작업에 대해 생각하지 않는다. 그러나 일을 중단한 채로 내버려둘 경우, 그 일에 대한 생각이 머릿속을 계속 맴돈다. 따라서 유연한 강연이 가능해지는 것이다.

준비된 원고가 아닌 즉흥적인 연설로 역사에 길이 남을 업적을 남긴 사람으로 마틴 루서 킹 목사가 있다. 1963년 8월 28일 워싱턴 행진 때 링컨 기념관 앞에서 한 '나에게는 꿈이 있습니다(I have a dream)'로 시작되는 마틴 루서 킹 목사의 연설은 지금까지도 인류에 회자되는 역사적인 명연설이다. 그러나 그 연설의 초안에는 '꿈'이라는 단어가 없었다. 킹 목사가 단상에서 클라렌스 존스(Clarence Jones)의 원고 초안으로 연설을 하는 동안 가스펠 가수인 마할리아 잭슨(Mahalia Jackson)은 대중의 공감대가 형성되는 것을 보고는 킹 목사의 등 뒤에서 "꿈에 대해 얘기해요, 마틴!"이라고 외쳤다. 처음에는 그 말을 듣고도 계속 기존 원고대로 연설을 진행하자, 잭슨은 다시 한 번 킹 목사를 종용했다. "당신의 평소 생각인 꿈에 대해 이야기하라고요. 마틴!" 그러자 25만 명의 군중 앞에서 그리고 수백만 명이 TV로 지켜보는 가운데, 킹 목사는 연설문을 밀쳐놓고 즉흥적으로 미래에 대한 자신의 염원을 그리기 시작했다. 그리고 링컨의 게티스버그 연설과 더불어 역사상 가장 위대한 연설을 탄생시켰다.

주제와 에피소드만 기억한 채로 단상에 올라서면 중요한 사연을 놓칠 위험이 있지만 자신이 감당할 수 있는 이야기 중심으로 전달하게 되므로 공감을 끌어낼 가능성은 한결 높아진다. 킹 목사는 이미 1년 전 올버니(Albany)에서부터 꿈에 대해 이야기했고 뒤이은 몇 달 동안 버밍햄에서부터 디트로이트까지 연설을 다니면서 자주 꿈에 대해 언급했다. "나에게는 꿈이 있습니다."라는 연설을 남기 직전까지 킹 목사는 이미 300 차례 이상 꿈에 대한 연설을 해왔던 것으로 알려져 있다.

흑인이든 백인이든, 유대인이든, 개신교든, 가톨릭이든, 모두 손을 잡고, '자유가 왔다!'는 흑인영가를 부를 수 있는 날을 만들자는 신념에 찬 킹 목사의 즉흥 연설에 공감한 청중은 환호했고 미국의 역사는 바뀌었다.

3부

브랜드 미의 실행

"스스로 잘 모른다고 생각하는 사람에게는 아
무리 어려운 주제라도 쉽게 이해시킬 수 있다.
그러나 무언가를 조금이라도 안다고 생각하는
사람에게는 아무리 쉬운 주제 라도 제대로 이
해시키기 어렵다."

– 톨스토이

11장

삶의 진정한 변화를 위하여

1. 목표 설정
2. 나의 성공지능 찾기
3. 성공 스토리
4. 전환 과정

아는 것과 실행하는 것은 다르다

이제까지 배운 방법만으로 자신의 정체성을 찾고 개인 브랜드를 만들 수 있다면 좋겠지만 안타깝게도 그것은 불가능에 가깝다. 변화에는 충분한 노력이 뒷받침 되어야하기 때문이다. 노력에는 두 가지가 있다. 기계적인 노력과 의식적인 노력이다. 기계적인 노력이 주어진 업무만을 열심히 하는 것이라면, 의식적인 노력은 상황을 개선하기 위해 열심히 고민하는 것이다. 우리가 상황을 개선하기 위해서 필요한 것은 의식적인 노력이다.

　과거를 한번 돌아보자. 1년 전도 좋고, 3년 전도 좋다. 소원을 적어 놓은 버킷 리스트가 노트나 스마트폰의 메모장 어딘가에 적혀있다면 아늑한 카페에 앉아 따뜻한 카페라떼를 한잔 마시면서 천천히 읽어보자. 그때 무엇을 꿈꾸었는가? 그리고 그동안 우리는 그 꿈을 향해 얼마만큼 변화해 왔는가? 의식적인 노력만이 우리의 삶을 변화시킨다. 그저 기계적인 노력, '아, 나도 잠 좀 줄여야 하는데'와 같은 막연한 희망으로는 단연코 아무것도 이룰 수 없다. 변화는 엄청난 에너지를 요하기 때문이다. 마치 네 번의 변태를 거쳐야 아름다운 나비가 될 수 있는 애벌레처럼 강력하게 변화하지 않으면 우리의 삶은 그 자리에서 꿈쩍하지 않을 것이다. 의식적인 노력이 잘 안 되는 이유는 여러 가지가 있겠지만 우리는 무엇이 문제인지 조차 모르는 상태로 열심히만 하려는 경향이 있다.

　교육현장에서 겪었던 사례를 소개하겠다. 강남 지역센터에 재희라는 회원이 있었다. 재희의 부모님은 둘 다 교사다. 맞벌이였기 때문에 엄마는 재희에게 학교가 끝난 후 집에 와서 봐야할 교육방송의 프로그램과 DVD목록을 정해줬다. 부모를 닮아 모범생이었던 재희는 엄마가 추천한 프로그램을 꼼꼼히 보았다. 학급 친구들이 드라마나 애니메이션 방송을 이야기 할 때 재희는 언제나 다큐멘터리나 디스커버리 채널 이야기를 할 만큼 지식도 쌓였다. 덕분에 학업성적도 나쁘지 않았다. 그러던 어느 날 재희의 어머님은 담임선생님과 상담을 한 후 깜짝 놀랐다. 국어 성적이 너무 나쁜데다가 아이의 수행평가가 형편없다는 것이다. 또한 객관식 시험에는 강한데 서술형 평가 점수가 지나치게 낮았다. 재희는 학습의 균형이 깨져있는 상태였다. 정보를 스폰지처럼 빨아들이기는 했지만 그 정보를 활용하는 방법은 전혀 모르고 있었던 것이다.

관악구에는 이와 반대되는 정수라는 학생이 있었다. 최근까지도 이 지역에는 웅변학원이 유행했다. 정수는 웅변학원을 오래 다녀서 자세도 좋고 목소리도 훌륭하다. 선생님이 질문을 하면 가장 먼저 손을 들고 발표를 한다. 발음도 또렷해서 전달력과 호소력 또한 풍부했다. 그러던 어느 날 학교를 마친 정수가 의기소침한 상태로 집에 들어왔다. 엄마가 걱정스러운 마음으로 이유를 물어보니 담임선생님으로부터 수업 진행을 방해하지 말라는 지적을 받았다는 것이다. 이 두 아이에게는 무엇이 문제인걸까.

학습의 불균형

배움의 궁극적인 목적은 정보를 올바르게 습득하여 자기만의 방식으로 지식을 창조하는 것이다. 재희와 정수의 사례를 살펴보면 '정보를 올바르게 습득'하는 것과 '지식을 창조'하는 과정 간에 전혀 연계가 없었음을 알 수 있다. 재희는 정보 습득, 즉 입력에 대한 방법은 배웠지만 생각 표출, 즉 출력에 대한 방법은 배우지 못했으며, 정수는 무언가를 표출하려는 노력과 창의적인 의도는 있었지만 정보 습득에 대한 방법을 고민하지 않았다. 어린 시절부터 주입식 교육에 익숙한 성인들이 역시 크게 다르지 않다.

우리 주변에서 흔히 볼 수 있는 이런 학생들의 타입을 어른들은 대게 성격 탓으로 돌린다. 마치 미국인이 영어를 잘 못하는 사람을 보고 '아 이 한국 사람은 참 내성적이구나."라고 생각하는 경우와 같다. 내성적인 게 아니라 영어를 몰라서 못하는 것이고, 외향적인 게 아니라 영어에 능통한 것이다. 마찬가지 이유로 학교 현장에서 재희는 소극적인 아이, 정수는 적극적인 아이로 분류되고 말 뿐이다.

정확하게 말하면 이 두 학생은 학습의 균형이 깨진 상태이다. 재희는 정보를 습득하는 '입력'이 학습이라고 생각했고 정수는 생각을 표출하는 '출력'이 학습이라고 생각했다. 그리고 자신에게 편한 방법만 사용했다. 재희와 정수의 뇌 속 활동을 2장에서 살펴보았던 뇌의 학습 사이클로 살펴보자.

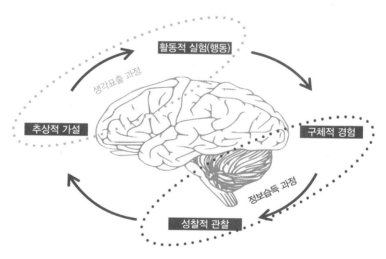

그림 정보 습득과 생각 표출 과정

앞서 우리는 구체적 경험이 여행을 가거나 책을 읽거나 강의를 듣는 경우에 해당된다고 했다. 여기에 성찰적 관찰까지 더하면 정보 습득과정이 된다. 반면 생각표출은 글이나 말 같은 표현의 과정으로 추상적 가설과 활동적 실험을 말한다. 이 영역은 정보를 받아들이는 부분과 지식을 생산해 내는 두 부분으로 나뉘는데, 학교 수업에서 이 둘을 연계 시키는 교육을 하기란 쉽지 않다.

정보 습득과 생각 표출의 과정이 단절되는 대표적인 경우가 바로 교과서를 충분히 숙지하지 않은 상태에서 문제집만 주구장창 풀거나 책을 읽지 않은 상태에서 토론에 참여하는 경우이다. 공부를 하고 문제집을 풀지 않거나 책만 읽고 글쓰기나 토론활동으로 정리하지 않는 경우도 마찬가지다. 재희는 구체적 경험과 성찰적 관찰에 해당하는 '정보 습득'의 과정만 있었다. 반면 정수는 추상적 가설과 활동적 실험에 해당하는 '생각 표출'의 과정만 있었다.

전환 과정

앞서 살펴본 뇌의 4단계 학습 사이클은 다시 외부 프로세스와 내부 프로세스로 구분할 수 있다. 외부 프로세스는 구체적 경험과 활동적 실험(행동)을 말하는데, 구체적 경험은 외부로부터 정보를 받아들이는 것이고 활동적 실험(행동)은 갖고 있는 지식을 외부로 표출하는 과정이다. 내부 프로세스는 성찰적 관찰과 추상적 가설을 말하는 데, 성찰적 관찰을 추상적 가설로 연결시키는 것이 습득한 정보를 생각으로 표출하는 과정이다. 이것을 전환 과정이라고 한다. 전환 과정은 성찰적 관찰을 추상적 가설로 전환하는 내부 프로세스를 말한다.

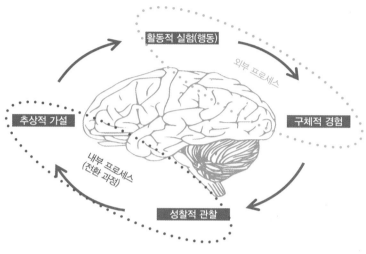

그림 내부 프로세스와 외부 프로세스

따라서 배우고 습득한 정보를 활용하기 위해서는 전환 과정이 반드시 필요하다. 전환은 다음의 3가지 방법으로 이루어진다.

❶ 과거에서 미래로의 전환 - 독서

외부로부터 전해진 정보는 뇌의 입장에서는 과거 정보이다. 과거의 정보가 미래로 전환되는 것은 머릿속의 뇌가 하는 중요한 업무다. 한 권의 책을 읽는 것에 대해 앞에서 구체적 경험이라고 했다. 그 책을 이미 읽었던 다른 책들과 비교하는 것은 성찰적 관찰이다. 그리고 그 정보를 통해 나의 생각을 정리하는 것이 추상적 가설이다. 이러한 과정을 위해서는 꾸준한 독서가 필요하다. 주입식이나 암기식 수업만으로는 이 전환 과정이 제대로 이루어지기 어렵다.

왜 독서가 중요할까? 배경 지식과 간접 경험을 만들어주기 때문이다. 우리가 습득하는 새로운 지식과 경험은 새로운 아이디어를 만드는 재료가 된다. 칡뿌리를 캐내듯 한 권 한 권 집어 들면서 얼마든지 아이디어를 얻을 수 있다. 세상에는 호기심을 자극하는 대상이 한없이 많으므로 대상을 옮겨 가며 호기심의 영역을 넓혀 갈 수도 있을 것이다. 독서의 즐거움은 무한하다. 책을 안 읽는다는 요즘 같은 시대에 독서를 즐거움이라고 하면 더럭 겁을 내는 사람이 있을지 모르겠다. 하지만 혼자서 누릴 수 있는 즐거움이라는 것이 독서의 최대 장점이다. 배드민턴이나 탁구를 치려면 상대가 필요하다. 축구를 즐기려면 자기 외에 스물한 명까지는 아니래도 열 댓 명 아니 적어도 서너 명은 모여야 한다. 또 언제 어디에서나 가능한 것도 아니다. 축구공과 골대도 필요하고, 경우에 따라서는 엄청나게 넓은 장소가 확보되지 않으면 제대로 즐기기 어렵다. 독서는 장비도 필요 없고 어디로 나갈 필요도 없고 누구와 상의할 필요도 없으며 내키는 대로 언제 어디서나 가능하다. e-book까지 있어서 요즘은 원하기만 하면 누구나 밤 낮 없이 원하는 책을 읽을 수 있다. 이렇게 편리한 오락이 세상에 어디 있겠는가.

더구나 체력도 거의 문제가 되지 않는다. 남녀노소 누구나, 심지어 환자라도 대개는 책을 읽고 즐길 수 있다. 피곤하다면 쉽고 재미있는 책을 고르면 된다. 더구나 돈이 별로 들지도 않는다. 책값이 비싸졌다고는 하지만 스타벅스 커피를 서너 잔만 참으면 어느 책이나 살 수 있다.

유튜브가 대세로 떠오르면서 영상 정보가 문자 정보를 몰아내는 시대가 왔다고 말하는 사람이 있다. 사실 텔레비전이 등장하면서부터 종종 있어왔던 이야기다. 영상 정보란 시각적 정보라는 뜻이다. 가령 친구의 얼굴 사진이나 동영상을 인스타그램에 올리는 것도 영상 정보다. 사람의 얼굴을 언어로 콕 집어 표현하는 것은 쉬운 일이 아니다. 반면 사진은 몇 백 단어, 아니 아마 수천, 수만 단어에 해당하는 정보를 단번에 전할 수 있다는 장점이 있다.

그러나 그 친구가 '어제는 스테이크를 먹었다, 내일은 참치회를 먹을 것이다'라는 한 문장에 불과한 정보는 전하지는 못한다. 사진이나 동영상은 인물의 현재 정보일 뿐 과거와 미래는 표현할 수 없다. 영상 정보와 언어를 통한 문자 정보는 서로를 보완하는 관계다. 몰아내거나 대신하는 대체물이 아니라는 말이다. 문자 시대 뒤에 영상 시대가 온 것이 아니라 문자 정보에 영상 정보가 가세했을 뿐이다. 양쪽 다 즐길 수 있는 능력을 갖추면 될 일이다. 다만 앞서 재희의 사례처럼 영상 정보에만 너무 의존하다보면 문장을 써내려가거나 말을 조리 있게 해내는 표현력이 부족해진다. 자극과 반응사이에 공간 없이 무분별하게 정보만 공급되므로 생각할 시간이 필요한 전환과정이 발생하지 않는다. 누군가 영상으로 쉽게 가공해주지 않으면 텍스트를 읽어낼 수 없는 지경에 이르기도 한다. 요즘 많은 성인들에게서 책을 읽어내지 못한다는 하소연을 종종 듣는다. 이는 심각한 문제다. 독일의 대문호 마틴 발저(Martin Walser)는 "우리는 우리가 읽은 것으로 만들어진다."라는 말로 독서의 중요성을 강조했다. 독서는 정보 습득과 표현력을 훈련하기에 최적화된 학습도구이다.

독서를 강조하다보면 간혹 속독법을 배우면 어떻겠느냐고 묻는 사람들이 있다. 책을 속독으로 읽는 것 역시 자극과 반응 사이에 공간 없이 무분별하게 정보만 공급되므로 전환 과정이 발생하지 않는다. 따라서 정보를 전환시키는 데에 장애가 발생한다. 중국 북송의 유학자 정이(程頤, 1033~1107)는 올바른 독서법에 대해 이렇게 말한 바 있다.

"오늘날 사람들은 독서를 잘 할 줄 모른다. 『시경』에 나오는 삼백여 편의 시를 왼다 해도, 정치를 하는 데에 통달하지 못하고 각 국에 사신으로 가서 홀로 응대하지 못할 것 같으면 비록 많이 읽는다 한들 무엇에 쓰겠는가!' 아직 『시경』을 읽지 못했을 때는 정치에 통달하지 못하고 각 국에 사신으로 가서 홀로 대응하지 못했다 하더라도, 책을 읽고 난 뒤에는 곧 정치에 통달하고 각 국에 사신으로 가서 홀로 대응할 수 있어야 비로소 『시경』을 읽었다 할 수 있다."

무분별하게 정보를 받아들이기 보다는 습득한 정보를 자기 것으로 만드는 노력이 필요하다.

❷ 외부에서 내부로의 전환 - 기록

외부의 정보가 들어오면 피동적으로 받아들일 것이 아니라 내부로 균형 있게 전달해야 한다. 정보의 수용자에서 표현하는 생산자로 바뀌는 것이다. 우리가 '생각'이라고 부르는 것이 바로 이 과정이다.

이 과정을 다른 말로 하면 백지로 된 책이라고 부를 수 있다. 작가는 여러분 자신이다. 이 책은 오직 여러분을 위한 책이다. 3D 디자이너로 유명한 카이스트의 배상민 교수는 자신이 가진 창의력의 비결을 메모라고 소개 한다.[44] 더 정확하게 말하면 일지다. 모든 고민에 대한 해결방법은 한순간에 떠오르지 않는다. 그러니 평소에 생각을 정리해두는 습관이 중요하다는 것이 그의 지론이다. 나 역시 '일기'까지는 아니더라도 자신의 '메모'나 '일지' 정도는 기록할 필요가 있다고 생각 한다.

누구를 만났거나 어떤 책을 읽었거나 회의를 했다면 그 사실을 모두 기록하라. 그날 올린 성과가 있다면 하나도 빠짐없이 기록해라. 우리의 뇌는 생각보다 믿을 만한 존재가 못 된다. 성공이 쉽게 잊히고 죄책감이 오래가는 것은 우리 뇌가 성공보다 실수를 훨씬 더 오래 기억하기 때문이다. 그래서 우리는 자기 자신에 대해 전체적으로 실제보다 훨씬 나쁜 이미지를 갖게 된다. 이는 우리가 자라온 환경과 주변의 탓도 있다. 초등학생을 둔 엄마들이 자녀에게 가장 많이 하는 말은 '안 돼!', '하지 마!' 등의 부정적인 단어라고 한다. 또한 우리가 접하는 뉴스의 70퍼센트 이상은 위협적이고 부정적인 보도라고 한다. 따라서 우리는 최소한 자기 자신에 대해서만이라도 긍정적인 말로 용기를 불어넣으려는 노력이 필요하다.

『난중일기』나 『고흐의 편지』 등 위대한 사람들이 남겨놓은 편지나 일기들을 볼 때마다 흥미로운 것은 대부분이 자신이 큰 업적을 남기고 유명하게 되기 훨씬 전부터 일찌감치 자신의 삶에 대한 기록을 시작했다는 점이다. 그들도 처음 기록을 시작할 무렵에는 자신들의 나중에 그렇게 유명한 사람이 될 줄 몰랐을 것이다. 혹시 이런 매일 매일의 기록들이 성공의 밑거름은 아닐까? 어쨌거나 이런 기록들은 그들의 긍정적인 생각들을 오래 유지되도록 해 주었을 것이다.

나는 오래전부터 일지를 기록해왔고 최근에는 블로그와 독서록을 쓰고 있다. 많은 노트들이 분실되기도 했지만 그때그때의 기록들이 삶을 돌아보고 자존감을 채운 밑바탕이 되었음은 틀림없다. 우리가 멈추어 서느냐, 아니면 계속 나아가느냐는 항상 다음 단계로 나아갈 자존감을 갖고 있느냐에 달려있다.

우리는 경험을 통해 다음과 같은 사실을 잘 알고 있다. 자존감이 부족한 사람은 언제나 위험을 피함으로써 자신을 보호한다. 하지만 위험을 감수하지 않는 사람은 아무 것도 하지 못하고, 아무 것도 갖지 못하며, 결국 아무 것도 아닌 사람이 되고 만다.

어느 한 사람을 다른 사람과 다르게 만드는 것은 언제나 그 사람의 자존감이다. 그리고 가장 체계적이고도 효과적으로 자존감을 갖는 방법이 바로 기록하는 것이다.

여러분이 어제나 오늘 올린 성과를 지금 당장 떠올려 보라. 무슨 일을 끝냈고, 누구를 도와주었는가? 광고대행사 시절 다른 곳에서 스카우트 제의가 들어왔다며 선배가 내게 이런 말을 한 적이 있다.

"여기보다 편한 곳이 어디 있냐? 남들도 다 알아줄 만한 대기업이고, 안 그래?"

선배는 다음 단계로 나가기 위한 결정적인 발걸음을 자신이 가진 편안함과 남들의 시선이라는 잣대로 평가했던 것 같다. 그러나 편안함은 핑계에 불과하며 실제로 그는 자신의 성공을 믿지 못했던 것이 아닐까 싶다.

❸ 힘의 전환 - 멘토

우리는 태어나는 순간부터 배운다. 부모를 통해 말을 배우고, 걸음 거리를 배운다. 친구 따라 강남 가듯 생각하는 것 이상으로 훨씬 더 많이 주변 환경에 영향을 받는다. 인생의 교과서는 사람이다. 어떤 책이나 공부도 우리 자아 형성에 주변 사람들만큼 직접적이고 강력한 영향을 주지는 못한다. 주변에 모범이 되고 훌륭한 사람들이 많으면 발전한다. 반대로 자신보다 못한 사람들에 둘러싸여 있으면 정체되게 마련이다. 그러나 이런 사실을 쉽게 잊고 사는 이유는 스스로를 대단히 주도적인 존재로 과대평가하기 때문이다. 진정한 변화를 이루기 위해서는 주변의 좋은 사람을 찾아서 그를 본받기 위해 노력하는 것이 중요하다. 문제는 본받으려는 사람이 여러분이 원하는 분야에서 성공한 사람이어야 한다는 점이다.

고시생들 사이에는 '합격한 사람의 조언만 들으라.'는 격언이 있다. 누구나 조언을 해줄 수는 있지만 1점의 차이로 당락이 결정되는 시험일수록 합격해보지 못한 사람은 그 작은 차이를 놓치고 있을 가능성이 크기 때문이다. 같은 이유로 주변의 조언은 조심스럽게 받아들일 필요가 있다. 물론 여러분에게 조언하는 사람 대부분은 좋은 뜻으로 한다. 10년 공부한 선배가 여러분에게 '너는 나처럼 공부하지는 말아야 한다.'라고 할 때, 그 조언은 당연히 진심이다. 다만, 당장 내년에 시험을 패스하는 것은 선배를 곤혹스럽게 만들 수 있다. 마치 여러분의 지나친 성공이 장수생의 실패를 증명하는 것이 될 수도 있지 않겠는가! 조언은 동전의 양면과 같아서 가이드가 되기도 하지만 동시에 한계도 된다. 그래서 선배는 여러분이 성공해야 한다고 말하지만, 너무 빠르게 성공하기를 바라지는 않는 마음도 조금은 있다.

조언을 하는 사람은 대개 그들 자신의 상황을 정당화하려고 한다. 조언을 하는 것은 자신이 실패한 상처를 드러내 보이는 것일 때가 많다. 절대로 위험을 감수하지 말라고 조언하는 사람이 있다면, 그 사람의 삶은 꼭 필요한 위험도 감수하지 않아서 장수하고 있을 가능성이 크다. 이렇듯 조언이란 자신의 상황을 변명하기 위한 위장에 불과할 때가 많다. 게다가 조언하는 사람들은 항상 자기에게 유리한 것만 이야기한다. 취직조차 어려워진 장수생이, 5년 정도 도전하다가 시험을 그만두고 주변의 소개로 취직할 기회가 생긴 후배에게 그 제안을 받아들이라고 말하기 쉽지 않다.

조언을 받을 때는 기본원칙이 있다. 여러분이 도달하고 싶은 곳에 이미 도달해 있는 사람을 제외한 다른 사람의 조언을 절대 받아들이지 말라는 것이다. 우리는 이런 사람들을 멘토라고 부른다. 말콤 글래드웰이 『아웃라이어』에서 주장한 '1만 시간의 법칙'에 대해 옳다 그르다 말들이 많지만, 오랜 기간을 두고 미래를 준비하는 사람이라면 자신만의 멘토나 롤 모델을 만들어서 이와 같은 꾸준함으로 배우고 따를 필요가 있다. 이때 멘토를 통해 배워야할 것은 물고기를 얻는 법만이 아니라 물고기 잡는 법을 배워야 한다. 어떤 정보가 들어와도 그 정보를 '해석할 수 있는 힘'을 스스로 갖추는 것이 중요하다. 이것을 힘의 전환이라고 부른다.

통제 가능 영역을 넓혀라

공격이 최선의 방어라는 말이 있다. 미래를 준비하는 최선의 방법은 미래를 만드는 것이다. 여러분은 스스로를 믿지 못할 수도 있다. 그러나 미래를 만드는 자신감은 자신의 과거로부터 나온다. 여러분의 과거를 돌아보면 생각보다 많은 변화를 일구어냈다는 사실을 알 수 있을 것이다. 다만 그 변화가 서서히 진행되기 때문에 깨닫지 못하고 있을 뿐이다.

세상에는 여러분이 직접 영향력을 행사할 수 있는 것들이 있고, 관심은 있지만 영향력을 미칠 수 없는 것들이 있다. 지나가다 부딪쳐서 스마트폰을 떨어뜨리게 만든 행인을 한번 떠올려보자. 그 사람은 분명 어떤 식으로든 개인적인 세계 안으로 들어온 사람이다. 하지만 그렇다고 우리가 관리할 수 있는 영역 안에 있는 사람은 아니다.

개인적인 세계에서 벌어지는 일은 여러분의 책임이 아닐지 모르지만 그것에 반응하고 그 결과를 해석하는 것은 전적으로 여러분의 몫이다. 그리고 우리의 통제 가능 영역이 확장된다는 사실은 경험을 통해서 누구나 알고 있다. 우리가 어린아이였을 때 이 통제 가능 영역은 보잘 것 없지만, 나이가 들수록 이 영역은 점점 커진다.

셸 실버스타인의 『아낌없이 주는 나무』를 한번 살펴보자. 주인공이 어린아이였을 때 그의 통제 가능 영역은 나무 하나로 충분했다. 나뭇잎을 모아 왕관을 만들고, 나뭇가지로 그네를 타고 마음껏 놀았다. 스무 살이 되자 소년에게는 나무보다 돈이 필요했고 나무는 돈을 만들라고 사과를 따게 했다. 마흔 살이 되자 소년은 집이 필요했고 나무는 집을 지으라고 가지를 잘라주었다. 예순이 되자 소년은 사업을 위해 배가 필요했고 나무는 배를 지으라고 몸통을 내주었다.

나무는 소년의 문제를 해결해주었지만 소년은 결국 빈털터리로 나무에게 돌아왔다. 나무에게 손을 빌리고 투덜거리는 소년의 태도는 자신의 약점만 확인시켜주었을 뿐이다. 아낌없이 누군가로부터 받기만 한다면 자신이 처한 상황을 극복하는 능력은 점점 위축되다가 마침내 완전히 사라져 버리게 된다.

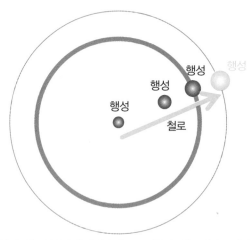

그림 통제 가능 영역이 확대되면 목표로 삼을 수 있는 과녁도 커진다.

소년에게 필요한 것은 자신의 상황을 개선하겠다는 확고한 의지였다. 해결책은 나무라는 외부에서 오는 것이 아니라, 소년의 내부에서 나온다. 우리는 자신의 개인적 세계 안에서 일어나는 모든 일에 대해 책임을 질 수 있어야 한다. 이 영역이 커질수록 우리가 목표로 삼을 수 있는 행성의 범위도 넓어지고 우리의 통제 가능 영역도 확장된다.

나는 군대를 제대하면서 학비를 스스로 벌기로 결심을 했었다. 당시에 집이 지방으로 이사를 가는 바람에 서울에서 살기 위해서는 비정기적인 과외보다는 고정적인 수입이 필요했다. 다행히 집이 이사가기 전부터 학교를 다니면서 주말에 롯데월드에 있는 중 식당 주방에서 아르바이트를 했었는데 마침 조리장이 그만두면서 본격적으로 요리를 할 기회가 생긴 것이다. 그 길로 휴학계를 내고 본격적으로 셰프의 길로 접어들었다. 주방 일은 생각보다 힘들었다. 거칠고 사나운 사람도 많았다. 하지만 어차피 세상을 겪어보자고 주방에 들어 온 것이 아니었던가! 그리고 그것이 쉽지 않을 거란 것도 이미 알고 있지 않았던가! 나는 참고 견뎠다. 주방 일을 하면서 많은 돈을 벌었고 복학할 때 즈음에는 야간 식당으로 업무를 옮겨서 무사히 학교를 졸업할 수 있었다. 피곤한 생활이었지만 안정된 수입 덕분에 미래를 준비할 수 있었다. 비록 대학 생활의 낭만은 없었지만 세상에 대한 이해가 넓어진 계기였다. 그때 나는 자신의 통제 가능 영역을 넓히는데에는 세 가지 길이 있다는 것을 깨달았다.

❶ 편안하고 안전하다고 생각하는 곳이 가장 위험하다

학교 생활을 벗어나 셰프 생활을 하면서 내가 통제할 수 있는 영역은 눈에 띄게 넓어졌다. 덕분에 나는 무슨 일을 해도 잘 해나갈 자신이 있었다. 공교롭게도 졸업할 때 즈음 IMF가 터졌다. 동기들은 인턴으로 겨우 취직자리를 알아볼 수 있었고 내가 롯데월드에서 받던 월급의 4분의 1 수준으로 대졸 신입사원 생활을 해야 했다. 나는 모아 둔 돈으로 대학원에 진학하면서 이런 생각을 했다.

'편안하고 안전하다고 생각하는 곳이 가장 위험한 곳이구나.'

이런 경험은 익숙한 환경에서 벗어나는 여행과 비슷하다. 새로운 것, 뭔가 다른 것을 경험하는 여행을 통해 낯선 곳에서도 편안함을 느끼는 방법을 배운다. 그리고 더 많은 깨달음을 얻게 된다. 이처럼 낯선 곳에 적응하는 것이 자연스러워지고 우리에게 다가오는 모든 도전을 더 크고 새로운 기회로 받아들일 줄 알게 되면 우리의 통제 가능 영역은 넓어진다. 사실 이런 도전의식은 인간의 본성에 가깝다. 인간은 미지의 세계를 탐구하고 도전하면서 진보해왔다. 배는 항구에 있을 때 가장 안전하다. 하지만 항구에만 머무르는 것이 배가 만들어진 궁극적인 목적은 아니다. 마찬가지로 우리에게도 안전에 대한 욕구가 있지만, 모험과 변화에 대한 욕구 또한 있다. 게다가 우리는 새로운 일을 결행하고, 새로운 도전에 맞서야만 하는 4차 산업혁명 시대에 살고 있지 않은가.

❷ 모든 문제는 성장의 기회를 동반한다

어느 날 장자가 어느 날 밤나무 숲의 울타리에서 놀다가 한 마리 이상한 까치가 남쪽으로부터 날아오는 것을 보았다. 그 까치 날개의 넓이는 2미터가 넘고 눈동자의 직경도 3센티미터나 되었는데 멀쩡히 서있던 장자의 이마를 스치고 날아가 밤나무 숲에 앉았다.

'이 새는 도대체 이렇게 큰 날개를 가지고도 높이 날지 못하고, 그렇게 큰 눈을 가지고도 사람을 제대로 보지 못하나'

장자는 하도 괘씸하여 몰래 걸어가 화살을 잡아 끼우고 까치를 겨냥했다. 그리고 그 까치가 쳐다보는 곳을 보았더니 사마귀 한 마리가 있었다. 그 사마귀가 노리고 있는 것을 보았더니 매미 한 마리가 기분 좋게 나무 그늘에 앉아 자신도 잊어버리고 신나게 놀고 있었다. 순간 장자는 깨달았다.

"세상은 모두 촘촘히 연결되어 있구나. 눈앞의 이익과 욕심에만 정신이 팔려 등 전체를 보지 못하면 큰일 나겠어."

문제가 생기는 것은 통제 가능 영역을 넓힐 수 있는 좋은 기회다. 문제가 발생할 때 '이를 어쩌지?'라고 묻는 것보다는 '무엇이 문제였을까?'라고 묻는 것이 필요하다. 단순히 질문만 바꾸어도 문제는 성장의 모멘텀으로 바뀔 수 있다.

예를 들어 장마철에 집에 물이 샌다고 하자. 빗물이 뚝뚝 떨어지는 곳 아래에 세숫대야를 놓으면 떨어지는 빗물을 막을 수도 있겠지만 여간 불편한 게 아니다. 외출을 하고 들어오면 물이 넘치는 경우도 있고 젖은 천장 벽지가 떨어져 나갈 수도 있다. 이런 일이 다시 생기지 않도록 막으려면 그 정도론 부족하다. 천정의 배관시설을 살피고 윗집과 우리 집의 창틀 실리콘을 꼼꼼히 살펴볼 필요가 있다. 그럼으로써 우리의 통제 가능 영역이 확장되는 것이다. 그렇게 되면 이제 집은 장마철에도 안전하다. 문제를 피해서는 성장의 기회를 얻을 수 없다. 남보다 더 많이 얻고 싶은 사람은 그만큼 더 많은 문제들과 싸워야 한다.

❸ 내가 할 수 있는 일이 무엇인가?
문제를 마주할 때 할 수 있는 질문은 대게 세 가지가 있다.

1. 과연 이 일을 해낼 수 있을까?
2. 어떻게 이 일을 해야 할까?
3. 내가 할 수 있는 것은 무엇인가?

'과연 이 일을 해낼 수 있을까?'라는 질문엔 자신감이 부족하다. 질문 자체에 의심이 가득 차있다. 보다 나은 질문은 '어떻게 이 일을 해야 할까?'이다. 이 질문에는 의심보다 방법에 대한 고민이 담겨있다. 그저 어차피 할 일이고 단지 어떻게 하느냐가 문제일 뿐이다. 이 '어떻게'는 여러분으로 하여금 자신의 통제 가능 영역 밖에 있는 가능성을 찾아보게 한다.

사이먼 사이넥은 『나는 왜 이 일을 하는가?』에서 가장 먼저 '왜'라는 질문을 하라고 했지만 내 생각에 제일 먼저 던져야 하는 질문은

'왜'가 아니라 '어떻게'다. '어떻게'는 해결을 위한 질문인 반면 '왜'는 빠져나갈 변명부터 찾기 때문이다. 사람은 자신이 찾고자 하는 것을 얻는다. 변명을 찾는 사람은 자신의 통제 가능 영역을 넓힐 필요성을 느끼지 못한다. 자신에게는 책임이 없기 때문이다. '어떻게'라고 묻는 사람은 그 대답을 찾는 과정에서 자신의 통제 가능 영역을 뛰어넘게 된다.

'내가 할 수 있는 것은 무엇인가?'라는 질문 역시 중요하다. 대학시절 가족이 지방으로 이사를 가는 상황에서 '왜 집이 지방으로 이사를 가는가?'라는 질문에만 매달렸다면 어떻게 되었을까? 나는 부모님이 서울을 떠나지 말아야 하는 이유를 찾아내는 데에만 몰두했을 것이다. 아무런 거처와 수입 없이 서울 한복판에서 할 수 없는 것은 한두 가지가 아니다. 하지만 나는 '내가 할 수 있는 것이 무엇인가?'를 생각했다.

제대로 된 질문은 '나는 무엇을 할 수 있는가? 무엇을 아는가? 어떤 가능성을 갖고 있는가?'이다. 우리의 통제 가능 영역을 넓힐 수 있는 질문에 또 어떤 것이 있을까? 대부분의 사람들은 '어떻게 할까'와 '할까 말까'라는 질문을 던지는 시점을 혼동한다. 결정에는 결과 못지않게 속도가 중요하지만 많은 사람들은 쉽게 결정을 내리지 못한다. 그것은 사람들이 '어떻게 할까'라는 질문을 너무 미리 던지기 때문이다. '어떻게 할까'는 좋은 질문임에 분명하지만, 결정을 내려야 하는 시점에 던지는 것은 전혀 의미가 없다. 롯데월드 셰프 시절의 예를 다시 보겠다. 만일 그때 내가 '셰프가 된다는 것은 일종의 직장

생활인데 과연 다시 학교로 돌아올 수 있을까?'라는 질문이 앞섰다고 생각해보라. 내가 과연 휴학이나 할 수 있었을까?

결정의 시점에선 '할까 말까'를 먼저 물어라. 거기에는 '왜'라는 질문도 포함되어 있다. 왜 그것을 해야 하는가? 그럴 만한 충분한 이유가 있는가? 이 시점에서 '어떻게 할까'는 중요하지 않다. '어떻게 할까'는 하기로 결정을 내린 후에 고민할 문제다.

하지만 일단 결정을 한 다음에는 '할까 말까'에 대한 미련을 버려야 한다. 조금 문제가 생겼다고 '내가 결정을 제대로 하긴 한 걸까? 차라리 다른 쪽으로 가야 하지 않았을까?'라는 후회는 금물이다. 그렇게 되면 문제를 해결할 방법은 생각나지 않고, 맨 처음 질문인 '할까 말까'에서 벗어나지 못한다.

사람들은 흔히 갈라진 두 길이 있고, 그중 한쪽 끝에는 성공이, 다른 한쪽 끝에는 실패가 있다고 생각한다. 그래서 그들은 실패를 만나게 되면 '이 길이 아닌 다른 길을 갔어야 했는데'하고 후회한다. 그러나 이것은 성공으로 향하는 길이 두 갈래라는 단순한 생각에서 비롯된다.

실제로 성공한 사람들의 이야기를 들어보면 양 극단 중에서 선택한 하나의 길이 성공의 결과로 이어지는 경우는 드물다. 그들은 이리저리 구불구불한 하나의 길이 있다고 생각한다. 그리고 선택에 공을 들이기보다 우선은 어느 길이든 실행하고 본다. 실패는 어느 길을 선택하더라도 곳곳에 놓여 있다는 것을 안다. 그들은 실패를 거듭하면서 극복하고 전진했다. 그렇게 몇 번의 실패를 겪은 뒤에 비로소 성공을 만나는 것이다. 성공은 경험의 축적에서 나온다. 경험은 시도에서 오며, 시도에는 많은 실패가 따른다.

대한민국 홈런왕 이승엽 선수는 통산 467개의 홈런을 때리는 동안 1,344개의 삼진을 당했다. 수많은 삼진을 당하지 않고는 홈런을 만들어 낼 수 없듯 실패 없는 성공은 없다. 실패를 두려워하지 않고 꿈을 향해 묵묵히 전진하는 것이야 말로 우리의 통제 가능 영역을 지속적으로 넓히는 가장 좋은 방법이다.

사명과 비전은 목표를 따라 온다

지금까지 살펴본 전환 과정과 통제 가능 영역에 대한 이야기는 호랑이의 발톱과 이빨처럼 모든 것을 갖추는 과정이다. 발톱이 모두 빠져 이빨로만 싸우는 호랑이가 적을 제대로 제압할 수 없고 이빨이 모두 빠져 발톱으로만 싸우는 호랑이 역시 제대로 사냥을 할 수 없는 것처럼 전환 과정과 통제 가능 영역을 확대하는 것을 모두 갖추어야 진정으로 변화가 가능하다.

물론 오랜 시간이 필요하다. 경우에 따라선 한동안 아무 발전이 없기도 하다. 하지만 그럴 때 일수록 기초를 더욱 더 튼튼하게 쌓아 두어야 한다. 저 유명한 중국 송나라의 학자 정호(程顥, 1032~1085)는 "그 마음을 크게 하려면 마음을 활짝 열어 놓아야 한다. 이는 9층 정도 되는 커다란 누각을 지으려면 반드시 기초를 크게 잘 다져야 하는 것과 같은 이치다."라고 말하지 않던가. 정말로 많은 것을 바꾸려면 꾸준한 준비과정이 필요하다. 그러다보면 어느 순간 갑자기 폭발적인 발전이 이루어진다. 마치 대나무처럼 말이다.

대나무의 폭발적인 성장을 일컬어 우후죽순이라고 한다. 무분별하게 생겨나는 것을 빗댄 말로 익숙한 이 고사성어의 원래 뜻은 폭발적인 성장을 의미한다. 우후죽순의 '죽순'은 대나무의 뿌리를 말하는데, 죽순을 키우는 동안 농부는 매일 같이 물과 거름을 준다. 농부의 정성스런 노력에도 불구하고 죽순은 아무런 반응이 없다. 그렇게 약 4년 정도가 지나갈 무렵 비가 내리는 어느 날 드디어 죽순은 대나무의 모양으로 땅에서 솟아난다. 그리고 90일 만에 24센티미터가 자란다. 4년 동안 농부는 싹이 살아있는지 조차 확신할 수 없었지만 믿음을 갖고 꾸준히 물을 준 덕분에 크나큰 성과를 맛볼 수 있는 것이다.

웨인 다이어의 『행복한 이기주의자』에는 다음과 같은 우화가 등장한다.

어느 날 어미 고양이가 자기 꼬리를 좇아 빙글빙글 돌고 있는 새끼 고양이를 보고 물었다.

"왜 그토록 네 꼬리를 따라다니는 거냐?"

새끼 고양이가 말했다.

"고양이에게 가장 귀중한 것은 행복이고, 그 행복은 제 꼬리라는 걸 알았어요. 그래서 꼬리를 따라다니는 거예요. 내가 꼬리를 붙잡으면 행복을 얻게 될 거예요."

어미 고양이가 말했다.

"아들아, 나도 그런 우주 섭리에 관심을 가진 적이 있단다. 나도 행복이 내 꼬리 안에 있다고 생각했지. 하지만 내가 꼬리를 따라다닐 때마다 꼬리는 계속 내게서 멀어지기만 할 뿐이었다. 그런데 내가 바쁘게 일을 하자 꼬리는 내가 가는 곳이면 어디든 따라오더구나."

우리 주위에는 새끼 고양이처럼 자신의 본래 모습을 놓치고 높은 사명과 비전만을 세운 사람들이 적지 않다. 작은 목표를 세우고 성공의 경험을 경험하라. 목표가 쌓여서 멋 훗날 여러분이 지나온 길을 연결해보면 그곳 어딘가에 사명과 비전이 어렴풋한 윤곽을 그리고 있을 것이다.

나오며

1905년의 일제 치하, 핍박을 받으며 해방을 기다릴 것인가, 영국 함선 일포드호를 타고 멕시코로 건너가 에네켄 농장에서 새로운 삶을 살아갈 것인가.

- 소설『검은 꽃』의 이연수

만기출소를 몇 년 앞둔 재소자가 정맥을 끊고 숨지는 사건이 발생했다. 출소를 앞둔 사람도 목숨을 끊는 마당에 무기징역수인 나는 과연 무슨 염치로 살아야 하는가.

-『담론』의 신영복

빨간 약을 먹고 진정한 삶을 살 것인가, 파란 약을 먹고 현실의 세계에 순응하며 살 것인가.

- 영화『매트릭스』의 레오

인생은 수많은 선택의 결과물이다. 그리고 결정의 순간을 마주하게 되면 비로소 우리는 아무런 준비가 되어 있지 않았음을 깨닫는다.

그럴 때면 작은 실마리 하나가 인생을 끌어가는 힘이 되어주곤 한다. 그 실마리는 '나를 아는 것'에서 시작된다. 나를 제대로 알아야 세상을 균형 잡힌 눈으로 볼 수 있고 내 상처를 알아야 남의 상처도 보듬을 수 있다.

일제 강점기의 백범 김구 선생은 조선 말 지극히 어지러웠던 시절의 아수라장 같은 과거 시험장을 보고 실망한다. '이번 시험관은 누구여서 서울 아무 대신이 쪽지를 내려 보냈으니 반드시 된다.'는 사람도 있었고, '시험관의 수청기생에게 주단 몇 필을 선사했으니 이번엔 꼭 급제한다.'는 사람도 있었다.

과거를 포기하겠다고 선언한 열일곱의 어린 백범에게 부친은 관상과 풍수를 공부할 것을 권했다. 이에 백범은 관상학의 명저『마의상서』를 보며 공부를 시작한다. 백범은 거울을 옆에 놓고 자신의 얼굴을 재료삼아 관상 공부에 몰두했다.

그런데 문제가 있었다.

거울 속에 있는 자신의 얼굴에는 어느 하나 복 있는 자리를 찾을 수 없었다. 어디를 살피나 가난을 벗어나지 못하는 천한 상이었다. 살고 싶은 마음이 싹 사라졌다. 그런데 마침 그『마의상서』에 다음과 같은 구절이 있었다.

"관상 좋은 것이 몸 좋은 것만 못하고, 몸 좋은 것이 마음 좋은 것만 못하다."[45]

이 문장을 보고 백범은 그 자리에서 관상 공부를 접었다. 그리고 오로지 마음을 닦아 세상에 도움이 되는 일을 하자고 결심 한다. 백범에게 힘을 준 실마리는 이 문장 하나였다.

나 역시 비슷한 경험을 한 적이 있다. 동생은 고등학교 시절부터 성악에 재능이 있었다. 그러나 음대는 등록금도 비싸고 입시를 위한 레슨비를 댈 형편이 안돼서 부모님은 늘 동생의 재능을 부담스러워 하셨다. 당시에는 최덕신, 박종호 등의 가스펠 가수들이 인기를 끌던 터라 음악 콩쿠르가 붐을 이루고 있었는데, 어느 날 다니던 교회에서 콩쿠르를 준비하던 중에 동생의 재능을 발견한 전도사님이 집에 찾아오셨다. 동생을 음대에 보내야 한다고 부모님을 설득하기 위해서였다. 동생은 매우 난처해했고, 부모님도 당황스러웠다. 다음날 부모님은 나를 불러 이렇게 말씀 하셨다.

"노성아, 네가 노현이 좀 달래봐라. 우리 형편에 무슨 음대냐."

그러나 재능이 탁월하면 어떻게든 자기 자리를 찾아가게 마련이다. 동생은 그 후에 전도사님의 예상대로 청소년 음악대회에서 1등을 했고 결국 부모님은 음대에 진학시키지 않을 수 없었다. 당시 대학 입학 통지서를 받은 동생은 내게 음대에는 졸업 전에 전국 대회에서 순위 안에 들면 군대가 면제되는 제도가 있다며 이런 말을 했다.

"형, 나 꼭 우승해서 군대 면제 되고 싶어."

나는 동생의 이 다짐이 예사롭지 않게 느껴졌다. 워낙에 고등학교 때부터 상을 휩쓸던 동생이 아니던가. 그러나 문제는 여기서 발생이 되었다. 한 학기 등록금을 마련하느라 너무 고생을 한 나머지 다음 학기 등록금을 마련할 방도가 없던 부모님은 동생을 강제로 휴학시켰다. 부모님의 마음도 편치는 않으셨겠지만 서운하기만 한 동생은 울며불며 군대에 끌려가듯 입대했다. 동생을 입대시키기 위해 부대 앞에 간 날 동생을 지켜주지 못한 것 같아 눈물을 펑펑 흘렸던 때가 지금도 기억에 생생하다.

입대 초기에 동생은 연습을 꾸준히 하기 위해 군악대를 지원 했다. 그러나 워낙에 전방인 철원 지역이라 좀처럼 군악대는 자리가 나지 않았다. 기다리다 못한 동생은 초조했고 고민 끝에 교회의 군종을 선택했다. 군종은 남들과 똑같이 훈련을 받으면서도 몇 시간 일찍 새벽 기도를 준비해야 한다. 몸은 고되지만 음감을 유지하겠다는 일념에로 피곤을 무릅쓰고 매일매일 교회에 봉사를 했다. 나는 이런 동생의 소식을 들으며 어린 마음에 세상을 원망하지 않을까 걱정이 되었다. 군 면제에 도전도 못하고 그렇게 원하던 음악도 오랫동안 할 수 없으니 말이다.

그러나 동생은 조금의 흔들림도 없었다. 그저 하루하루 최선을 다했다. 그런데 처음에는 음감을 유지하기 위해 시작했던 군종 생활이 신앙심이라는 새로운 국면으로 접어든다. 결정적으로 동생의 신앙심을 자극하게 된 것은 어떤 후임병의 질문이었다.

"박 일병님, 창세기는 도대체 누가 쓴 겁니까?"

그 질문에 딱히 대답하지 못한 동생은 그때부터 단순히 음감을 유지하기 위해 군종 생활을 하는 것이 아니라 본격적인 성경 공부를 시작했다. 그리고 병사들에게 믿음을 심어주기 위한 방법을 고민했다. 자연스레 음악 못지않게 신앙심이 견고해지기 시작했다. 나는 편지로 이런 내용을 전해들을 때마다 현실을 긍정적으로 받아들이는 동생이 참으로 대견했다.

마침내 제대를 하고 동생은 학비를 벌며 남은 학기를 스스로의 힘으로 마쳤다. 그리고 얼마 후 졸업과 더불어 그 어렵다는 장로회 신학대학원에 입학했다는 소식을 들었다.

"형, 음악을 하려고 군종을 했는데, 그건 하나님의 부르심이었던 것 같아. 나는 이제 목회자가 되어야겠어."

길이 막힌 곳, 어쩌면 불가항력으로 내버려진 군대라는 곳에서 자신의 삶을 발견한 동생을 보고 나는 정말 놀라지 않을 수가 없었다. 동생에게 힘을 준 실마리는 후임병의 질문이었다. 이제 어엿한 목사님이 된 동생은 지금도 이렇게 말한다.

"가정 형편이 넉넉지 못해서 군대에 일찍 간 '덕분에' 하나님의 부르심을 받은 것 같아. 그러고 보면 세상은 정말 생각하기 나름이야."

사람마다 사는 방법은 제각각이다. 그러나 제각각이라는 것은 옳은 길을 찾지 못하면 낭떠러지로 떨어질지 모른다는 위험보다는 애초에 길이란 존재하지 않으므로 스스로가 만드는 것이 곧 길이라는 의미다. 자기만의 길을 가다보면 오랜 세월이 흐른 뒤 이렇게 얘기할 날이 올 것이다.

"두 갈래 길이 숲 속으로 나 있었다, 나는 사람들이 덜 밟은 길을 선택했고, 그것이 내 운명을 바꾸어 놓았다."32

-책을 쓰면서 많은 분들께 도움을 얻었다. 뇌를 다루는 부분에서는 ㈜한우리열린교육에서 함께 근무했던 한재우군의 도움이 컸다.

-언제나 뒤에서 든든한 버팀목이 되어주시는 아버지와 집필하는 과정에서 조언을 아끼지 않았던 동생 박노현 목사에게도 감사를 드린다. 동생의 아내 이미정 그리고 아들 성찬이와 딸 성은이에게도 감사를 전한다.

-항상 좋은 말씀을 많이 해주시고 우리 아이들을 키워주시느라 고생하시는 장인, 장모님과 시우, 주하를 친자식처럼 아껴주는 처남 이정왕과 그의 아내 김정민 그리고 두 딸 라온이와 지온이에게도 고마운 마음을 전한다.

-이 책을 쓰는 동안 큰 힘이 되어준 사랑하는 나의 아내 이준숙, 독서광인 아들 시우와 딸 주하에게도 감사하다. 특히 시우와 주하의 조언이 책의 완성도를 높여주었다.

-마지막으로 어린 시절부터 『나는 할렐루야 아줌마였다』를 수도 없이 읽어주신 '보라 만화백화점'의 CEO이자 어머니인 양은희 여사께 감사를 드린다.

[부록] 자신의 성공지능을 발견하는 다중지능 검사

이 문항은 토마스 암스트롱(Thomas Armstrong)의 다중지능 체크 리스트에서 가져온 것이다. 각 문항을 읽고 다음 기준에 따라 해당하는 점수를 답안지에 1점부터 5점까지 기록하자.

전혀 그렇지 않다	별로 그렇지 않다	보통이다	대체로 그렇다	매우 그렇다
1점	2점	3점	4점	5점

〈체크 리스트〉

----

1. 취미 생활로 악기 연주나 음악 감상을 즐긴다.
2. 운동 경기를 보면 선수들의 장단점을 잘 집어낸다.
3. 어떤 일이든 실험하고 검증하는 것을 좋아한다.
4. 손으로 물건을 만들고, 그림을 그리는 것을 좋아한다.
5. 다른 사람보다 어휘력이 풍부한 편이다.
6. 친구나 가족들의 고민거리를 들어주거나 해결하는 것을 좋아한다.
7. 나 자신을 되돌아보고, 앞으로의 생활을 계획하는 것을 좋아한다.

8. 자동차에 관심이 많고, 차종별 공통점과 차이점을 잘 알고 있다.

9. 악보를 보면 그 곡의 멜로디를 어느 정도 알 수 있다.

10. 평소에 몸을 움직이며 활동하는 것을 좋아한다.

11. 학교에서 배우는 과목 중 수학이나 과학 과목을 좋아한다.

12. 어림짐작으로도 길이나 넓이를 잘 알아맞히는 편이다.

13. 글을 읽을 때 문법적으로 어색한 문장이나 단어를 잘 찾아내는 편이다.

14. 왕따가 왜 발생하고 어떻게 해결하면 좋은지 알고 있다.

15. 나의 건강 상태나 기분, 컨디션을 정확히 파악할 수 있다.

16. 옷이나 가방을 보면 어떤 브랜드인지 바로 알아맞힐 수 있다.

17. 다른 사람의 연주나 노래를 들으면 어떤 점이 부족한지 알 수 있다.

18. 어떤 운동이라도 한두 번 해보면 잘할 수 있다.

19. 다른 사람의 말 속에서 비논리적인 점을 잘 찾아낸다.

20. 다른 사람의 그림을 보고 평가를 잘할 수 있다.

21. 나의 꿈은 작가나 아나운서이다.

22. 다른 사람들로부터 다정다감하다는 소리를 자주 듣는다.

23. 내 생각이나 감정을 상황에 맞게 잘 통제하고 조절한다.

24. 동물이나 식물에 관하여 많은 정보를 알고 있다.

25. 다른 사람과 노래할 때 화음을 잘 넣는다.

26. 운동을 잘한다는 말을 자주 듣는다.

27. 회사 생활에서 발생하는 문제를 해결하는 절차와 방법을 잘

알고 있다.

28. 내 방이나 실내를 꾸밀 때, 어떤 집기를 사용하고 어떻게 배치해야 할지 잘 알아낸다.

29. 글을 조리 있고 설득력 있게 쓴다는 말을 자주 듣는다.

30. 친구나 부모님 혹은 주변 사람들의 기분을 잘 파악하고 적절하게 대처한다.

31. 평소에 내 능력이나 재능을 계발하기 위해 노력하고 있다.

32. 동물이나 식물을 좋아하고 잘 돌본다.

33. 노래할 때 곡의 음정, 리듬, 빠르기, 분위기를 잘 표현하는 편이다.

34. 뜨개질이나 퍼즐 맞추기, 조립과 같이 섬세한 손놀림이 필요한 활동을 잘할 수 있다.

35. 물건의 가격이나 할인가, 은행 이자 등을 잘 계산한다.

36. 다른 사람에게 그림 그리기나 만들기를 잘한다고 칭찬받은 적이 있다.

37. 책이나 신문의 사설을 읽을 때 그 내용을 잘 이해한다.

38. 가족이나 친구 혹은 주변사람들 누구와도 잘 지내는 편이다.

39. 일정을 다이어리에 정리하는 등 규칙적인 생활을 위해 노력한다.

40. 여가시간에 수목원 산책이나 오름 등반을 좋아한다.

41. 어떤 악기라도 연주법을 비교적 쉽게 배우는 편이다.

42. 개그맨이나 탤런트, 주변 사람들의 행동을 잘 흉내 낼 수 있다.

43. 어떤 것을 암기할 때 무작정 외우기보다는 논리적으로 이해하

여 암기하곤 한다.

44. 새로운 지식을 습득할 때 그림이나 개념 지도를 그려 가며 외운다.

45. 학교 수업 중(또는 학창시절) 국어나 글쓰기를 좋아한다.

46. 내가 속한 집단에서 내가 해야 할 일을 잘 찾아서 수행한다.

47. 어떤 일에 실패했을 때 그 원인을 분석해서 다음에는 그런 일이 생기지 않도록 노력한다.

48. 동식물이나 특정 사물이 갖는 특징을 분석하는 것을 좋아한다.

49. 박자와 전체 곡의 분위기에 맞게 오선지의 빈 마디를 채울 수 있다.

50. 연기나 춤, 혹은 동작으로 내가 전하고자 하는 것을 잘 표현할 수 있다.

51. 어떤 문제가 생기면 성급하게 결론을 내리기보다는 그 원인을 밝히려고 한다.

52. 고장 난 기계나 물건을 잘 고친다.

53. 다른 사람이 하는 말의 핵심을 잘 파악한다.

54. 다른 사람들 앞에서 프레젠테이션이나 발표를 잘한다.

55. 앞으로 어떻게 성공해야 할지에 대해 뚜렷한 신념을 가지고 있다.

56. 환경 문제를 해결할 수 있는 방법들을 많이 알고 있다.

지능	A	B	C	D	E	F	G	H
번호	1	2	3	4	5	6	7	8
점수								
번호	9	10	11	12	13	14	15	16
점수								
번호	17	18	19	20	21	22	23	24
점수								
번호	25	26	27	28	29	30	31	32
점수								
번호	33	34	35	36	37	38	39	40
점수								
번호	41	42	43	44	45	46	47	48
점수								
번호	49	50	51	52	53	54	55	56
점수								
합계 점수								
환산 점수								
지능	A	B	C	D	E	F	G	H

모든 문항에 답했다면 이제부터 그 결과에 대해 알아보기로 하자. 다음의 '결과 해석 방법'대로 결과를 알아보면 될 것이다.

〈결과 해석 방법〉

• 답안지의 번호에 쓰인 숫자가 1인 경우는 1점, 2는 2점, 3은 3점, 4는 4점, 5는 5점으로 계산한다.

• 표의 세로 항목별로 합계점수를 계산한다.

- '점수 환산표'에 따라 세로 항목별 합계점수에 해당하는 환산 점수를 답안지에 적는다.
- 환산 점수를 '다중지능 집계표'에 옮겨 적는다.
- 환산 점수를 '다중지능 프로파일'의 다이어그램에 옮겨 적으면 자신의 어떤 지에 강하고 약한지를 시각적으로 쉽게 확인해 볼 수 있다.
- 점수가 가장 높은 상위 두세 가지 지능이 본인의 강점지능이 된다.

〈점수 환산표〉

합계점수							7	8	9	10
환산점수							0	4	7	11
합계점수	11	12	13	14	15	16	17	18	19	20
환산점수	14	18	21	25	29	32	36	39	43	46
합계점수	21	22	23	24	25	26	27	28	29	30
환산점수	50	54	57	61	64	68	71	75	79	82
합계점수	31	32	33	34	35					
환산점수	86	89	93	96	100					

〈다중지능 집계표〉

지능	A	B	C	D	E	F	G	H
지능	음악	신체	논리수학	공간	언어	인간친화	자기성찰	자연친화
환산점수								
순위								

〈다중지능 프로파일〉

※ 가장 높은 점수가 나온 다중지능 2~3가지를 찾아 동그라미를 하고 2장에 소개된 인물 혹은 주변 사람들의 다중지능과 비교해보자.

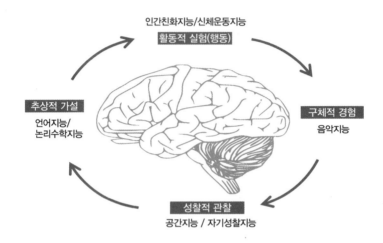

참고문헌

1) 『콰이어트』 수전 케인 / 알에이치코리아 p. 341

2) 『닥터 노먼 베쑨』 테드 알렌, 시드니 고든 공저 / 실천문학사 p.483

3) 『성공을 준비하는 비전의 기술(Thank God It's Monday)』 팀 호에르 저 / 큰나무

4) 『근사록』 주희, 여조겸 엮음, 안은수 풀어씀 / 풀빛 p. 88

5) 『행복에 걸려 비틀거리다』 대니얼 길버트 / 김영사 p.142

6) 『혼자 하는 공부의 정석』 한재우 / 위즈덤하우스 p.99

7) 『뇌를 변화시키면 공부가 즐겁다』 제임스 E. 줄 / 돋을새김 p.395

8) 『다중지능으로 알아보는 롤모델 직업카드』 (주)한국콘텐츠미디어 (부설)한국진로교육센터 저 / 한국콘 텐츠미디어

9) 『성공의 법칙(The Law of Success)』 나폴레온 힐 저 / 중앙경제평론사

10) 『무엇이 되기 위해 살지 마라』 백지연 저 / 알마

11) 『Story 시나리오 어떻게 쓸 것인가?』 로버트 맥키 저 / 민음인 : P. 290~291 12) 『인간의 마음을 사로잡는 스무 가지 플롯』 로널드 B. 토비아스 저 풀빛 : p. 34 13) 『소설의 이해』 E. M. 포스터 저 / 문예출판사

14) 『ABCD성공법』 고승덕 / 개미들출판사 p. 256

15) 『모방의 경제학』칼 라우스티아라, 크리스토퍼 스프리그맨 / 한빛비즈 p.46

16) 저작권법의 구조를 보면 패션 디자인이 법의 보호를 받지 못하는 것은 의도적인 결정이 아니라 저작 권법의 기본 취지에 기인한다는 것을 알 수 있다. 우리나라 저작권법에는 '응용 미술 저작물'이란 미 술 저작물 중에서 그것이 적용된 물품과 구분되어 독자성을 인정할 수 있는 것이라고 명시되어 있다. 그리고 '그 응용 미술 저작물에 디자인이 포함된다.'고 규정하고 있다. 결국 기능과 상관없이 물품에 부착된 디자인 요소는 독자성이 인정될 수 있다. 반면 도안이나 무늬가 적용된 의복 디자인과 같이 물품과 물리적으로 분리하는 것이 불가능한 경우에는 독자성을 인정받기 어렵다. - 'http://www.law.go.kr/법령/저작권법'

17) 그림은 기능적이지 않은 예술품으로 분류되는 반면 의복은 그것이 예술품이라 할지라도 기능적인 물 품으로 분류된다. 그래서 그림은 저작권이 보호되지만 옷은 보호되지 않는다. 저작권법은 일반적으로 기능적이지 않거나 혹은 활용성이 미미한 순수 예술 작품을 그 보호대상으로 삼는다. - 같은 자료

18) 거울 뉴런 세포를 처음 발견한 사람은 1992년 이탈리아의 뇌 과학자 지아코모 리촐라티(Giacomo Rizzolatti)이다. 리촐라티는 사람이 땅콩을 옮기는 것을 본 일본 원숭이의 뇌에 나타나는 반응이 마치 일본 원숭이가 스스로 땅콩을 옮길 때 나타나는 반응과 비슷한 것을 알아냈다. 이 뉴런은 원숭이 의 뇌가 주변 원숭이들의 행동을 거울처럼 반사하게 한다.

19) 『모방사회』마크 얼스, 알렉스 벤틀리, 마이클 J. 오브라이언 / 교

보문고 p.65

20) 유전자 접합에 관한 지침서(A. J. Harwood, ed., Basic DNA and RNA Protocols [Totowa, N. J. : Humana Press, 1996])와 실제 유전자 접합을 해볼 수 있는 시약 및 도구상자는 쉽게 구할 수 있 다. 서구에서는 이런 재료들에 대한 접근이 제한되어 있지만 수많은 러시아 회사들이 물건을 공급하 고 있다.

21) 만약 천연두 백신을 이길 수 있게 조작된 바이러스라면 훨씬 심각할 것이다. 실제로 2001년에는 천 연두의 일종인 마우스폭스 바이러스(mouse poxvirus)가 우연히 유전자 변형을 일으켜 면역 반응을 해치는 방향으로 진화한 사례가 등장했다. 돌연변이 바이러스에게 기존의 마우스폭스 백신은 아무 소 용이 없었다.

22) 『YG는 다르다』 손남원 저 / 인플루엔셜 p. 120

23) Eisenberg, N., & Miller, P. A. (1987). The relation of empathy to prosocial and related behaviors. Psychological Bulletin, 101, 91-119.

24) 『모방사회』 마크 얼스, 알렉스 벤틀리, 마이클 J. 오브라이언 / 교보문고 p.102

25) 『파워풀 - 넷플릭스 성장의 비결』 패티 맥코드 저 / 한국경제신문

26) 『아인슈타인, 피카소 현대를 만든 두 천재』 아서 I. 밀러 / 작가정신

27) 『전통적인 도량형에 대한 안내서(A Guide to Customary Weights and Measures)』 비비안 리나 크레 저 / 영국 도량형 협회

28) 『톡톡! 국민앱 카카오톡 이야기』 문보경, 권건호, 김민수 공저 / 머니 플러스 p.67 29) 『브랜드와 디자인의 힘』 손혜원 저 / 디자인하우스 p.10

30) 『도산 안창호』, 이광수 저, 범우사

31) http://www.marcandangel.com/2016/04/06/7-little-ways-to-make-life-simpler/

32) Daniel S. Krischenbaum, Laura L. Humphrey, Sheldon D. Malett, 'Specificity of Planning in Adult Self-Control: And Applied Investigation', Journal of Personality and Social Psychology 40, no.5(1981) pp 941-950; 1년 후 추적조사에 관한 연구보고서는 Daniel S. Krischenbaum, LAura L. Humphrey, Sheldon D. Malett and Andrew Tomarken, 'Specificity of Planning in Adult Self-Control: 1 Year Follow-up of a Study Improvement Program', Behavior Therapy 13 (1982), pp 232-240

33) 『메시 MESSY』 팀 하포드 저 / 위즈덤하우스 p. 58

34) "지하철안 미세먼지 지상의 최대 2.5배...5호선 최악", <한겨레>, 2017.6.27

35) Jeanne Mengis and Martin J. Eppler, "Seeing Versus Arguing the Moderating Role of Collaborative Visualization in Team knowledge Integration." Journal of Univeral Knowledge Management 1, no.3 (2006) : 151-162 ; Martin J. Eppler and Jeamme Mengis, "The Concept of Information Overload : A Review of Literature from Organization Science, Accounting, Marketing, MIS, and Related Disciplines." The Information Society 20, no.5(2004) : 325-344

36) 『미친 듯이 심플 - 스티브 잡스, 불멸의 경영 무기』 켄 시걸 / 문학동네 p. 278

37) 『끌리는 컨셉의 법칙』 김근배 / 중앙북스 p. 21

38) 옛날 과학자들은 장작 안에서 불에 타 없어지는 물질을 "플로지스톤"이고 불렀다. 온전히 상상 속 의 물질인 플로지스톤 때문에 불에 탄다는 생각은 중세의 어느 촛불 실험에서 비롯되었다. 밀폐된 공 간에 촛불을 켜놓으면 조금 있으면 그 촛불이 꺼진다. 지금이야 그 이유가 산소가 다 소모되기 때문 이라는 것을 알고 있지만, 당시에는 밀폐된 공간 속에 플로지스톤이 더 이상 방출될 수 있는 여유가 없어질 때 촛불이 꺼진다고 해석했다. - 『과학, 철학을 만나다』장하성 저 / 지식플러스

39) 한국트렌드연구소 김경훈 소장은 감성이 보편적인 정서라면 갬성은 각자에게 특화된 정서라고 정의 한다. 감성을 굴려서 발음한 갬성은 감성보다 감각적이소 순간적인 느낌을 표현할 때 쓰이는 일종의 유행어다.

40) http://nosung.blog.me/221021603013

41) 『Leaders Without Titles: The Six Powerful Attributes of Those Who Influence Without Authority』/ Sampson, Stephen J., Ph.D. / HRD Press (국내 미출간)

42) 『거상』쟈구어씨, 장쥔링 / 더난출판사 p.399

43) 『죽음의 수용소에서』빅터 프랭클 저 / 청아출판사

44) 3D는 진정한 자신만의 꿈을 찾고(Dream), 문제를 찾아 창의적으로 해결하며(Design), 이를 세상과 함께 나누고자 할 때(Donate) 더 큰 성장과 행복의 기회가 주어진다는 뜻이다. - https://nosung. blog.me/220368533477

45) 『백범일지』김구 저 / 돌베개 p.39

46) 로버트 프루스트의『가지 않은 길』마지막 구절

브랜드 미(Brand Me)

....

초판 1 쇄 인쇄일 | 2019년 1월 07일
초판 1 쇄 발행일 | 2019년 1월 12일

....

지은이 | 박노성
펴낸이 | 하태복

펴낸곳　　이가서
주소　　　경기도 고양시 일산서구 주엽동 81, 뉴서울프라자 2층 40호
전화·팩스　031-905-3593 · 031-905-3009
홈페이지　www.leegaseo.com
이메일　　leegaseo1@naver.com
등록번호　제10-2539호

....

ISBN 978-89-5864-329-6 13320